# "互联网＋"时代高校商务英语教学体系的构建

张 涛 李 钰 著

哈尔滨出版社

H.P.H

HARBIN PUBLISHING HOUSE

**图书在版编目（CIP）数据**

"互联网+"时代高校商务英语教学体系的构建 / 张
涛, 李钰著. -- 哈尔滨 : 哈尔滨出版社, 2022.6
ISBN 978-7-5484-6587-4

Ⅰ. ①互… Ⅱ. ①张… ②李… Ⅲ. ①商务 – 英语 –
教学研究 – 高等学校 Ⅳ. ①F7

中国版本图书馆CIP数据核字(2022)第112174号

书　　名："互联网+"时代高校商务英语教学体系的构建
　　　　　"HULIANWANG +" SHIDAI GAOXIAO SHANGWU YINGYU JIAOXUE TIXI DE GOUJIAN

- - - - - - - - - - - - - - - - - - - - - - - - - - - - - - - - - - - - - - - - - - - - - - - - - - - - - - -

作　　者：张　涛　李　钰　著
责任编辑：韩金华
责任审校：李　战
封面设计：陈宏伟

- - - - - - - - - - - - - - - - - - - - - - - - - - - - - - - - - - - - - - - - - - - - - - - - - - - - - - -

出版发行：哈尔滨出版社（Harbin Publishing House）
社　　址：哈尔滨市香坊区泰山路82-9号　　邮编：150090
经　　销：全国新华书店
印　　刷：北京宝莲鸿图科技有限公司
网　　址：www.hrbcbs.com
E-mail：hrbcbs@yeah.net
编辑版权热线：（0451）87900271　87900272
销售热线：（0451）87900201　87900203

- - - - - - - - - - - - - - - - - - - - - - - - - - - - - - - - - - - - - - - - - - - - - - - - - - - - - - -

开　　本：787mm×1092mm　1/16　印张：9.5　字数：245千字
版　　次：2022年6月第1版
印　　次：2022年6月第1次印刷
书　　号：ISBN 978-7-5484-6587-4
定　　价：68.00元

- - - - - - - - - - - - - - - - - - - - - - - - - - - - - - - - - - - - - - - - - - - - - - - - - - - - - - -

凡购本社图书发现印装错误，请与本社印制部联系调换。
服务热线：（0451）87900279

前　言
PREFACE

2015 年，"互联网 +"被写入《政府工作报告》，同时《国务院关于积极推进"互联网 +"行动的指导意见》制定并出台，这标志着我国"互联网 +"时代的到来。中国高等教育顺应时代召唤，在以互联网技术为基础的新型教育环境中，不断改革创新，以黑板、教材和粉笔为载体的传统教学模式逐渐被取代。高校商务英语作为高等教育重要的一环，如何依托"互联网 +"，整合教学资源、创新教学模式，构建新的教学体系，这成为高校商务英语教师应该思考的问题。

本书以"互联网 +"为时代背景，从商务英语的基本概念入手，分析高校商务英语教学现状，研究"互联网 +"为高校商务英语教学带来的机遇与挑战，理论联系实际，对"互联网 +"时代商务英语的教学模式、教学评价、师资建设、实践教学及商务英语听说读写技能教学等方面进行分析研究，发现其中存在的困境与问题，并对"互联网 +"时代高校商务英语教学体系的构建提出建设性意见。

本书由山东外贸职业学院的张涛和李钰共同撰写完成。具体撰写分工如下：第一章至第四章由张涛撰写；第五章至第八章由李钰撰写。

本书在编写过程中借鉴了国内外专家学者的理论与研究成果，在此谨向其表示谢意。因为水平和时间所限，书中难免有疏漏和不足之处，敬请同人和广大读者批评指正。

# 目 录
## CONTENTS

# 第一章 绪论

## 第1节 "互联网+"概述

### 一、"互联网+"的起源与发展

在我国，最早提出"互联网+"理念的是易观国际董事长兼首席执行官于扬。他在2007年提出了"互联网化"概念，认为互联网会像水电一样成为无所不在的基础设施。互联网化可以是对传统商业流程中某环节的直接替换，也可以是再造商业流程本身，即简化、优化或重构，更可以是创造新的商业流程，并提出每个企业都会找到"互联网+"的商业模式。于扬在2012年11月14日的易观第五届移动互联网博览会上首次提出"互联网+"理念。

2012年12月7日，习近平总书记在考察腾讯公司时指出："现在人类已经进入互联网时代这样一个历史阶段，这是一个世界潮流，而且这个互联网时代对人类的生活、生产、生产力的发展都具有很大的进步推动作用。"

在2014年《政府工作报告》中，李克强总理指出要"促进互联网金融健康发展"，首次提出"互联网金融"的概念。同年11月，首届世界互联网大会在浙江省嘉兴市桐乡乌镇召开，在会上李克强总理指出："互联网是大众创业、万众创新的新工具。"在和与会的中外代表座谈时又指出：互联网是人类最伟大的发明之一，改变了人类世界的空间轴、时间轴和思想维度；互联网突破既是科技革命，又是保障公平的社会变革。

2015年3月，马化腾向两会提交了《关于以"互联网+"为驱动，推动我国经济社会创新发展的建议》的提案，呼吁"以'互联网+'为驱动，鼓励产业创新、促进跨界融合、惠及社会民生，推动我国经济和社会的持续发展与转型升级"，并建议从顶层设计层面制定国家的"互联网+"生态战略，促进互联网与各产业融合创新，在技术、标准、政策等多方面实现互联网与传统行业的充分对接，推动"互联网+金融"等新业态的发展。

在2015年《政府工作报告》中，李克强总理在肯定"互联网金融异军突起，电子商务、物流快递等新业态快速成长，众多'创客'脱颖而出"的同时，提出要"制定'互联网+'行动计划，推动移动互联网、云计算、大数据、物联网等与现代制造业结合，促进电子商务、工业互联网和互联网金融健康发展，引导互联网企业拓展国际市场"，首次以官方文件的形式推出了"互联网+"概念。三个月以后国务院正式发布《国务院关于积极推进"互联网+"行动的指导意见》（国发〔2015〕40号）。一时间，"互联网+"几乎成为每一个中国人都能从不同的角度去解读的话题。新华社对国发〔2015〕40号的出台评论为"此举意味着中国全面开启通往'互联网+'时代的奇幻大门"。

2016年3月16日，十二届全国人大四次会议表决通过的《中华人民共和国国民经济和社会发展第十三个五年规划纲要》（以下简称《规划纲要》）提出"十三五"时期，中国将大力实施网络强国战略、国家大数据战略、"互联网＋"行动计划，拓展网络经济空间，发展现代互联网产业体系，促进互联网深度广泛应用，带动生产模式和组织方式变革，形成网络化、智能化、服务化、协同化的产业发展新形态。

从《规划纲要》中关于互联网的内容可以看出，国家非常重视信息技术变革对社会的影响，"十三五"时期要瞄准网络强国、制造强国目标，以信息化和工业化深度融合为主线，强化产业基础支撑能力，提高信息资源开放水平，加快培育新业态、新模式，完善人才培养体系，着力抢占全球信息经济制高点，打造创新引领、开放共享、绿色协调、确保安全的现代互联网发展生态。

## 二、"互联网＋"的基本内涵

互联网＋传统集市就有了淘宝，互联网＋传统百货卖场就有了京东，互联网＋传统银行就有了支付宝，互联网＋传统红娘就有了世纪佳缘，互联网＋传统交通就有了滴滴，互联网＋传统留学服务便有了柳橙网，互联网＋传统的安保服务成就了360……

可以说"互联网＋"是基于各类信息网络（互联网或物联网）基础设施之上而开展的产业创新，以实现生产、研发、营销等流程的在线化与分布式，创新服务与制造方式，形成新业态与新模式，提高经济效率与产品服务的多样性。"互联网＋"是基于互联网技术创新的新业态与新模式的集成。它代表着一种新的经济形态，依托互联网信息技术实现互联网与传统产业的联合，以优化生产要素、更新业务体系、重构商业模式等途径来完成经济转型和升级。"互联网＋"计划的目的在于充分发挥互联网的优势，将互联网与传统产业深入融合，以产业升级提升经济生产力，最后实现社会财富的增加。

## 三、对"互联网＋"的深度解读

对于究竟什么是"互联网＋"，互联网"＋"什么，怎么"＋"为什么"＋"，不同的人都可以从不同的视角进行解读。正如"互联网＋"理念的提出者于扬所说，"互联网＋"没有普适的方法和路径，每个行业、每个企业在互联网化的过程中，都应该有只适应于自身的路径。

### （一）关于"互联网＋"的解读

从现有的研究来看，关于"互联网＋"的解读至少有两种不同的版本。

1.一般意义上的解读

（1）马化腾认为，"互联网＋"是以互联网平台为基础，利用信息通信技术与各行业跨界融合，推动产业转型升级，并不断创造出新产品、新业务与新模式，构建连接一切的新生态。

（2）阿里研究院认为，"互联网＋"是以互联网为主的一整套信息技术（包括移动互联网、云计算、大数据技术等）在经济社会生活各部门的扩散、应用过程。"互联网＋"的本质是传统产业的在线化、数据化。

（3）李彦宏认为，"互联网＋"计划是互联网和其他传统产业的一种结合的模式。

（4）雷军认为，"互联网＋"就是用互联网的技术手段和互联网的思维与实体经济相结合，促进实体经济转型、增值、提效。

2.战略意义上的解读

（1）2015年《政府工作报告》缩略词注释认为，"互联网＋"代表一种新的经济形态，即充分发挥互联网在生产要素配置中的优化和集成作用，将互联网的创新成果深度融合于经济社会各领域之中，提升实体经济的创新力和生产力，形成更广泛的以互联网为基础设施和实现工具的经济发展新形态。

（2）国发 [2015]40 号认为，"互联网 +"是把互联网的创新成果与经济社会各领域深度融合，推动技术进步、效率提升和组织变革，提升实体经济创新力和生产力，形成更广泛的以互联网为基础设施和创新要素的经济社会发展新形态。

比较 2015 年《政府工作报告》和国发 [2015]40 号对"互联网 +"的解读，可以明显看出：后者是对前者的提升，比前者更深刻地认识到"互联网 +"不仅仅是"工具"，更是一种"创新要素"；代表的不仅仅是"一种新的经济形态"或"经济发展新形态"，更是"经济社会发展新形态"；它拓展了"互联网 +"的外延，表明"互联网 +"不仅仅对经济发展影响深远，对社会发展也影响深刻。而从一般意义上来解读"互联网 +"，那就是互联网与传统各行各业进行深度融合，促进实体经济转型、提质增效。在其外延的发展模式上，互联网不仅仅要 + 传统产业，还要 + 政务管理、+ 公共服务、+ 生态环境、+ 智慧民生，等等。从战略的视野和全局的高度来界定"互联网 +"，就是一种战略、一种革命、一种文化、一种模式、一种趋势、一种规律、一种社会经济新形态。

### （二）解读时需要把握的基本原则

我们在对"互联网 +"进行解读，尤其是对国发 [2015]40 号进行解读时，一定要把握以下基本规则。

1. "互联网 +"不是万能的

要清醒地认识到"互联网 +"没有固定的模式、套路，它只是给各行业提供一个互联网化落地的思路。"互联网 +"不是万能的，也不是包治百病的灵丹妙药。各行业及服务在与互联网进行跨界融合时，要善用互联网思维去观察和思考，认真研读自己的产品和服务所具有的跨界融合能力，切忌生搬硬套，更不能将"互联网 +"理解为"+ 互联网"。"+ 互联网"仅仅是将行业及服务与互联网进行连接，这是一种浅层次的融合，与"互联网 +"的深度融合有着明显的区别。

2. 要摆脱"互联网 +"工具论的观念

"互联网 +"不仅仅是一种工具，我们不能简单地从功利主义出发去考量个人取舍，要把它当作一种创新要素、一种社会经济新形态去对待，要主动拥抱互联网，主动"互联网 +"。它就是我们的生存环境，就是我们的生活方式，与我们每个人都息息相关，是我们生活中不可分割的一部分。

3. 要把握住"互联网 +"的品质

尽管"互联网 +"没有固定的应用模式和普适的路径，但我们仍然可以把握住"互联网 +"独特的品质，那就是"跨界""连接""融合"和"创新"。传统的产业、传统的政务、传统的公共服务均囿于自己的一亩三分地，"互联网 +"就是要突破传统，与互联网进行连接并深度融合，从而实现创新，增强新的经济发展动力，有效提升服务能力和水平，促进国民经济、公共治理、公共服务、生态环境等的提质增效。

4. 要把握住"互联网 +"动态性、协同性、系统性的特征

跨界、连接、融合就意味着有各种可能性和不确定性。这种不确定性意味着机遇，也意味着要面临各种风险。因此，要时刻牢记"互联网 +"是动态的，而不是一成不变的；"互联网 +"是一种创新要素、生态要素，生态要素具有很强的协同性和系统性，切忌孤立地看待"互联网 +"。"互联网 +"已经不是字面上的概念，它代表着未来一种全新的生活方式和生产方式，将深刻地影响社会经济发展的模式和社会结构。各种行业和产业，都将面临革命性的再造。

总之，"互联网 +"已经改造及影响了多个行业，当前大众耳熟能详的电子商务、互联网金融、

在线旅游、在线影视、在线房产等行业都是"互联网+"的杰作。伴随着消费行为碎片化、移动化、体验化,"互联网+"对传统行业的变革也不只是从内到外智能化的升级改造,而是个性化、智慧化甚至定制化的线上线下融合大生产。"互联网+"时代,线上的机会在线下,线下的希望在线上,互联网与实体经济只有互相配合、互相融合,才有机会打造出具有持续竞争力的新商业生态。

未来"互联网+"将重点促进以云计算、物联网、大数据为代表的新一代信息技术与现代制造业、生产性服务业等的融合创新,发展壮大新兴业态,打造新的产业增长点,为大众创业、万众创新提供环境,为产业智能化提供支撑,增强新的经济发展动力,促进国民经济提质增效升级。

# 第2节 "互联网+"与高等教育

在教育方面,互联网的影响越来越明显。这种影响既是对传统人才教育方法的突破和创新,又在一定程度上让教育更加具有科技特色。

## 一、"互联网+"时代教育的本质特点

《国务院关于积极推进"互联网+"行动的指导意见》(以下简称《指导意见》)指出:"互联网+"是"把互联网的创新成果与经济社会各领域深度融合,推动技术进步、效率提升和组织变革,提升实体经济创新力和生产力,形成更广泛的以互联网为基础设施和创新要素的经济社会发展新形态"。可见,"互联网+"所形成的是一种新形态。人们对于"互联网+教育"存在着不同看法。有人认为,"互联网+教育"是互联网技术手段在教育上的应用,以使教育教学成果更有效、优质资源配置更均衡。有人将"互联网+教育"界定为,"利用网络技术、多媒体技术等现代信息技术手段开展的新型教育形态,是建立在现代电子信息通信技术基础上的教育,它以学习者为主体,学生和教师、学生和教育机构之间主要运用多种媒体和多种交互手段进行系统教育和通信联系",把"互联网+教育"定义为新型教育形态,反映了"互联网+教育"的本质。

"互联网+教育"并非仅仅是互联网、移动互联网技术在教育上的应用,也不仅仅是教育用互联网技术建立各种教育、学习平台,而是互联网、移动互联网与教育深度融合,是推动教育进步、效率提升和组织变革、增强教育创新力和生产力的具有战略性和全局性的教育变革。但是,"互联网+教育"绝不会取代现行的全部教育。现行教育中人与人的思维、情感和个性的生活相互影响和促进,是再先进的视频教育和人工智能所不能代替的。"互联网+教育"作为一种新型教育形态具有以下五个特征。第一,跨界连接。"互联网+"中的"+"表达的就是一种跨界,是由此及彼的连接,在跨界连接基础上产生一种新形态。在教育领域,互联网可以说无所不能"+",可以"+"德育,可以"+"课程,可以"+"教学,可以"+"管理等。每一种"+"体现的都是跨界连接,都是原有教育层次和水平的升级,一次质的飞跃。例如"互联网+教学",通过人机交互模式、人工智能等,使师生由线下分离变为线上互动结合、问答交流的体验得以实现。

第二,创新驱动。"互联网+教育"体现的是用互联网思维对教育整体及部分创新,使教育发生质的变革,达到水平的飞跃。一是强化技术对教育创新的支撑。例如,图形图像技术、搜索技术和社交网络促进互联网教育形态的进一步发展,数字化、虚拟世界、云计算、网络视频、课题录制、移动教学等新技术带来了教育教学互动创新模式的形成等。二是促进教育众创空间的发展。可充分发挥网络开放创新的优势,聚集网络技术资源,创建各种类型的教育教学众创空间,给学生提供创新学习和创业试验的平台。目前,在改革发展先行的各级各类学校中,众创空间正在大量涌现,成

为教育现代化的风景线。三是形成开放分享式创新。互联网技术为创新的开放和分享提供便利与可能。教育主体的创新理念和设想通过互联网进行创新协作和集成，参与者共享成果，教育教学的创新点迅速扩散发展为创新的线和面。

第三，优化关系。"互联网＋教育"打破原有的各种关系结构，对其优化重组使师生关系、教育机构与学习者的关系发生根本变化，升级到更高水平；改变组织、合作关系等的传统内涵，使现实世界与虚拟世界界限模糊；让用户拥有学习选择权，进行广泛的分享，实现信息的对称交流；使人的角色关系互换、变化，真正集成大众智慧，进行创新与创业。

第四，扩大开放。"互联网＋教育"使教育走出了学校，跨越地区、国家，全球连成一片，实现了真正的开放。可汗学院就是一个典型案例。2007年，可汗创立可汗学院的目的是让更多人能够享受有品质的教学，经过两年的努力可汗学院就迅速聚集了1000万名学员，成为世界上最大的"学校"。

第五，更具生态性。教育的生态性表现为多元、多样、自然、进化、渐进、质变等。"互联网＋教育"使教育上述特性更突出、更具操作性。因为先进的技术可更广泛地关注每一个学生，使学习内容呈现得更多样、更合乎需要，而教师与学生的角色和作用也将发生深刻变化，学生的主体地位、创造性更能充分表现，学习方式更加个性化、细微化，学习变得无处不在、无所不能，教师更主要是指导者、引导者，是学生人生的关心者、启迪者。

## 二、"互联网＋教育"的核心与本质

一所学校、一位老师、一间教室，这是传统教育。一个网络、一个移动终端，几百万学生，学校任你挑、老师由你选，这就是"互联网＋教育"。在教育领域，面向中小学、大学、职业教育、IT培训等多层次人群开放课程，可以足不出户在家上课。"互联网＋教育"的结果，将会使一切教与学活动都围绕互联网进行，老师在互联网上教，学生在互联网上学，信息在互联网上流动，知识在互联网上成型，线下的活动成为线上活动的补充与拓展。

在2015年6月14日举办的"2015中国互联网＋创新大会"河北峰会上，业界权威专家学者围绕"互联网＋教育"这个中心议题，纷纷阐述自己的观点。"互联网＋"不仅不会取代传统教育，而且会让传统教育焕发出新的活力；第一代教育以书本为核心，第二代教育以教材为核心，第三代教育以辅导和案例方式出现，如今的第四代教育，才是真正以学生为核心。中国工程院院士李京文表示，"中国教育正在迈向4.0时代"。2019年《政府工作报告》明确提出发展"互联网＋教育"，促进优质资源共享。

其实在"互联网＋"提出之前，互联网教育已经有了近10年的发展历史，这表明即使政府不制订"互联网＋"计划，"互联网＋教育"的模式探索与尝试也已经开展，大数据、云计算、互联网……逐渐与教育相互结合，教育的形态被"智能"的力量重塑，可以说教育行业已经实现了互联网化。互联网成为教育变革的一大契机，但是它只是对传统教育的升级，其目的不是去颠覆教育，更不是颠覆当前学校的体制。基于此，我们认为，"互联网＋教育"的核心和本质就是基于信息技术，实现教育内容的持续更新、教学模式的不断优化、学习方式的连续转变及教学评价的日益多元化。

### （一）教育内容的持续更新

互联网＋课程，不仅仅产生网络课程，更重要的是它让整个学校课程，从组织结构到基本内容都发生了巨大变化。正是因为具有海量资源的互联网的存在，才使得高等院校各学科课程内容全面拓展与更新，适合大学生的诸多前沿知识能够及时地进入课堂，成为学生的精神食粮，课程内容艺术化、生活化也变成现实。通过互联网，学生获得的知识之丰富和先进，完全可能超越教师。除了对必修课程内容的创新，在互联网的支持下，各类选修课程的开发与应用也变得天宽地广，越来越多的学校能够开设上百门特色选修课程，诸多从前想都不敢想的课程如今都成了现实。

### （二）教学模式的不断优化

"互联网＋教学"，形成了网络教学平台、网络教学系统、网络教学资源、网络教学软件、网络教学视频等诸多全新的概念。由此，这不但帮助教师树立了先进的教学理念，改变了课堂教学手段，大大提升了教学素养，而且，更令人兴奋的是传统的教学组织形式也发生了革命性的变化。正是因为互联网技术的发展，以先学后教为特征的"翻转课堂"才真正成为现实。同时，教学中的师生互动不再流于形式，完全突破了课堂上的时空限制。学生几乎可以随时随地随心地与同伴沟通，与老师交流。在互联网天地中，教师的主导作用达到了最高限度，教师通过移动终端能即时地给予学生点拨指导。同时，教师不再居高临下地灌输知识，更多的是提供资源的链接，实施兴趣的激发，进行思维的引领。由于随时可以通过互联网将教学的触角伸向任何一个领域的任何一个角落，甚至可以与远在千里之外的各行各业的名家能手进行即时视频聊天，因此，教师的课堂教学变得更为自如，手段更为丰富。当学生在课堂上能够获得他们想要的知识，能够见到自己仰慕的人物，能够通过形象的画面和声音解开心中的各种疑惑时，可以想象，他们对于这一学科的喜爱将是无以复加的。

### （三）学习方式的连续转变

"互联网＋学习"，创造了如今十分红火的移动学习，但它绝对不仅仅是作为简单的即时随地可学习的一种方式而存在的概念，它代表的是学生学习观念与行为方式的转变。通过互联网，学生学习的主观能动性得以强化，他们在互联网世界中寻找到学习的需求与价值，寻找到不需要死记硬背的高效学习方式，寻找到可以解开他诸多学习疑惑的答案。研究性学习倡导多年，一直没能真正得以应用和推广，重要的原因就在于它受制于研究的指导者、研究的场地、研究的资源、研究的财力物力等，但随着互联网技术的日益发展，这些问题基本都能迎刃而解。在网络的天地里，学生对研究对象可以轻松地进行全面的多角度的观察，可以对相识与陌生的人群做大规模的调研，甚至可以进行虚拟的科学实验。当互联网技术成为学生手中的利器时，学生才能真正确立主体地位，摆脱学习的被动感，自主学习才能从口号变为实际行动。大多数学生都将有能力在互联网世界中探索知识，发现问题，寻找解决的途径。互联网＋学习，对于教师的影响同样是巨大的，教师远程培训的兴起完全基于互联网技术的发展，而教师终身学习的理念也在互联网世界里变为现实。对于多数使用互联网的教师来说，他们十分清楚自己曾经拥有的知识，是以这样的速度在锐减老化，也真正懂得"弟子不必不如师，师不必贤于弟子"的道理。互联网不但改变着教师的教学态度和技能，同样也改变了教师的学习态度和方法。他们不再以教师的权威俯视学生，而是真正蹲下身子与学生对话，成为学生的合作伙伴与其共同进行探究式学习。

### （四）教学评价的日益多元化

"互联网＋评价"，这就是另一个热门词汇——"网评"。在教育领域里，网评已经成为现代教育教学管理工作的重要手段。学生通过网络平台，给教师的教育教学打分，教师通过网络途径给教育行政部门及领导打分，而行政机构也通过网络大数据对不同的学校、教师的教育教学活动及时进行相应的评价与监控，确保每个学校、教师都能获得良性发展。换句话说，在"互联网＋"时代，教育领域里的每个人都是评价的主体，同时也是评价的对象，而社会各阶层也将更容易通过网络介入对教育的评价。此外，"互联网＋评价"改变的不仅仅是上述评价的方式，更大的变化还有评价的内容或标准。例如，在传统教育教学体制下，教师的教育教学水平基本由学生的成绩来体现，而在"互联网＋"时代，教师的信息组织与整合、教师教育教学研究成果的转化、教师积累的经验通过互联网获得共享的程度等，都将成为教师考评的重要指标。

随着"互联网＋"被纳入国家战略的顶层设计，就意味着"互联网＋"时代的正式到来，教育工作者只有顺应这一时代变革，持续不断地进行创造和变化，才能走向新的境界和高度。

### 三、"互联网＋"给高等教育带来的机遇与挑战

随着工业社会向信息社会的过渡转型，国际化和信息化已经成为高等教育发展的必然趋势。特别是"互联网＋"时代的到来，以及最近几年大规模公开在线课程的广泛兴起，正在引发世界范围内高等教育格局的竞争与变革。在这种背景下，中国高等教育的发展方式正在全面转型，而这种转型也给中国高等教育带来了更多的机遇与挑战。

#### （一）"互联网＋"带来的机遇

1. "互联网＋"让高等教育从封闭走向开放

"互联网＋"打破了权威对知识的垄断，让教育从封闭走向开放，使得优质的教育资源不再局限于少数的名校之中，人们不分国界，老幼都可以通过网络接触到最优质的教育资源。全球开放的时代，正在加速形成一个基于全球性的知识库，通过互联网，人们可以随时随地地从这个知识库中获取各国各地区优质的学习资源。

李克强说："为切实把教育事业办好，我们要保证投入，花好每一分钱，畅通农村和贫困地区学子纵向流动的渠道，让每个人都有机会通过教育改变自身命运。"在我国，教育尤其是大学教育的质量具有较大的差距。进入大学之前，虽然城市之间与城乡之间不可避免地会出现师资力量的差距，但是由于总体上大家接受到的都是基本一样的标准化教育，相互之间的差距也并不是非常明显。大学教育与之不同，同一个专业在不同的学校所开设的课程是不一样的，培养手法也是不一样的，再加上学校开设课程时间的长短及教师对于课程方面研究的程度、课程解读的不同，都会有不同的效果。1959年《中共中央关于在高等学校中指定一批重点学校的决定》中，决定设置全国重点高等学校，保证一部分学校能够培养较高质量的科学技术干部和理论工作干部，提高我国高等学校的教育质量和科学水平。而后，在1960年《中共中央关于增加全国重点高等学校的决定》中，决定在原有的基础上增加44所大学，一共64所院校。1978年，国务院转发教育部《关于恢复和办好全国重点高等学校的报告》，恢复"文化大革命"前60所全国重点高等学校，并增加了28所高校为重点大学，至此我国基本上确定了重点高校的格局。我国高校数目从1985年的1016所上升到了2019年的2956所（其中普通高等学校2688所，成人高等学校268所），但是截至2019年国家重点高校只有985、211工程大学154所（其中985大学39所，211大学115所）。根据国家建设重点院校的政策可知，为了支持学校的建设，国家的财政性教育经费很大一部分给了985、211工程的学校，而剩余的经费才能分配到其他院校。

2000—2012年，国家财政性教育支出、预算内教育支出虽然在稳步地上升，但是与发达国家相比还是具有较大的差距。此外，财政性教育支出占GDP比重这一项，我国一直都在20%左右，但是发达国家这一数字可以达到50%，最少的也在35%。这样一来，我国高校的资源就出现了僧多粥少的现象，随着高校数量的增加，那些普通院校得到的国家的支持也就越少，能够提供的教育质量也随之降低，导致最优质的教育资源都集中在少数的985等重点高校中，而其他院校则很少能得到

优质的教师和政策支持。但是通过互联网，高校学生能够通过网络接触到985等重点高校的教育资源，同时通过互联网，可以跨地域跨时间段重复地针对一个知识点进行反复的学习，加深对知识的理解，不至于在短短的45分钟或是一个小时的课堂上强行接收所有的知识点，且不担心知识点的遗漏。由此，知识获取的效率大幅提高，也为终身学习的学习型社会建设奠定了坚实的基础。

2. "互联网＋"降低了学生接受大学教育的成本

佩尤公众与媒体研究中心2013年3月份的一项研究发现，60%的美国成年人认为，大学对于国家的发展具有积极的作用；84%的大学毕业生认为，对他们而言，接受高等教育的费用支出是一项很好的教育投资。但是，该中心2011年的另一项调查发现，75%的受访成年人认为，对大多数美国人来说，上大学太贵了，几乎难以负担；57%的受访者说，美国高等教育体系没能让学生及其家庭的花费物有所值。塔皮奥·瓦里斯是坦佩雷大学荣誉教授、联合国教科文组织首席研究员，他认为不同的教学实施模式会强化不平等，提出"经济因素将在很大程度上决定高等教育的命运，传统的面对面式的高等教育将成为少数人的特权，部分教育领域则需要实现全球的标准化，在许多情况下，这还将会降低教育水准"。

根据国家统计局的调查表明，自从2005年开始，我国家庭中子女的教育支出在家庭可支配收入中占的比重不断增长，2004年我国教育占居民可支配收入的比重为3.3%，到2012年为5.9%，上涨了将近2倍。大学学费在近20年内上涨了近25倍，而我国居民的人均收入增长仅4倍，在排除了通货膨胀的因素之后增长仅有2.5倍，大学学费的增长幅度几乎是居民收入的10倍。但是，大多数学生尤其是所谓的非热门专业的学生在毕业后很难得到相应的投资回报。"互联网＋"出现后，却不一样了，互联网强调的是用户可以免费享用各种资源。由此，"互联网＋教育"使得高校学生能够通过较低的成本得到更优质的教育资源，从而促进更多的学生去主动学习，避免了很多由于家庭贫困而上不起大学的学生得不到优质的教育。中国广西大学教授、美国环境保护署科学顾问委员会前主任唐纳德·巴恩斯预言："大学日趋增长的成本难以为继，尤其是在大学教育全球化日趋增长的情况下，更是如此。所以，借助网络实施高等教育的做法才会迅猛发展，这种方式更加经济、高效。"

互联网极大地放大了优质教育资源的作用和价值，从传统一位优秀教师只能服务几十名学生扩大到能服务几千名甚至数万名学生，这使得大学教师能够从繁重的教学任务中解脱出来。另外，互联网联通一切的特性让跨区域、跨行业、跨时间的合作研究成为可能，这也在很大程度上规避了低水平的重复，避免教师一年又一年重复的教学讲解。

3. "互联网＋"改变了大学教育的教学模式并加速了教育的自我进化能力

通过互联网，教师和学生的界限不再泾渭分明，改变了传统的"以教师为中心"的授课形式，使其转变成"以学生为中心"的形式。在"校校通、班班通、人人通"的"互联网＋"时代，学生获取知识已变得非常快捷，师生间知识量的天平并不必然偏向教师，教师必须调整自身定位，让自己成为学生学习的伙伴和引导者。

中国的应试教育以考试结果作为划分学生优劣的标准，甚至更为偏激地认为成绩优秀的学生必然品德也是优良的。这种划分方式致使许多偏科但具有特殊才能的学生的发展受到了阻碍，泯灭了许多学生的才能。互联网中的用户思维就是指在价值链的各个环节都要"以用户为中心"去思考问题，根据用户的需求进行服务。"互联网＋"，利用大数据分析学生的特点，准确分析学生的兴趣爱好、认知水平、接受能力等，然后在此基础上进行因材施教。例如，美国亚利桑那州立大学是美国最大的公立大学，拥有72000名学生，该校采取了一个在线教育服务商Knewton的"动态适配学习技术"来提高学生的数学水平，2000名学生使用该系统两个学期之后，该校的辍学率下降了56%，毕业率从 64% 上升到了 75%。因此，利用大数据进行学生特性的分析，然后为学生提供相应的教学能够更为有效地提升学生的学习效果。现在为了满足学生的需要，互联网为学生提供多种学习模式，如体验式学习、协作式学习及混合学习等模式。而其中最具特点的是 4A（Anytime、Anywhere、Anyway、Anybody）学习模式，即学生可以在任何时间、在任何地点、以任何方式、从任何人那里学习。这也在一定程度上体现了我国培养学生尤其是大学生自主学习的理念。

传统教育体系中包括教育对象和教育环境两大体系。教育对象指的是学生，而教育环境则包括了学习主体以外的周围的事物，包括教师、教学内容、教学条件等。在传统的教学系统中，我们的出发点和落脚点在于考试和升学，对于人的发展则关注得比较少，因此我国的学生总是在经过反反复复的打磨后成了一个个标准的产品，个体之间缺少差异性。英国著名教育理论家怀特提出，学生是有血有肉的人，教育的目的是激发和引导他们的自我发展之路。也就是说，教育的核心是要充分调动人的主体意识，使其在学习、发展过程中变"被动"为"主动"，产生积极主动的心理状态，从而提高自身的认知水平和学习效率。互联网时代正好强调的就是主动性和创新性，通过提升学生的主动性来提升教育的能力。

首先，当"互联网 +"进入现有的教育体系之后，打破了原有的教育体系的平衡，敲开了教育原本封闭的大门，为传统的教育体系提供了新的知识信息源泉，使得原有的学生子系统能够更为快捷和方便地与外部的大系统进行知识的交互，获取信息，因此推动了自身知识的增长，从而推动教育的自我进化能力。其次，互联网的虚拟环境能够为学生创造一个拟真世界，学生能够利用互联网从三维的视角去认知、探索世界。陶行知曾经说过"在劳力上劳心"才是创新人才的办学模式。陶行知批评说："中国的教员、学生，实在太迷信书本了。他们以为书本可以耕田、织布、治国、平天下；他们以为要想耕田、织布、治国、平天下，只要读读书就会了。"陶行知认为，学习应该是实践与认知相结合的过程，而非沉浸在书本中，我国传统的教育却是一味地学习书本的知识，甚至是过时的知识，所以才会出现所谓的纸上谈兵的现象。而"互联网 +"的时代，学生能够通过网络中的拟真世界进行相应的一些实践，并随时根据网络的信息更新知识，如管理专业的学生能够通过网上进行沙盘模拟获知与企业运营相关的知识等，由此加强学生的实践操作能力。

随着"互联网 +"时代的来临，高等教育正进入一场基于信息技术的更伟大的变革中。

### （二）"互联网 +"带来的挑战

1."互联网 +"使中国高等教育面临市场化的冲击

长期以来，大学一直被认为是知识和学习的中心。其间，尽管科技手段带来了巨大的社会变革，如活字印刷、工业革命、电报、电话、无线电、电视机和计算机等的发明和使用，而大学生产和传播知识、评价学生的基本方式一直未变。有一种观点认为，正像那些以信息为核心的产业（如新闻媒体，报纸杂志，百科全书，音乐，动画和电视等）一样，高等教育很容易受到科技的破坏性影响。知识的传播已不局限于大学校园、云计算、数字课本、移动网络、高质量流式视频、即时信息收集等技术方面的可供性已将大量知识和信息推动到"无固定地点的"网络上。这一现象正激起人们对现代大学在网络社会中的使命和角色的重新审视。有关大学未来的争论，一个主要的驱动因素集中在它已陷于四面楚歌的商业模式上。学生和家长们为不断飙升的学费而苦恼，他们越来越质疑自己对高等教育学位的负担能力，以及学位作为求职证书的最终价值。

在上述背景下，新技术催生出了相关的教育市场，大规模公开在线课程开始备受人们的关注。2011 年夏，斯坦福大学计算机科学教授塞巴斯蒂安·特龙宣布将在网上免费公开自己的秋季课程，并附上课后练习题和随堂小测验，选他的课的人数迅速增加。社会公众认为：大规模公开在线课程不仅能充分利用有限的教师资源来教授大量课程，达到教学成果最大化的目的，还可以降低人们求学的经济成本，缓解大学教育面临的经济压力。虽然在线课程让更多人"走进了"课堂，但它依然饱受争议，德尔班科坚称："传统课堂上的教学体验是在线课程无法替代的。"另外，他告诉记者，在线课程会催生教育界的超级巨星。例如，哈佛大学政治哲学领域教授迈克尔·桑德尔因在网上公开了自己的演讲而声名大噪，随即拥有了数量庞大的追随者。然而，这却给那些没有名气的教授带来了压力，使他们很难在教学中得到安全感。德尔班科对记者表示，"如今真正需要思考的是，有多少人能从在线课程中获得真才实学？关于学生是谁、学生的具体问题是什么、怎样有针对性地解决学生的问题等问题，都需要教师与学生进行面对面的交流来寻找答案"。

无论是否存在争议，大学已经发现竞争对手正在侵蚀自己的传统使命，它们包括盈利性大学和可汗学院等非盈利性学习组织、系列讲座的提供商、iTunesU 等网络课程在线服务机构，还有为特定行业和职业提供指导和认证服务的大批专业培训中心。相比实体教育机构，它们都能更快捷地提供规模化的网上教学服务。因此，尽管有时受制于财务预算短缺和抵制变革的学术文化的影响，高等教育管理者们仍在努力回应，并着手进行改革。一些学校包括杜克大学、约翰霍普金斯大学、普林斯顿大学、斯坦福大学、宾夕法尼亚大学等，已经成为 Courser 网络联盟机构的成员。截至 2017 年，Courser 的大规模开放式网络课程（MOOC）已对其学生免费提供，从而使全球数百万人获得了不受限制地聆听该国一些最知名大学课程的机会。此外，MTx、2tor、Udacity 等其他年轻公司，也以类似方式吸引了数量惊人的六位数学生注册。

2. "互联网+"使中国大学教育面临国际化的冲击

事实上，经济全球化的迅猛发展，使得人力资源和物质资源在世界范围内的跨国、跨地区流动成为新常态。这种资源的流动已经渗透到教育领域——教育要素自发在国际流动，教育资源自发寻求优化配置，世界各国间的教育交流日益频繁，竞争更加激烈，形成了教育国际化的大趋势。教育国际化既是经济全球化的必然产物，也是各国政府教育战略的重要目标。

各国在人才培养目标、教育内容、教育手段和方法的选择上，不仅要以国内社会经济发展的需求为前提，还要适应国际产业分工、贸易互补等经济文化交流与合作的新形势。因此，教育国际化的本质，归根到底就是在经济全球化、贸易自由化的大背景下，各国都想充分利用"国内"和"国际"两个教育市场，优化配置本国的教育资源和要素，抢占世界教育的制高点培养出在国际上有竞争力的高素质人才，为本国的国家利益服务。

从方法论的角度讲，教育国际化，就是用国际视野来把握和发展教育。从各国的教育国际化实践来看，教育要素在国际的流动，最早始于各国高等教育之间，并由此波及中等教育、基础教育、职业教育等领域。著名教育问题研究专家钟秉林认为：教育领域的人力资源流动就是教师和学生的流动，物质资源流动就是教学资源的流动，如课程、教材、课件等。而这些要素流动的载体，就是各类不同形式的国际教育项目。从全国高校整体情况看，包括本科、高职高专，至少 2/3 的高校已经有自己的中外交流或合作办学项目。合作办学就是一个载体，通过这个载体，国际化的课件、教材，都可以流动起来，同时伴随着学生和教师的国际流动。更重要的是，师生资源和教学资源的流动，必然伴随着教育观念、教学方式、管理方式的跨国流动与融合。这是各国教育谋求发展的一个重要机会，很有挑战性。通过教育国际化进行资源重新配置的方式很多，如出国留学与来华留学、访学游学与国际会议、合作研究与联合培养、结成友好学校等，这些途径为教育国际化搭建了平台，为国际教育要素的流动提供了载体。

3. "互联网 +"使普通高校面临缺乏优质生源的挑战

互联网将最优质的课程以一种近乎免费的方式提供给广大的学生，2010 年在海地地震之后成立的"人民大学"，这所学校就是互联网教学的雏形。在这里学生能够免费或是缴纳少部分的学费进行学习获得学分。按此模式发展，如果互联网教育发展到了一定的程度，并且能够提供受到社会认可的证书，那么相当一部分学子没有进入所谓的重点院校，也不会退而求其次地进入一所普通院校，甚至是学习自己不喜欢的专业。他们可以通过互联网学习大学应该学到的知识，并且得到社会的认可。这样一来，首先，我国很多二、三本院校及高职等专科院校的师资资源本就比不上重点院校的师资资源丰富，而在"互联网 +"教育的时代，又不能与网络上提供的教学资源相比。其次，学校为了维持其基本的运转和基础设施的建设，就必须向学生收取超过互联网时代网络学校的费用，这样在成本上面又无法与之相抗衡。最后，在互联网教育不够发达的时代，高校学生之所以选择一所普通高校就读，甚至在分数不够的情况下选择一个自己并不喜欢的专业就读，很大一方面的原因是为了获得学位，受到社会认可。但是，当互联网教育也能够提供一样的学位认可，且学生能够自主进行专业的选择，那么高校就会受到互联网教育的冲击。而且，高校进行的是学生基础理论的教学，主要目的是让学生学会思考。这就注定了高校即使自降身价也无法与一般的技术院校去争夺学生资源，这样一来，高校无法招收到学生，没有资金的运转，也不可能去获取更好的教师资源，如此循环下去，普通高校势必面临严重的优质生源危机。

4. "互联网 +"使大学生受到学习碎片化的影响

祝智庭认为：学习碎片化起始于信息碎片化，进而带来知识碎片化、时间碎片化、空间碎片化、媒体碎片化、关系碎片化等，即学习者可以利用乘坐公交车、课间休息、睡前十分钟等的零碎时间，通过网络获取一些零碎的知识进行学习。碎片化学习资源具有短小精悍、结构松散，传播迅速、生命周期短、去中心化、多元化与娱乐化及多方式表达、多平台呈现的特点。也正是这些特点，导致学生对网络学习产生障碍。首先，碎片化知识短小精悍、结构松散，促进了学生认知方式的转变，对新知识的呈现形态提出了新的要求，学生适应了简短的信息阅读方式，可能会对较长的信息和图书阅读产生不适感。而且长期以来，我们受到的大学教育都是系统的知识教育，而结构松散的知识要求学生能够对知识进行加工建构，如若不行，学生就会产生认知的障碍，甚至以偏概全。其次，碎片化知识传播迅速、生命周期短，这样对学生的记忆能力提出要求。一直以来，高校学生都习惯了纸质书籍这种连续的、线性的知识获取方式，先后信息相互联系具有一体性，这样便于学生对于知识进行记忆。但是，碎片化知识以短时间记忆为主，因此学生日后进行信息的提取时可能产生虚构和错构，导致信息失真。最后，碎片化信息的去中心化、多元化和娱乐化等特点，导致学生的思维不能集中，产生思维跳跃。知识碎片的多元化导致学生正在思考的内容很容易被环境中时刻变化的新信息吸引，尤其是娱乐信息吸引，无法围绕一个主题进行深入思考。同时，由于大量碎片化知识和信息唾手可得，而其中大量的信息内容空虚、缺乏价值甚至是毫无价值，而学生对于这类信息全盘接受而不加以思考，导致思维活动空洞，毫无深度可言。正是因为互联网下的教育与各行各业的知识在不断融合，知识不断更新拓展，知识的复杂度加强，信息以指数级增长，且呈现出碎片化的形式，可用的资源虽丰富也鱼龙混杂。在传统的学习模式下，学生一直接受的是填鸭式的教育，对于知识实行的是全盘接受，不须考虑其他。但是，在互联网时代，需要学生对知识信息进行加工处理，而这对于学习能力不足、信息加工处理能力不足的学生来说是一个巨大的挑战。

5. "互联网 +"使大学生受到心理健康和人际关系的双重冲击

2014 年是中国接入国际互联网 20 周年。据中国互联网网络信息中心发布的《第 44 次中国互联网发展情况统计报告》，截至 2019 年 6 月，我国网民规模达 8.54 亿，国内域名总数 4800 万个，网站 518 家，其中又以青少年为主要的网络群体。互联网由于其信息的易得性和娱乐性成了人们主要的信息获取和沟通的渠道，但是我国互联网管理法制不健全，管理比较被动，导致互联网上的信息及教育视频良莠不齐。因技术不平衡，网络上超过 90% 的信息为英文信息，而且发达国家也较早从事互联网的教育工作，这导致现在网络上比较有名的几个教育机构或是雏形都是国外的产品。这样一来，我国学生尤其是大学生在接受了一些比较前沿的科学知识的同时也接受了国外的文化的影响，甚至是不好的文化影响。

与此同时，虚拟性是互联网的一个重要特点。在互联网中一切事物都是虚拟的，然而正是这一特性，使得我们的学生具有了虚拟的身份，而现实中的人际关系变得冷漠起来。传统的教学使学生在集体环境中生活，参与多样化的集体活动，在与同学的交往过程中，无形地就培养了他们的群体意识、集体主义观念和团结协作的精神。网络环境是一个相对自闭的环境，纯粹的网络学习是通过一套网络设备完成相互交流的，这样人与人之间直接交往的机会急剧减少，教师与学生之间的情感不能直接被感受到，教师与学生之间仅仅是通过 QQ、微信、E-mail 等网络工具进行交流，人与人之间建立的关系是一种虚拟的人际关系，一种不现实的关系。这种虚拟的关系，使得学生的群体意识淡薄，不利于健康个性及人格的发展，不利于人与人之间的协作共事、共同生活。

习近平总书记谈到互联网时曾经做出了一个形象的比喻："互联网是一把双刃剑，用得好，它是阿里巴巴的宝库，里面有取之不尽的宝物；用不好，它是潘多拉的魔盒，给人类自己带来无尽的伤害。"因此，我们把"互联网+"应用于教育领域时，一定要理性分析，权衡利弊，扬长补短，利用"互联网+"带来的优势，应对"互联网+"带来的挑战，构建一个开放、平等、共享的教育新环境。

# 第二章 商务英语概述

## 第1节 商务英语的内涵

商务英语是全球经济发展的产物，它起始于 20 世纪 80 年代初，而在我国真正开始发展还是在 90 年代以后。商务英语包括普通英语、商务特殊英语和商务专业的知识和技术，是三者的有机融合，其内涵和外延极为丰富和深广。下面就从概念、特点、作用、学习的必要性等几方面对商务英语的内涵进行综合阐释。

### 一、商务英语的概念界定

#### （一）商务英语的概念

从字面意思上我们可以知道，"商务英语"包含着语言（英语）和业务（商务）两个层面的意思。商务的概念比较笼统，可以说是一个极为广泛的概念，同时更是一个跨学科的领域，经济、贸易、营销、管理、信息、法律金融、财会等都属于这个领域。从语言层面来理解，商务英语是从事或将要从事商务行业的人在商务环境中应用的英语，是特殊用途英语（ESP）的支。按 Elis 和 Johnson 的定义："商务英语属特殊用途英语……它符合特殊语料的定义，它强调特殊语境下交际的特殊样式。"因此商务英语教学有 ESP 教学的特征和要素，即需求分析、真实语料、真实语境、信息为主、主题引导、任务教学，通过针对学生需求，围绕特定的目的和内容使用鲜活语料的商务英语教材，培养学生在特定而真实语境中有效交流的能力。可以推及的是商务英语是商务文化群体中特有的英语，是现代英语的一种功能变体，其与普通英语的差异，不仅表现在目的和意义方面，而且表现在词语用法、句子组成和篇章结构的构建方面。商务英语是指与商务活动相关的英语，由于商务活动本身的界限模糊，既可指经营、贸易等具体领域活动，又可指经济、金融等宏观行为；大可到国与国之间的经济往来，小可至普通的买卖交易。商务英语就其内容而言可分为一般和专门两类。一般商务英语（General Business English）主要涉及各类商务活动共有的一般性和基础性知识，如询价、定价、报关、货单、协议、合同广告、营销策略、谈判程序等；它也会涉及一些行业特殊用语，但总体来说都较少较浅。专门商务英语涉及的商务知识专业领域更窄，行业特征更强，特殊用语更多，如金融英语、机电英语、医药英语、化工英语、建筑英语及相关的法律英语等。

近年来，学界对高校商务英语概念进行了不断探讨，不同的观点颇多，至今还存在一些争议。本书通过对现有主要学者及其观点的回顾与反思，认为商务英语的概念和内涵在不断扩大化。在我国高校，商务英语作为一个以 ESP 的一般商务用途英语为基础发展起来的综合性交叉学科，正在处于专业规范化和学位授予弹性化等发展势头之中。

#### （二）商务英语的特点

商务英语不但具备普通教育学的特点，还具备语言学的特点，同时，商务英语还具备商科理论和知识的特点及人文理论和知识的特点。

**1.商务英语的普通教育学特点**

商务英语是有关商务语言教育一般问题的知识体系，即"语言知识＋商务知识＋技能操作＋人文知识"这样一个体系，是国际贸易专业学生、国际商务专业学生和商务英语专业学生专业知识学习的基础，是这几个专业的学生的必修课程之一。它的目的在于帮助学生养成基本的商务理念、商务操作技能和商务环境下的语言使用技能，具有将学术性与实践性有机结合起来，体现基础性、实用性、通俗性与创新性的特点。根据商务英语教育过程的运行逻辑，商务英语教育主要探讨了商务英语教育的实质、功能、历史、目的、教师与学生、教学、课程、班级管理、制度、评价等基本问题。因此，它具备普通教育学的特点。

**2.商务英语的语言学特点**

商务英语教学是通过语言进行的。语言是基础，商务英语教学是语言的具体应用教学，是应用语言学的表现，因此，它具有语言学的特点，通过语言来学习专业知识，在学习专业知识的同时来巩固提升语言。

**3.商科理论知识的特点**

商务英语专业课程主要包括西方经济学、商务道德、商务环境、商务策略、商务沟通、商务礼仪、人力资源、企业管理、市场营销、国际贸易、国际商法、国际金融、物流等，这些课程本身就是用语言来表述商科知识的，同时还要应用商科的理论原理，比如协同论和耗散论等。很明显，商务英语具有商科理论知识的特点。

**4.人文理论知识的特点**

就商务英语专业而言，除了语言、商务的知识和能力要求之外，人文素质教育应该注重培养学生的人文意识，遵循人文方法，扩大人文知识，增强人文才能，提高人文素养，促使他们在跨文化交际的活动中，秉承人文精神，彰显文明、科学、爱国、求真的健康品格和蓬勃向上的精神风貌。

### （三）商务英语的作用

英语在货物进出口贸易的程序中，在交易磋商与签约环节中至关重要。拟订书面合同时，应使用规范的商业英语，遵循比较固定的条款模式，尽可能采用习惯用语，力求措辞准确、严谨，行文简洁，不留漏洞，避免解释上的分歧。在此过程中，对进出口商品专业术语的正确理解和应用将直接关系到商品交易中的经济效益甚至交易的成败。

商务函电是商务活动的一个重要组成部分，是通过邮寄或其他电信设施（电话、电报、电传、互联网等）进行的商务对话，并常常被用作一种商务行为或合同的证据。商务函电通常是为达到某种特定目的如销售商品、定价咨询信息、索赔、商务问候等。在21世纪信息时代，要充分利用函电简便、快捷的优势，提高业务量和效率。商务英语用于翻译服务要求必须忠实于原文，不得肆意发挥，也不得压缩削减（这里不是指节译、摘译之类），亦即必须一比一地再现原作的风姿。因此，译文的语言应规范化。正如鲁迅所说的"凡是翻译必须兼顾着两面，一当然力求其易解，一则保存着原作的风姿"。这作为翻译标准无疑是适用的。

在中国进出口贸易总额迅速增长的背景下，特别是在我国加入世贸组织和全球经济一体化的大环境下，社会对商务英语专业人才，尤其是能够从事国际贸易的人才需求量大量增加。随着外国广告的大量涌入，如何恰如其分地运用和理解英语广告语言以实现广告的目的，已是摆在进出口商广告人员及广大消费者面前的一个现实问题。广告英语作为一种应用语言因其所具有的特殊效用，已逐渐从普通英语中独立出来而发展成非规范化的专用语言，用词造句与普通英语也有许多差异，并随着广告的发展、时代的前进、科技的进步及社会的变更而变化。由于广告本身的目的就在于能给目标对象留下深刻印象，博取人们喜爱，所以许多广告都是经几番推敲而就，用词优美独到，句法简练而内涵丰富，回味无穷，不仅具有很高的商业价值，同时具有一定的语言研究价值和欣赏价值。

### （四）学习商务英语的必要性

随着外资企业的不断增多，越来越多的中国人开始在外企里工作。虽然工作性质、工作场地有所不同，但是他们都会遇到同样的问题，就是如何从事涉外经济贸易活动，如何在外商经营的企业里占有一席之地。语言差异无疑是这些人遇到的最大障碍。在我们熟知的生活英语、学术英语之外，商务英语是现代外资企业中最重要的交流工具。从客观上看商务英语比较直白，要求严谨准确，趣味性不强，但是工作类语言和工作是相辅相成的，所有人都需要工作或面临着工作，因此它成为了生存语言和发展语言，对谁来说都不可或缺。国外把标准化的商务英语作为选择非英语为母语国家员工的标准，成为进入国际化企业的通途。由此可见，解决这个问题就需要实行商务英语的"专业化"。同时，语言是一种特殊的人力资本，是人们获得其他各种技能所必不可少的先期投资，是获得资本的资本。学习商务英语是一种经济投资。

## 二、商务英语的语言特点

商务英语以普通英语为基础。在知识方面，它涉及语音、语法、词汇、语篇、跨文化交际等普通英语方面的知识内容，与国际金融、经济、贸易、服务、合作等商务方面的知识内容。在技能方面，又涉及听、说、读、写、译等语言方面的能力和沟通、交际、合作等实践技能，以及基于网络通信和多媒体技术等方面的技能。根据应用的不同场合可以分成不同的语域，如电话英语、谈判英语、会议英语、经贸英语、财务金融英语、管理英语、人事部门专用英语、广告英语等，因此，作为一门新兴的学科，商务英语所涉及的知识广泛。作为一门交叉性学科，它涉及了经贸、财会、管理、法律、文化、计算机等多门类知识，具有跨学科性。但是众所周知，商务英语的最大特点是其实用性，不论什么场合，商务活动都要完成一定的交际目的，因此商务英语在词汇、句式、语篇、修辞等方面都有其特点。

### （一）商务英语的词汇特点

由于商务英语的涉猎非常广泛，包括金融、贸易、营销、管理、法律、物流和经济等各个方面，所以从这个意义上来说商务英语词汇和普通英语相比，具有自身的独立性和特点。商务英语并非一种特殊语言，在一定商务环境背景下，进行商务活动时需要使用一些专门词汇，我们称之为商务英语词汇。它与普通英语词汇一样，在语言习得和语言交际中起着举足轻重的作用。但商务英语属于专门用途英语，与普通英语相比在词汇上具有较强的专业性，是专业知识和英语的综合运用。专门用途英语一个鲜明的特点就是专业词汇（术语）较多，商务英语也不例外。但是大多数学习者对于商务英语存在一个错误认识，即认为商务英语就是由很多专有商务词汇堆砌起来的英语。其实商务英语是以英语为基础，又有其自身的特点和独立性，这表现在以下几个方面：

1. 词汇形式极为丰富

商务英语按照其表现形式，可归纳为论说体、广告体和公文体三大类。其中商务信函、通知、法律文书、合同等主要表现为公文体形式。商务英语论说体大多出现在为推广商品所做的演讲或报告中。这种文体用词严谨正式、专业性强，所以以书面词汇为主。商业广告体主要运用在广告中，英语的词汇比较广，更新的速度和大众接受的速度快，一词多义的现象比较普遍，用词多趋于生动、简洁、口语化、通俗化，并富有鼓动性。商业广告体可能包含大量的口语词、外来词、杜撰词、新造词。商务公文体词汇的特点是以书面词为主，选词规范、简短、正式、严谨。

2. 专业缩略语的大量运用

随着社会发展，一些旧的贸易和交流方式被淘汰，一些旧的术语被遗弃，如电报专用缩略语。在英语中产生缩略词的方法很多。缩略词可以是将一个多音节的词去掉一个或几个音节，然后变成一个由较少单词组成的词语，比如 photo 就是 photograph 的缩略词。缩略词也可以是省略后面几个音节，只保留前面，也可以省略前面的音节，保留后面。这种方法是最常见的，比如 Intro 和 chute 分别是 introduction 和 Parachute 的缩略词。除此之外还有一些其他的保留中间音节的缩略词，比如 u 是 influenza 的缩略词。出于经济效益的考虑，以及商业化的快节奏要求，从业人员大量使用商务缩略词以求快速完成交流的环节，有更多的时间对市场做出反应。商务缩略词运用到运输、保险、支付与结算等各个商务环节。

3. 词汇趋于简化

在现今这个快速发展的时代，所有的国际商务活动都非常讲究效率，使用简单的词汇有利于商务贸易伙伴间的交流，而复杂的词不容易理解，会造成误解，引起不必要的沟通障碍。在商务信函或其他函电的写作上更是如此，简单的词汇可以充分表达的意思绝不能用复杂的词，以免造成句子的拖沓、冗长、意思有歧义等现象。因此，在商务英语中，修饰语使用较少，甚至达到惜字如金的程度。

4. 新词汇层出不穷

随着社会工商业的发展进步，新科技、新工艺、新产品和新概念不断涌现，这些必然会反映在词汇上。因为词是构成语言的最基本的独立运用单位，所以随之而来的就是商务术语的大量增加。如 cyber 这个词，由此词衍生出许多与网络相关的新词。如 Cyber Article，Cyber Space，Cyber Link 等。这些是通过把两个或两个以上的词语按照一定的顺序排列构成新词（复合词）。再如电子商务词汇 online publishing（网上出版），cyber marketing（网络化营销），value added service（增值服务）等都是这种方法造出的合成词。一词多义现象也无形中增加了新词，如在进出口贸易中 discount 表示"折扣"，在金融行业则是表示"贴现、贴现率"。

## （二）商务英语的句式特点

商务英语在句式上的特点在于商务英语文体是实用性文体，它的最大特点在于简洁、严密，其用于商业活动这一特点使得它比其他任何文体更加注重表达效果的准确性、时效性和逻辑性。因此商务英语句子结构比较复杂，句式规范，文体正式，尤其在招标文件和投标文件及合同中更是如此。一般说来，由于商务英语在表达上更加注重精确，强调客观，所以句子有时偏长，但是句式基本固定，语言简明，词藻较少，所涉及的语法项目也较少，虚拟语气及倒装等语法项目在商务英语中较少出现。

1. 句式简洁，表达准确

简洁体现在简单句式、排比句式和短的复合句式的使用上。例如，"We are delighted to receive your letter of November 18 asking whether we can supply you with Art.No6120."（很高兴收到你方 11 月 18 日来函询问我方可否供应 6120 货号商品。）此外，简洁也体现在缩略字母的使用上。当然，这种缩略必须为双方所认可，比如 A/C（account），ENCL（enclosure），FYI（for your information）and L.R.O.（in respect of）。简洁的句子有助于商业信息的传播，所以在商业信函中起着重要的作用。它方便、快捷，更重要的是，它有效地避免了误解。

凡是经常借助于函电对外进行业务联系的外贸工作者都会有同感，即外贸函电在表达不同的意见时有其固定的不同的习惯用语，在长期的国际商务交流中，形成了一系列言简意赅的固定句型和套语，这些已被商界广泛接受，只需平时多留意积累就可以得心应手地阅读和撰写商务英语信函了。

2.被动句式和定语后置较常见

在汉语中，很少使用被动句，而在商务英语中以叙述某一过程为主，叙事推理，强调客观准确，为使表达更为准确和紧凑，则大量使用被动句。如果第一、第二人称使用过多，会给人造成主观臆断的印象。因此往往使用第三人称叙述，采用被动语态。这样，句子的重点往往不在于"谁做"，而在于"做什么"和"怎么做"。另外英语中被动语态的使用具有结构紧密、语义准确、表达严密、逻辑性强等特点，在商务英语中使用被动语态，不必说出施为者，能够起到突出商务信息、提高论述的客观性、少带主观色彩和增强可信度等作用。因此，被动语态适合具有严肃性和庄重性特色的商务文体。

3.经常使用长句、复合句、并列复合句

商务英语中应该避免使用长句，上面我们也提到使用简洁的句子更易于理解，并且不会产生歧义和误解，从而能够有效地进行沟通和交流。但是商务英语具有严格性、精确性和逻辑性，这就决定了使用长难句较多。同时，经贸合同由于其法律属性则多用长句、复合句、并列复合句等使其语句结构更严密，更能突出其法律效果。但是商务英语的长句句子结构较为复杂，常使用短语、从句来限定说明成分，形成较冗长的句子，有时甚至一个句子就可以单独成段。

### （三）商务英语的语篇特点

商务英语的语篇结构逻辑合理，意义连贯，通常遵守先综合后分析的语篇思维模式。因此商务英语语篇有其共性，语篇特征是词语和语句特征的综合表现。其特点就是内容完整、专业性强、语言简洁严密、措辞准确具体、层次清晰分明、表达礼貌委婉。下面从商务英语文章的标题特点、语体特点及模糊语的运用等方面对商务英语语篇的特点进行阐述。

1.标题简洁醒目，多用缩略语

大多数的商务英语的文章标题都非常简练、醒目，同时能够确切地表达文章的内容。当然标题也要生动形象，能够吸引读者的注意力。例如：Insurance：Up, Vp and Away（保险：费率扶摇直上吓跑顾客）。商务英语文章的题目经常采用非谓语动词、形容词、副词、名词和介词短语等缩略语的形式，这种形式既简洁，又生动。例如：Victory at a price（付出代价的胜利）。需要注意的是，由简单句构成的商务英语文章的标题句型可分为陈述标题、疑问标题和引述标题等。为了使言语简洁或强调重点，标题中可使用逗号、冒号、引号、破折号、问号、叹号，但一般不使用句号。

2.语体规范正式

商务英语是在各种国际商务活动中使用的英语，商务交际的双方既要体现平等互利的原则，又要保持良好的合作关系，所用词语既要保证其国际通用性，为大众所接受，又不能过于口语化，过于非正式，词语语体应介于正式体（formal）和商量体（consultative）之间。因此，过于简单化、口语化的某些介词和副词，如"because, about, if, like, or"等在商务英语中会被比较正式规范的介词短语所代替。口语中常常使用的动词短语，如"go on, add to"被较为正式的单个动词，如"continue, supplement"所代替。商务英语的语体在不同的场合也有不同的变化。如商务信函属书面语比较正式规范，但现在的发展趋势是商务信函使用简洁生动的口语，以使语气亲切、自然，表现在惯用的"大词"和正式词语被短小词或词组所代替。而在商务合同中，经常使用一些很正式、冷僻的词以显示商务公文的规范性和约束力。如用 expiry 而非 end，用 certify 而非 prove 等。商务合同属法律性公文，其正规性还表现在大量使用一些法律术语或具有法律特点的词语。

3.模糊语的运用

模糊语是语言使用者在特定的商务场合为实现其交际目的而采取的语言策略，商务语言尽管要求表达严谨准确，但是正确、恰当、适度地使用模糊语，不但不会影响商务交际用语表达的准确性，还可以使表达更灵活生动，同时显得更严谨准确、礼貌得体，增强商务运作的灵活性。

模糊语在商务英语中主要有以下几种表现形式：

（1）模糊词语

模糊词语主要指外延界限不确定的词语，能给人留以想象的空间。商务广告或者推销中就常使用这类词来描述商品的特点，从而形成理解上的模糊。如广告词"It is the taste!"里，taste 究竟指的是什么味道，只能靠消费者自己去品尝，这就达到了商家和消费者之间建立关系的交际目的。

（2）模糊限制语

模糊限制语就是把一些事物弄得模模糊糊的词语。它通过对语言模糊程度的调节可以对话语的真实性和涉及范围进行限定。如"You will understand this will take some time."里的"Some"起到了模糊限制的作用。说话者自己也不能肯定具体的延误时间，而且说得太具体也不利于实际的操作。这种模糊的表达比较灵活，给自己留有回旋的余地。

（3）模糊句式

模糊句式主要包括模糊型被动结构、虚拟语气以及模糊型否定结构。模糊型被动结构主要指英语中无施事被动句。在表达索赔、抱怨、投诉等要求时使用这种句式，模糊了动作的施事者，避免直接指责对方。虚拟语气的使用，则通过模糊的表达，让听者自己去理解对方让步的可能性。模糊型否定结构指模糊语的否定结构，如 I'm afraid(not)，I don't think，I'm not sure 等，这些结构语义模糊，同时具有委婉含蓄的表达作用。

模糊语充分利用了语言本身及信息交换的模糊性、不确定性、含蓄性、客观性以及精确性，能够提高语言的表达效率和灵活性，使语气更为委婉柔和，因而广泛应用于商务信函、商务谈判、商务合同以及商务广告中。因此在商务英语语篇中，强调准确使用语言的同时不应排斥在特定的商务语境中适当地使用模糊语。

4.行文结构要遵循一定的固有模式

商务英语的语境决定了商务英语的语篇都有着一定的固有模式。例如，商务英语信函往往强调一事一信，内容多围绕一根主线展开，因此在信函中可以通过"事由"以突出内容主旨，使对方一目了然。接下来我们介绍四种常用的商务英语行文结构模式。

（1）问题解决型语篇结构模式

所谓的问题解决型语篇结构模式就是作者通常首先设计或提出问题，其问题一定是一个与某种情形相关的问题，之后再描述和评估这一问题导致的后果，最后提供解决办法或方案。这种语篇结构模式常常用于广告、产品说明、调查报告和商务信函等商务语篇中。当然其中的情景和评估是可选项，有可能出现也有可能不出现，但是问题和解决方法是必选项。

（2）解析型语篇结构模式

所谓的解析型语篇结构模式，就是先把一个整体的问题分成几个组成部分，再逐个进行仔细审查的方法。通常采用典型的解析型语篇结构的商务语篇主要有购销合同语篇和求职信函中的个人简历等。购销合同一般分为商品规格、数量、价格、包装、付款条件、保险及装运等多项条款和其他附加条款；而个人简历通常包括所求得职位、个人的基本信息、教育背景、工作经验、奖励和爱好等部分。

（3）比较对比型语篇结构模式

比较就是找出两者之间的相似性，而对比就是找出两者之间的差异性。为了更加清楚明了地说明各种商品、服务及公司之间的异同之处，在商贸信函及调查报告的组织和开展中常常用比较—对比的结构模式。例如：有关于分散经营和集中经营有利的和不利的方面进行对比的报告就是使用这种篇章结构模式。

（4）等级型语篇结构模式

这种模式是指把语篇的各组成部分按照其重要性递增或递减的顺序加以排列和展开。例如某些预算报告和调研报告等常用这种结构。

### （四）商务英语的修辞特点

1. 委婉

在商务沟通中，语言的委婉性符合了双方友好合作的精神和灵活机制的策略，但双方的认知和情感有时并不完全一致，因此在沟通时有些话语虽然正确，但对方觉得难以接受，这时直言不讳的话语无法取得良好的效果，而委婉模糊的表述则让对方既能从理智上又能从情感上愉快地接受说话人的观点。委婉语的运用不失为很好的沟通技巧。模糊话语一个最显著的特点就是外延宽、内涵小，因而具有很强的包容性，它给听话者留下了个弹性空间，这个空间可以想象也可以补充。

在表达委婉含蓄的时候，商务英语的用语还应该遵循一个重要的原则：礼貌原则。那就是，用礼貌非冒犯性的表达，代替不礼貌、冒犯性的表达，以维持双方的关系。可见，委婉语在商务语言中起到了奇妙的作用。

2. 夸张

夸张是商务英语语言的修辞手法之一。无论是何种夸张程度，都要从根本的内在的层次上揭示事物本质，也就是运用丰富的想象，扩大事物的特征，以增强表达效果。有效地使用夸张手法既使人加深了对某种观念的印象，又增强商务语言的感染力。请看下面的例子：They murdered us at the negotiating session.（谈判的时候他们就把我们枪毙了。此处运用夸张的手法表达，实际上是指把方案否决了。）由此可见，如果能恰当地使用夸张手法，则能使某一观念更鲜明，而不至于扭曲原意。因此，夸张手法在成功的商务广告中能起到画龙点睛的作用。这些商务英语广告语不仅准确简洁，又不乏规范性。

3. 头韵和尾韵

在商务英语中，运用语音手段达到修辞效果的通常有商业广告和商标画，语音修辞手段使得语言和谐悦耳，语意突出，增强韵律美和节奏感。例如 Sea, sun, sand, seclusion, and Spain. You can have all this when you visit the new Hotel Caliente. 这是很成功的旅游宣传，这里巧妙地运用了头韵的语音修辞手段。商务英语的表达通过修辞手法显得构思新颖、风格诙谐，激发读者的审美情趣和对美好事物的想象力。A Mars a day keeps you work, rest and play. 这里，"day"和"play"构成尾韵，读起来朗朗上口，富有韵味。

4. 排比

在英语中把结构相同或相似、意义相关、语气一致的几个词组或句子并列使用，称为排比（parallelism）。英语 parallelism 也是一种常用的结构上的修辞格。由于这种修辞格在结构上整齐匀称，念起来声调铿锵，所以它没有明言指出前后列举事物的内在联系，没有明言指出它们之间的相似性或相反性，却能够使读者强烈地感受到它们之间的共同点或不同点。排比结构使商务英语语言言简意赅，增强行文的节奏感，加强商务英语的表现力。

通过以上对商务英语中修辞特色的分析，我们可以清楚地看出商务英语是涉及文化背景、交际技巧、商务知识、语言特征的专门用途英语，有着独特的语言和修辞特色。为顺利取得商务谈判的成功，获取更多商机，我们有必要学习并掌握商务英语中各种修辞艺术，提高国际商务交际与谈判的水平和成效，使之更好地为国际商务活动服务。

# 第 2 节　商务英语教学的现状与发展

## 一、商务英语教学的发展历程

语言学研究表明，语言是随着社会的发展而发展的。商务英语学科作为专门用途英语的一个分支，其出现和发展必然有其社会历史渊源。在第二次世界大战结束后的一段时间，人类社会开始进入了一个前所未有的、大规模的科技和经济高速发展的时代。由于战后的美国在科技和经济方面发展最快，成了举世瞩目的科技和经济强国，所以，美国的官方语言—英语便成了国际上科技和经济活动中最通用的语言交际工具。20 世纪下半叶，由于学习英语的观念和目的变化，在英语教学的课程设置和教学内容等方面发生了一场革命。这场学习革命的结果是专门用途英语应运而生。专门用途英语在欧美国家的发展始于 20 世纪六七十年代，当时首先兴起并得到迅速发展的是科技英语。商务英语的发展则稍晚一些，于 20 世纪 80 年代才热门起来。现在，每年世界各地都有大量的考生参加英国剑桥商务英语（BEC）考试和美国普林斯顿考试中心的国际交际英语（TDEC）考试。商务英语学科在中国兴起和发展与近现代中国的历史命运密不可分，形成了具有时代特色和中国特色的商务英语学科。下面介绍一下中国商务英语学科的发展历程。

### （一）商务英语教学兴起

20 世纪 50 年代初，中华人民共和国在北京设立的高级商业干部学校，即对外经济贸易大学的前身，是商务英语教学的发祥地。当时的课程被称作"外贸英语"，并一直沿用到 80 年代。

20 世纪六七十年代，我国的科技和经济的发展都受到严重的阻碍和破坏，商务英语学科的发展也因此受到了影响。改革开放后，随着中国科技和经济的崛起、国际贸易的不断增多和国际地位的不断提升，对商务英语人才的需求日益增长，关于商务英语学科和教学的研究也在中国兴起并很快地成熟起来。

### （二）商务英语教学的发展

从 20 世纪 70 年代末开始，中国实行对外开放政策；1992 年后，发展社会主义市场经济，英语专业的学生除了需要学习英语语言外，还需要学习商务知识，学校开设了相关的商务课程。比如：国际营销、企业管理、国际贸易、国际经济合作等课程，学习这些课程就是为了把商务知识和语言知识融合在一起，即在学习语言的同时学习商务知识，在学习商务知识的同时提升语言的能力。

商务英语作为独立的学科被承认则是在 2007 年，即教育部 2007 年首次批准在对外经济贸易大学设立我国第一个商务英语本科专业。这标志着商务英语经过 50 多年的发展，第一次在我国高等教育本科专业序列中取得了应有的学科地位。继对外经济贸易大学设立商务英语本科专业之后 2008 年教育部又批准广东外语外贸大学和上海对外贸易学院开办商务英语本科专业。在此之后的 10 多年中，不少高校的英语专业转往商务英语方向，教师的商务英语研究成果显著，学生热衷于报考商务方向的英语专业，全国范围的商务英语研讨会越开越大。

自 20 世纪 80 年代中后期以来，我国已有 300 余所大专院校开设了国际商务英语课程或设立了国际商务英语学科，我国商务英语教学起步较晚，针对这方面的教学与研究是从 20 世纪 90 年代兴起并很快形成热潮。20 世纪 90 年代是商务英语在中国快速发展的时期。商务英语培养复合型人才得到国家认可。这种途径开始受到广泛重视。目前我国一些实力较强的经贸类院校和外语院校不但招收了商务英语专业的本科生和专科生，还招收以商务英语为研究方向的硕士研究生。中国国际贸易学会还成立了国际商务英语研究委员会。

但是，我国商务英语的指导思想还未统一。目前我国高校的商务英语专业教学在认识上还存在不同程度的偏颇。专家认为现行的商务英语课程体系，从教材选择、教学环节到教学方法基本上沿袭了普通高校大学英语的教学模式，未形成具有职业特色的课程体系。此外学术界对商务英语专业学科定位也存在争议：例如商务英语专业培养的是懂英语的商务人才还是懂商务的英语人才？我们需要的是具有深厚英语功底的商科教师还是具有商科背景的英语教师？在教学中是以英语教商务还是以商务为内容教英语？正因如此，目前国内商务英语教学还没有统一的教学大纲，没有统一的课程标准。

商务英语是英语语言和商务知识的完全融合，在语言的学习使用过程中学习商务知识，在商务知识的学习过程中提升语言的应用能力，二者相辅相成，不应该单独强调哪一个方面，二者的地位应该是平等的。

## 二、商务英语教学现状分析

社会对商务英语的需求，使得在目前高校英语专业中，商务英语成为热门的专业方向。这一方面反映出社会对复合型外语人才的不断需求，另外也说明在对外开放的热潮下造成一些对商务英语急功近利的吹捧，人们不免会对商务英语盲目崇拜，这必然隐含了诸多不合理因素，使商务英语的教学在各方面都存在许多问题。

### （一）学生的英语综合素养问题

在商务英语的教学过程中，通过对学生的长期观察，发现学生在英语综合素养上还存在一些问题，主要包括以下几方面：

1.阅读习惯不良，阅读能力不强

学生中普遍存在阅读习惯不良的问题。低声诵读、默读、用手指着文字阅读、逐字逐句阅读、回读、查字典、下意识地将阅读材料译成母语等都属于不良阅读习惯。商务英语阅读与普通英语阅读不一样，不能把阅读普通英语文章的方式转移到商务英语阅读中。

另外，许多学生阅读分析理解能力差，只重视语言点的分析和学习，解读文章时仍然沿袭传统的自上而下的解读模式，逐字逐句解读单词、语法点，对语境把握不足，对文章的内容主题、实际背景下的用意把握不清，忽视篇章结构的整体概念，这在很大程度上妨碍了学生阅读理解能力的提高。

2.商务词汇量不足

商务阅读中往往会出现较多的经济、贸易、商务和社交等方面的专业术语，而且在商务英语阅读的过程中，一些普通英语阅读中的核心词意思也可能会发生改变，又或者语篇中会出现一些日常生活不常用的专业术语。而大部分学生的专业词汇和专业表达知识仍然不丰富，常常按一般文体下的语义去推断商务情景下的表达意义，这样一来，学生在商务阅读过程中只会是一头雾水，甚至可能使整个理解出现较大偏差。例如：dumping 的一般含义是指（垃圾）倾倒，而在商务英语中一般表示（向国外）倾销。另外，在阅读过程中，有些学生花大量时间查字典，转移了注意力，最终很容易丧失阅读兴趣。此外，商务阅读的文章里有不少关于商务方面的专业术语甚至在中文里都难以理解，有些学生一看题目都不懂了，看下去的兴趣就大大减少了，抱着这样的一种心态阅读文章，只能是越看越觉得力不从心。

3. 专业背景知识贫乏

在教学中发现，即使在给出专业术语和其他生词词义的情况下，有些学生仍然不能很好地理解文章。究其原因主要是商务英语虽然是英语语言学科的一个分支，但其内容常常涉及对外经贸、国际商法、经济、金融等学科，这就要求阅读者必须掌握一些相关专业的知识，才能实现有效阅读。但许多学生都是初学者，对商务知识的掌握都很少，更不要谈有什么相关的商务工作经验，这也成了他们阅读过程中的障碍。可见，学生阅读能力低不仅仅是词汇量少等纯语言性的问题，更涉及外贸业务流程及背景知识问题。因此，在商务英语阅读过程中，缺乏一定的商务知识作铺垫，商务阅读的进行显得极为困难。对材料所涉及的相关知识、发展历程、最新进展及未来趋势的了解和把握对于学生真正理解文章内容非常关键。

**（二）教学实践中存在的问题**

商务英语是一门专门用途英语，其教学具有特殊性，学生对通过语言学习来掌握商务知识有欲求。于是，从教学内容的角度来说，阅读技能的训练和商务知识的教授就形成了两股课堂教学的主线，两线难分主次，也难以融合。商务英语阅读教学很难解决好既体现语言特色又体现商务特色的问题。到目前为止，商务英语教学实践中仍存在大量的问题。

1. 不能调动学生学习的主动性

商务英语教学的特点之一就是它既包括普通英语的内容，又包括商务知识的内容。商务英语涉及相当广泛的专业词汇和知识，比如经贸、金融、会计、保险、税务、运输、法律及管理知识等。如此宽的领域，在普遍课时紧张的情况下，仅仅靠老师在课堂上的"教"是不够的，更重要的是学习者的"学"。如果学习者在学习上缺乏独立性和主动性，过分地依赖老师，习惯接受"填鸭式"的教学，导致学习者被动、局限地跟着老师走，等待着老师来"传道、授业、解惑"，会使学生养成"有问题就问"的心理定式，从而不知不觉放弃了自己去解决问题的尝试。

大部分院校的商务英语课程教学还是传统的"以教师为中心"的教学，是由教师一个人讲，而且教师在课堂上具有权威性，学生们应该听讲、做笔记，并按时完成教师布置的作业。在整个教学过程中，教师将知识传授给被动接受的学生。课堂上学生大部分保持沉默，不愿意参与课堂实践与讨论，严重地影响了学习效果。

2. 教学效能较低

当前高校逐年扩大招生，班级人数不断增加，即使是英语教学班人数也大多超过 50 人，甚至更多，这给商务英语教学带来了很大的困难和挑战。学生水平参差不齐，兴趣差别很大，学生参与各种课堂活动的积极性差别也大，布置的任务对部分学生而言太难，而对部分学生而言又太易，教材只对部分学生合适，这使教师的教学难以满足所有学生，无法保证全部学生有效学习。而另一方面，社会和学生对商务英语教学的效能期待值越来越高，期望用最短的时间获得最有效的培训，能够达到商务场合使用英语游刃有余的境界。

3.缺乏交际能力的熏陶

商务英语教学不仅要培养学生的语言能力，同时也要培养学生进行跨文化交际的能力，使学生毕业后能使用英语这个工具成功地进行跨文化交际。这就要求教师在教学中导入跨文化交际意识，培养学生对文化差异的敏感性和文化适应性，引导学生在课外对西方文化进行自觉的接触。学生通过报刊、杂志、电影、电视、网络等媒体方式耳濡目染的熏陶来达到了解西方文化的目的，自然产生西方与中国文化的对比，形成兼承两种文化的意识特色，从而在商务活动中自如地进行跨文化交际。

4.教学情境缺乏

商务英语最明显的特点在于它是"商务环境中所常用的英语"，"其语言教学的重心具体在商务环境"。因此商务英语教学首先要对学习者的目标环境进行分析，让学习者置身具体的商务情境，最大限度地调动学生的学习热情，积极主动地参与到课堂中来。这就需要教师在教学过程中模拟真实的商务场景或将学生带到真实的商务场景中去，让他们亲身体验。而在现实的《剑桥商务英语》课程教学中，我们的教师过分地花大量的时间在语言本身的学习上，强调语音、词汇与语法的学习，忽视了商务英语应该定位在"语言能力"上。同时，现实教学也难以得到真实商务背景下的教学辅助材料，如一些公司的年度报表、会议记录、纪录片等。

## （三）教材问题

伴随着商务英语学科的发展，商务英语的课程设置也由传统的"外刊选读""外贸函电"和"外贸口语"三门基本课程，发展到包括管理学、经济学的一些主干课程的综合课程体系。综合的课程体系对商务英语学科的教材建设也提出了新的更高的要求。目前，各高校所使用的商务英语教材主要分为两个大类，一类为国内主流出版社直接从国外引进的管理学、经济学、金融学、会计学和MBA系列英文影印版书籍，如上海外语教育出版社从美国世界贸易出版社引进的"国际商务简明教程系列"；另一类为国内学者为适应商务英语教学的需求根据原版教材改编或自编教材，如对外经济贸易大学等高校联合编写的、由高等教育出版社出版的"商务英语系列教材"，但是，无论是引进还是自编的商务英语教材，都或多或少地出现了与目前国内商务英语教学现状相脱节的一些现象。

1.教材选材难度不一，缺乏时效性

部分商务英语阅读教材内容通常取自理论性较强的原版书籍、主流报刊和业界有影响力的网站，适合有一定商务知识基础和经营管理经验的专业人士阅读，对于刚刚接触商务英语的学生而言难度较大。另外，在部分商务英语阅读教材中，很多内容在商务英语等课程中已经出现过或训练过，这让学生有重复学习的感觉。同时，因为商务事件层出不穷，时效性强，很多教材中选用的新闻已经成为历史，时效性难以保证。

2.教材编写模式单一，缺乏实用性

目前，在国内市面上的商务英语阅读教材种类繁多，但许多教材只是些商务文章的简单罗列，零散素材的简单堆积，缺乏整体的规划和系统的安排，不能很好辅助教师教学及指导学生学习，实用性差。商务英语阅读课程的教材建设不能简单地成为素材的堆积，还应该有相关的背景知识介绍，和对文章恰当的解释和分析，阅读理论和技巧的适当点拨及全面的配套练习等，素材选择更应该整体规划，有一定的连续性、逻辑性和系统性。

3.教材配套练习单一，缺少系统性

大部分商务英语阅读教材的练习设计单一，以精读练习题的模式为主，注重对阅读材料内容的理解，但背景知识的补充较少，缺少系统的阅读技巧介绍和有针对性的实践练习。很多话题讨论过于形式化、表面化，缺少对事件的深层次解读和分析。批判性阅读几乎没有涉及。

究其原因是教育部的英语本科目录里加设商务英语这个专业的时间并不长，之前的商务英语教学一直缺少统一的明确的标准，很多学校虽设商务英语系列课程，但对商务英语学科的定位和理解不一致，有的把它看成是大学英语的一个重要组成部分，有的把它作为英语专业的主干专业课。由于商务英语教学目标、教学对象及教学内容不明确，因此，教材的选择也各随己便，没有统一的标准和原则。

### （四）教师问题

商务英语教学对授课教师的素质要求很高。教师要有扎实的英语基础、宽广的知识面和足够的商务专业知识。但目前商务英语教学队伍的现状是令人担忧的，师资力量匮乏和专业化程度不高是当前商务英语教学的瓶颈。究其原因主要是85%的商务英语授课教师都是原有外语系或外语学院的专业课英语教师，甚至是大学英语教师。即使在一些国内知名的院校，英语语言学或文学专业出身的商务英语教师也要占到一半以上。尽管他们在英语语言驾驭能力上具有优势，但在国际经济学、国际法学等专业知识方面欠缺太大，尤其缺乏实践能力。许多教师在上课时只能硬着头皮讲授连自己都不太懂的知识内容，更别说指导学生解决现实中的商务问题了。这样的教师队伍是无法胜任商务英语职业教育的。如此教学只能有以下结果：一是照本宣科，简单问题一掠而过，复杂问题避而不谈；二是商务英语课名不副实，课堂上很可能汉语占主导地位；三是内容已经使教师感到力不从心，科学的教学方法和教学模式就更无从谈起。

师资的匮乏确实成为影响教学效果的重要因素，但很少有人思考师资匮乏背后的原因。如今在重商主义的社会背景下，在需求大于供给的情况下，采用速成的方式培养我们的老师和学生都是不可取的。商务英语的教学是一个同化的过程，需要时间的磨砺，如果用太浮躁的心情去面对教学是会事倍功半的。

需要提供给师生一个多元化的平台，让其亲身参与到商务活动之中，而不能仅仅停留在说教上。否则即便是一个实践经验丰富的教师，学生听起课来也未必能心领神会。

## 三、商务英语教学的未来展望

商务英语作为一门与世界外贸经济接轨的学科，要求学生不仅需要拥有扎实的专业英语基础知识，还需要具备商务知识和商务环境中灵活运用英语的实践能力。商务英语的教学主要对策和发展趋势表现在以下各方面：

### （一）课程设置多层次、多样化

为适应新时代的发展要求，现代科学需要各个学科之间互相渗透、相互综合。因此，在商务英语课程设置上，需要更多地体现多层次、多样化发展特征，以满足学生的发展要求，提高学生多学科性、综合性发展，拓展学生多层次、多样化的视野。同时，为了适应社会各界对商务英语不同层次的人才需求，各个院校在此课程设置上，不应局限于英语知识或者商务专业知识的培养，而需要在语言技能、商务实践环节、人文素质三个方面加强培养，并与各个领域相结合来开设更为合理、更实用的课程，培养更多符合市场需要的复合型专业人才。

### （二）师资力量进一步改善

只有拥有了强大的专业化的师资力量，才能让学生拥有更高的发展。针对目前的商务英语专业化师资缺乏的现状，笔者认为：首先，应当加强传统英语教师商务知识的学习和培训，使其认识商务英语的重要性，以便更好地实施教学活动。其次，可以选择一些教师进入相关外贸公司或者商务有关部门，进行短期的实践操作和培训，提高教师商务英语实践教学的意识和能力。再者，需要重视本身具备商务英语基础的教师，加强对其实践能力的培养和培训。

### （三）改革教学模式和教学方法

为适应日益发展的外贸经济需求，改革高校商务英语的教学模式和教学方法是必然的发展趋势。首先，需要加强教师与学生互动的改革，采取以学生为主体，教师为主导的师生协作的教学模式。在这种模式中，教师不再是课堂上的主角，而是整个课堂的设计者和参与者，教师应当根据学生的基本情况来设计相关的课堂内容、分组讨论话题、教学活动项目、模拟情景等多方面的师生互动活动，培养学生的积极性和创造性思维。其次，需要执行案例讨论教学模式，案例讨论教学模式主要在于培养学生的分析技巧、思维能力、沟通能力。教师针对案例设计思考题，要求学生尽可能以英语为主要表达语言，来参与、思考、分析和辩论，实现学生口语表达能力、思维应变能力和沟通技巧的提高。再者，实施商务真实环境模拟教学模式。利用教师和学生之间的互动，扮演商务环境情境中一定的角色，来实现商务环境的交换思维、表达应变思维能力和工作实践能力的逐步提高。

### （四）学生实训教学科学化

实训教学不仅能巩固学生的英语和商务基础知识，而且能够培养和提高学生从事商务环境工作的职业能力。首先，以理论为主，配合实验教学，打好学生的商务英语专业的理论基础，安排一定的实训教学活动和项目来增加学生的感性认识。其次，增强实训教学的力度，让学生不断通过实训教学，熟悉商务活动的主要环节，能够熟练运用商务英语专业知识。再者，增加学生实训的实践性机会，高校需要积极争取与外贸公司、商务部门及相关商务英语事务机构的合作，安排学生从事商务环境工作的上岗见习，让学生通过实习锻炼的机会提高实践能力。

# 第3节　"互联网＋"时代高校商务英语教学的思考

"互联网＋"正在全面应用于各行各业，尤其是对越来越多传统行业进行着颠覆性的结构重组。随着中国对外开放的大门越开越大，商务英语已经成为众多专业学科、职业教育的标配和必备。借助"互联网＋"，高等教育经历了第一代以书本为核心、第二代以教材为核心和第三代以案例为核心的传统模式后，终于进入了以人为本的第四代。在网络与信息技术的支持下，高校商务英语正在进入史其创新性和创造力的4.0时代。

## 一、"互联网＋"融入高校商务英语教学的积极意义

### （一）提升教学的时效性、实用性

商务英语是与市场化发展、商务活动及职场联系最为紧密的行业英语类型，因此必然跟随商务活动的变化随时进行调整与更新。这决定了商务英语具有超越其他英语教学的时效性，且对学习者实际应用能力要求更为严格。而在"互联网＋"模式下，光速传播与海量存贮的技术优势决定了最时兴和潮流的职场英语交互行为必然是网络平台上最活跃的因子之一。而利用"互联网＋"开展高

校商务英语教学自然能够从中获取最具时效性的资源与素材，进而提升教学结果的实用性。

### （二）丰富教学形式、激发学生兴趣

对新生代学生来说，传统模式下的商务英语之所以缺乏吸引力，一个重要原因是沉闷的课堂和单一的教学形式。循规蹈矩又按部就班的课堂与活跃的思维和对新鲜事物的强烈好奇之间充满矛盾对立。当英语课堂日复一日因循守旧之时，越来越多学生必然对其迅速产生审美疲劳，随之而来的自然是学习效果每况愈下。

而在网络世界中，职场化表达使商务英语充满生机活力。加之商业营销思想指导下的商务英语学习资源往往被不同程度地娱乐化、休闲化、趣味化，使学习者能在瞬间被绚丽缤纷的形式与内容所吸引。因此，将互联网世界中的商务英语素材应用于现实中的课堂，其更加多样、丰富的教学形式往往更加有助于激发学生的学习兴趣和热情。

### （三）使学生回归教学主体的科学定位

传统模式下的高校商务英语沿袭了应试教育体系，学生是被动听讲的客体，如同知识的容器等待教师传授知识。而在"互联网＋"氛围中，除了可以接触到更加鲜活和实时的学习资源，学生更可以在广阔的课余时间自主选择学习形式、自由选择网络资源深化课堂学习成果。同时，平台化传播模式实现了教师与学生不见面但同样可以有所接触和反馈的线上教学，从而使学生在自主学习过程中遭遇的问题得以迅速解决。如此一来，学生可以回归教学主体的科学定位。而这种以人为本的教学才是最大程度体现商务英语工具性特色的途径所在。

## 二、"互联网＋"融入高校商务英语教学的潜在问题

### （一）网络资源良莠不齐、真假难辨

互联网自出现便成为海量资讯跨越一切界限的传播渠道。虽然借助技术实现了近乎无门槛的资讯获取方式，然而随即出现了虚拟消息泛滥的不利局面。网络资源良莠不齐、真假难辨的问题不仅体现在新闻传播层面，同样反映在线上教育领域。尤其是一些无良商家为了赚流量、搏眼球，在缺少专业人士或权威审核把关的状态下滥竽充数，导致这些渠道流出的商务英语教学资源既无职场特色，又不具备商务流通元素。倘若部分学生无意中浏览或搜索得到这些素材，则不仅白白浪费宝贵的学习时间，且最终所学依然无法适应现实需要。

### （二）形式超越内容影响教学实践

相较于正规学校教书育人的纯粹性，网络空间里流传的教育资源往往会在教学目的基础上附带功利目标。比如先以免费资源吸引流量（学习者、潜在消费者），待流量相对稳定（学生基数扩大到一定程度）后，再以付费内容培养起越来越多的忠实消费者，如此便可以进入盈利模式。

显然，这种基于商业运作的教育模式需要以更加华丽璀璨的形式先声夺人、引人入胜，但也往往容易因此走上形式主义的歪路。而对缺少社会经验的高校大学生而言，光鲜亮丽的表相极具吸引力，难免不会因为过于贪恋形式美好而丧失学习的初衷。这种超越内容的形式也常常是降低教学实践效果的负面因素。

### （三）引发过度依赖、懒学心理

当网络化生活已经成为几乎所有新生代的常态化生活模式后，凡事上网寻求解决办法逐渐成为不少网民日常工作与生活的首选。这种貌似最便捷的状态隐含的问题却被大多数人有意无意地忽略。比如过度依赖网络、好逸恶劳、急功近利等。而这种由于网络普及养成的生活习惯正在慢慢影响到

学习层面。尤其是当"作业帮""猿辅导"等网络软件层出不穷之际，扫一扫就能得到解题答案已经成为时下不少中小学生自以为是的学习"捷径"。

一旦高校商务英语在实施"互联网+"过程中不能将网络资源切实融入课堂主题，则学生极有可能采取复制粘贴等偷懒的办法截取网络答案以应付教学或考试。这显然与实施"互联网+"的初衷背道而驰。

### 三、"互联网+"时代高校商务英语教学的思考

#### （一）多种网络教学手段综合应用构建立体化教学格局

传统模式下的高校商务英语教学基本处于平面化状态，仅有书本教材等二维化资源，这使新生代学生产生英语课堂枯燥乏味的成见与偏见。因此，"互联网+"时代，高校商务英语教学的改革就应当多种网络教学手段综合应用构建立体化教学格局。

这种具有三维特色的教学优化模式不仅包括多媒体辅助教具的充分应用，还涉及线下加线上的融合式发展。于前者而言是指将互联网上丰富的商务英语资源经筛选后制作成多媒体课件，使停留于字面的内容得以动态化、音频化、视频化。有研究显示，使用单一感官进行学习时，有效程度往往只能达到20%，但多感官综合应用时，学习效率往往能够提高到80%。通过视觉和听觉的综合应用，英语作为交流工具的互动性才能得到充分发挥。这能同时锻炼学生的口语表达和书面表达。

至于线下融合线上则是为了进一步提高课堂教学的时效性。传统模式下，商务英语课堂采用一刀切式的教学形式。这对不同学习能力的学生其实并不普遍适用。千人一面的课堂不仅容易掩盖每个学生个性化的需求，导致单个学生潜在的学习缺陷无法被及时发现而日积月累，同时，有限的课堂教学时间也被过于泛化的基础教学浪费，难以突出重点、难点与疑点。这对快速提高学生整体学习水平极为不利。

而采取线上辅助教学后，教师可以预先制作音视频课件置于网上。学生通过自学完成绝大部分基础性内容，再回到课堂上向教师就自学过程中遇到的问题和困难寻求解答。如此一来，有限的课堂时间被用于答疑解惑，不仅教学针对性大幅提升，且教师能够快速掌握学生个体的学习水平，进而采取更加多元的方法一一应对。这种一人一策式的教学显然更符合以人为本的教育原则。

#### （二）充分利用课外时间延伸课堂教学范围

任何语言的学习都是渐进式、阶段化推进与提高的过程。高校商务英语同样需要大量时间的积淀才能实现从量变到质变的飞跃。因此，课堂教学只能提纲挈领搭建基础框架，真正进行理论联系实践的学习还是要依靠大量课余时间的自我努力。因此，充分利用课外时间延伸课堂教学范围很有必要。

实现这种教学创新的途径众多。比如，利用微课。教师结合不同教学主题制作出时长不超过十分钟的微课课件放于网络。学生按需提取并进行学习。这些课件既可以用于新课预习，也可以用于课后复习，还可以作为课后作业的强化训练。对有余力的学生，微课还可适当增加难度或广度，以促进学生加快提高商务英语的实用水平等。

又如，利用门户网站上现成的学习资源。比如新东方。新东方网站的"精选栏目"中包含了"商务英语""行业英语"等直接关联课堂教学的内容，也有诸如"职场百科""实用口语"等边缘组成。而在"英语考试"栏目下还有诸如"BEC初级商务英语测试""职场必备考试TOEIC真题"等涉及测试评价的部分。这些都可以为高校商务英语引用和借鉴。

### （三）鼓励和引导学生合作学习、自主学习

从以上提到的各种创新优化办法中不难发现，"互联网+"时代，高校商务英语教学的根本目标在于提高学生的应用水平，避免聋子英语、哑巴英语。而这其实是对学生自主能力与独立性的培养和提升。因此，鼓励和引导学生合作学习、自主学习是有益的尝试。

随着现代教育的发展，学生的主体地位越来越受重视，如何有效激发学生学习兴趣并引导他们高效实现自主学习，已经成为商务英语教学的重要任务。在传统教学模式下，因为教学理念、方式、目标等的限制，学生自主学习效果往往较差。不过随着"互联网+"时代的到来，这一现象得到充分改变。"互联网+"为商务英语自主学习提供了有利条件，主要体现在以下几大方面。其一，"互联网+"为商务英语自主学习提供了海量资源，这让学生能够根据自身需求随时搜集和使用需要的资源，从而更加有效地展开自主学习。其二，"互联网+"对传统教学模式产生了巨大影响，有利于推动英语教学向学生自主学习方向发展，尤其是微课、远程教育等形式的出现与应用，使得学生能够在科学引导及指导下进行高效自主学习。其三，"互联网+"为商务英语自主学习评价提供了可靠支持。对自主学习而言，如何有效发现学习过程中的缺陷与不足并加以改进十分重要，这将直接影响学习质量及效率的提升情况。"互联网+"为商务英语自主学习评价提供了更加客观的平台与途径，让学生能够在专业教师的评价与指导下不断改进，改善自主学习效果。

总之，"互联网+"时代，信息技术为商务英语实现超越和突破提供了平台与条件。这不仅表现在网络与信息技术为高校商务英语提供了前所未有的丰富资讯与素材，也体现在平台化教学实现了学生作为学习主体的科学回归。但"互联网+商务英语"并非完美无缺，同样存在技术的两面性。这不仅需要教师投入更多时间和精力做好网络资源的考察与筛选，而且需要随时掌控教学主动性和先导性。因此，高校商务英语教学实施"互联网+"不仅是对传统职业英语教学模式的突破，也会给教学过程带来更多新情况和新问题，需要教师与学生共同合作并创造性地解决。

# 第三章 "互联网+"时代 高校商务英语的教学理论

## 第1节 建构主义理论

### 一、建构主义理论概述

建构主义是认知主义的一个分支，其哲学基础强调主观（内部心理过程）与客观（外部刺激）相结合，即"主客观相统一"的认识论。建构主义融合了多位学者的研究，起源于18世纪康德的哲学思想，由瑞士心理学家皮亚杰于20世纪60年代提出，科恩伯格进一步研究了认知结构的性质与发展条件，斯滕伯格和卡茨探索了认知过程中如何发挥个体的主动性。建构主义还汲取了维果斯基的历史文化发展理论、奥苏贝尔的意义学习理论及布鲁纳的发现学习理论等多种学习理论的精髓，揭示了人类学习过程的认知规律。

建构主义十分关注以原有的经验、心理结构和信念为基础来建构知识，强调学习的主动性、社会性和情境性。由于学习是在一定的情境即社会文化背景下，借助其他人的帮助即通过人际协作活动而实现的意义建构过程，因此建构主义学习理论认为"情境创设""协作共享""会话交流""意义建构"是学习环境中的四大要素或四大属性。也有学者提出建构主义学习设计六要素：创设情境、提出问题、搭建桥梁、组织协作、展示成果、反思过程。

建构主义认为人类的知识是对客观世界的一种解释或假设，不是最终答案。学生学习知识就是在理解的基础上对这些假设做出检验和调整的过程。建构主义学习观认为，学习是学生自己建构知识的过程。学生不是简单被动地接受信息，而是主动地建构知识的意义。学习是学习者根据自己的经验背景，对外部信息主动地进行选择、加工和处理。对所接受到的信息进行解释，生成了个人的意义或者说是自己的理解。个人头脑中已有的知识经验不同，调动的知识经验相异，对所接受到的信息的解释就不同。

建构主义认为意义是学习者在新旧知识经验间反复的、双向的相互作用过程中建构的。每个学习者都以自己原有的经验系统为基础对新的信息进行编码，建构自己的理解，而且，原有知识义因为新经验的进入而发生调整和改变。知识建构不是一种简单的增强反应，也不是单向的知识获得或信息累积，而是学习者自身的意义追寻和建构，同时包含由新、旧经验的冲突而引发的观念转变和结构重组。个体的学习过程并不是简单的信息输入、存储和提取，而是新旧经验之间的双向的相互作用过程。一方面是对新信息的意义建构，另一方面也包含对原有经验的改造或重组，该理念是当代教学和课程改革的基础。总之，学习是双向建构的过程。

建构主义强调学习情境的重要性，认为学生的学习是与真实的或类似于真实的情境相联系的，是对真实情境的一种体验。学习者只有在真实的社会文化背景下，借助于社会性交互作用，利用必要的学习资源，才能积极有效地建构知识，重组原有知识结构。学习通过新信息与学习者原有的知识经验双向的相互作用而实现，也就是学习者与学习环境之间互动的过程。何克抗强调对学习环境（而非教学环境）的设计，建构主义认为学习环境是学习者可以在其中进行自由探索和自主学习的场所。在此环境中学生可以利用各种工具和信息资源来达到自己的学习目标。在这一过程中学生不仅能得到教师的帮助与支持，而且学生之间也可以相互协作和支持。按照这种观念，学习应当被促进和支持而不应受到严格的控制与支配；学习环境则是一个支持和促进学习的场所。在建构主义学习理论指导下的教学设计应是针对学习环境的设计而非教学环境的设计。在外语教学过程中，教师要创设与英语教材内容相关的情境，针对所要学习的内容设计出具有思考价值和启发意义的问题，引导学生积极思考、努力尝试解决。在问题情境下进行学习，学生不再盲目接受和被动记忆教师传授的知识或课本知识，而是主动地进行自我探索；学习过程变成学生积极参与的、建构知识的高水平思维过程。

建构主义学习理论认为"协作学习"对知识意义的建构起着关键性的作用。它强调学生之间、师生之间的协作交流及学生和教学内容与教学媒体之间的相互作用。建构主义的协作学习就是"生生互动"，指学生之间的相互作用和影响，包括小组讨论、相互评价、相互激励、互帮互学等合作互助，从而建立起合作与竞争的生生关系。"师生互动"指师生间的相互作用和相互影响，即认知信息方面的或是情感信息的交流与互动。师生之间充分的交流、讨论、争辩、合作及教师的针对性指导，能提高学生知识建构的质量，学生在课堂交流中学习，有更多建构知识的机会。"会话"是协作过程中不可缺少的环节。协作学习的过程也是会话的过程。

建构主义学习观强调以学生为中心，认为学生是学习的主体，是认知和信息加工的主体，是知识意义的主动建构者。学生获取知识的多少取决于学习者根据自身的经验去建构有关知识的能力，教师对学生的意义建构起帮助和促进的作用。它同时强调教师是学生学习的帮助者和合作者。教师提供帮助和支持，引导学生在原有的知识经验基础上生发出新的知识经验，从而对知识的理解逐步深入，帮助其形成思考、分析、解决问题的思路，启发学生反思其学习过程，形成自我管理、自我监督、自我负责的学习能力。教师在教学活动中，应给学生更多的机会和充分的时间去探究、发现、评估及对自己的想法做修正等，让学生经历人类发现知识的自然过程，学会学习。

建构主义强调学习过程的最终目的是完成意义建构，而非完成教学目标。在传统教学设计中，教学目标既是教学过程的出发点，又是教学过程的归宿。教学目标分析可以确定所需的教学内容和教学内容的安排次序；教学目标还是检查最终教学效果和进行教学评估的依据。但是在建构主义学习环境中，由于强调学生是认知主体，是意义的主动建构者，所以把学生对知识的意义建构作为整个学习过程的最终目的。在这样的学习环境中，教学设计通常不是从分析教学目标开始，而是从如何创设有利于学生意义建构的情境开始，整个教学设计过程紧紧围绕"意义建构"这个中心而展开。建构主义的评价观更重视对知识建构的过程而不是结果的评价，评价标准源于丰富而复杂的情境，关注真实任务的解决，呈多种形态。

建构主义教学观主张教学的目标是培养学生的探究能力和创新能力，教与学之间是互为促进的循环关系。教师提供建构的知识框架、思维方式、学习情境等有关线索，学生积极主动地建构对事物的理解和体验。教师从学生已有的知识、兴趣、情感出发，设计有针对性的教学情境，新老经验相互作用，从而建构新知识，发展自主学习能力和创新能力。教学应该把学习者原有的知识经验作为新知识的生长点，引导学习者在原有知识经验的基础上，积极地建构新的知识经验。教学不是知识的简单传递，而是知识的加工、处理、转换和升华。教师和学生之间、学生与学生之间，需要共同探索问题,并在探索的过程中相互交流、研讨和质疑。值得一提的是,建构主义强调以学生为中心,重视学生对知识的主动探索、主动发现和对所学知识意义的主动建构,这与人本主义教育思想的部分内容不谋而合。

建构主义学习理论仍是一个正在发展中的理论,其发展进程依然是动态开放的;在认识论立场上如何处理好建构与反映、个体性与社会性、真理的绝对性与相对性之间的关系,将是实现其理论超越的根本问题。建构主义作为一种教学与学习理论极具启发意义,但在一些问题上也有偏颇。首先,要以辩证的观点在理论上深入分析和把握它,同时又应根据实际教学活动,汲取其合理之处。例如,应该批判性地看待"以学生为中心"的理念,因为它易于将教师在课堂上的作用边缘化,教师最重要的职责并未得到合理彰显;同时学生却被认为是教学目标、内容和教学进度的决定者、课堂话语的主导者,其作用被不适当地扩大。"以学习为中心"主张教学必须要实现教学目标和促成有效学习的发生,因此比"双主"原则更简洁明了,更准确地反映了学校教育的本质。再者,对所学内容不加区分就一律要求对其完成"意义建构",达到较深刻的理解与掌握,是不适当的;应该在进行教学目标分析的基础上选当前所学知识中的基本概念、基本原理、基本方法和基本过程作为当前所学知识的"主题",然后再围绕这个主题进行意义建构。这样建构的"意义"才是真正有意义的,才符合教学要求。必须注意,应该倡导的不是那种建立在主观主义认识论和片面的以学生为中心的教育思想基础上的极端建构主义,而是建立在"主客观统一"认识论和"主导—主体相结合"教育思想基础上的新型建构主义。

建构主义代表性的教学方法有:支架式教学、抛锚式教学、随机进入教学、基于问题的教学法、项目驱动法等。

"支架式教学"的教学步骤:围绕学习主题,按"最邻近发展区"的要求建立框架,搭建脚手架,将学生引入一定的问题情境,让其独立探索;教师尽力启发引导,适时提示,帮学生沿概念框架逐步攀升,逐步放手让学生自己分析,争取无须引导;可以进行小组协商讨论,在共享集体思维的基础上理解所学概念,完成意义建构;最后进行效果评价,包括学生自我评价和学习小组对个人的评价。

"抛锚式教学"的教学步骤:创设情境,使学习能在类似现实的情境中发生;确定问题,选出与当前学习主题密切相关的真实事件或问题,作为学习内容,即"锚";自主学习,教师向学生提供解决问题的线索,注意发展学生的自主学习能力,包括确定学习内容、获取相关信息与资料、利用评价相关信息的能力等;协作学习,通过讨论交流,补充、修正、加深学生对问题的理解;效果评价,在学习过程中随时观察并记录学生的表现。

"随机进入教学"的教学步骤:向学生呈现与学习主题相关的情境;学生随机进入学习所选择的内容;进行思维发展训练,教师提出的问题应有利于促进学生认知能力的发展、建立学生的思维模型,培养其发散性思维;围绕呈现不同侧面的情境所获得的认识进行小组协作学习,评论和考察各自的观点;学习效果评价亦包括自我评价和小组评价。

"基于问题的教学法"是把学习放在真实的、复杂的问题情境中,通过学习者的自主探究和合作讨论来解决问题,从而深刻理解隐含在问题背后的知识,形成解决问题和自主学习的能力。该教学法应用于大学英语阅读教学的主要环节,包括问题准备、资料查阅、小组交流、课堂讨论、评价总结等,在课堂将分组教学与班级授课相结合。

"项目驱动法"是以项目为基础的教学活动,学生在教师的指导下,在学习中选定研究的项目或主题,用研究的方式主动收集信息、分析信息、获取知识、应用知识、解决问题的学习活动。该教学法强调的是问题的探究和解决的过程，注重学生能力的培养。在项目进行的过程中和项目结束后，教师以评估者的身份对学生进行形成性和终结性的评价。

## 二、建构主义学习理论与商务英语语言学习

建构型学习具有六个核心特征：积极性、建构性、累积性、目标指引性、诊断性和反思性。建构型学习最符合学习的本质，最有利于开发人脑的潜力。荷兰纳米根大学对持有再现学习观、建构学习观和应用学习观这三种不同学习观的学习者进行了实验，结果证明不同的学习观、学习风格与策略、学习结果之间并不存在一一对应的关系，建构型学习者能同时在三种学习结果上表现出最佳业绩。

这种理论完全适用于商务英语教学，商务英语学习者无论采用再现学习观、建构学习观和应用学习观中的哪一种，在学习结果上都会表现出最佳业绩，这符合皮亚杰对语言结构的分析。商务英语教学是一门实践性很强的专业课程教学，学生只有在解决问题、完成任务的过程中，才会主动地进行自我探索，进行语言的实践应用。学习者可以通过合作、讨论来分析问题、搜集资料，直至解决问题。这个过程就体现出了语言知识、商务知识、文化知识学习和实践能力培养的建构和再建构的过程。皮亚杰认为语言知识结构包括三个特性：整体性、转换性和自身调整性。也就是说，语言知识的结构是开放性的，语言的共时性系统也并非静止不变的，因此，它会随着输入不断地改变原有结构，形成新结构，而每一次产生的新结构又都能参与下一次的建构，产生新结构。商务英语语言的学习实际上是一种沟通技能的学习，是英语在职场上的具体应用，因为商务英语语言的结构完全是开放性的，它所面对的是商务活动中对商务英语这种专门用途英语的具体使用，学习者自身要主动选择、同化、顺应输入的信息，使新输入的材料与已有的信息相互作用，重新建构，形成新的结构。商务语言的习得也是学习者在具体的商务环境下积极主动建构的结果；输入向吸收的转化过程充满了学习者的主动建构，而不是被动接受；吸收的结果是新旧信息相互作用后的全新的结构。由于学习者总是不断地接触商务语言材料，学习者的商务语言习得就成了不断建构的过程。因此，建构主义同样适用于商务英语学习。

## 三、情境教学的学习环境在商务英语教学中的建构

建构主义理论强调学习者是积极的意义建构者和问题解决者，强调学习者将自身经验带进学习过程，在这个过程中，教师、学生、任务和环境是影响学习过程的四大要素。

商务英语教学所进行的项目任务化教学中最强调的情境教学完全符合建构主义理论。情境（situation）主要指进行言语交际的外部的具体场合，根据费厄斯坦的中介作用理论，商务英语课中教师的作用不应仅局限于提供任务和促进学习者之间的言语互动，更应通过他们之间的语言，为学习者创造更好的学习氛围，一种可以激励学生学习和使学习变得轻松的环境。该教学法的特点是：将言、行、情境融为一体，有较强的直观性、科学性和趣味性，学生仿佛置身其境。情境教学可以激发学生学习激情，培养学生浓厚的学习兴趣，促成学生智力因素和非智力因素的发展，从而从整体上正确理解和运用语言，即整体语言教学法。学习环境则是支持和促进学习者学习的场所。

所谓教学中的情境都是模拟的。而情境教学法，是指教师根据学生的年龄特点和心理特征，遵循反应论的认知规律，结合教学内容，充分利用形象，创设具体生动的场景，使抽象的语言形式变成生动具体的可视语言，创设尽可能多的英语语言环境，让学生更多地接触感受英语（feel English）、说英语（speak English）、用英语进行思维（think in English）、用英语的方式主导行为（behave in English）。在情境教学这种环境中，教师为学习者提供真实的模拟仿真学习情境，学习者更

加可能做出在社会职场和情境关系中发生的合作建构和再建构。这种环境将使作为知识建构和再建构及获得认识和理解的主动进行的语言学习活动变得更加容易。

## 四、建构主义指导下的商务英语心理需求分析

### （一）需要层次分析

马斯洛将心理需求分为七个层次：生理需求、安全需求、归属与爱的需求、尊重需求、认知需求、审美需求和自我实现的需求。虽然马斯洛并未特别提出教育与心理需求的关联，然而各种形式的教育是人类满足与提升心理需求的主要媒介。因此，接受教育是满足个人心理需求的重要渠道。调查表明：作为非英语专业的学生，他们学习商务英语的一般心理需求，反映了需求层次处于中低档次，而且缺少各个需求层次之间的贯通。如有79%的学生选择得到学分、拿到学位、找到工作，等等，这是生理、安全需求的间接体现，并初步进入归属需求和尊重需求。能够从认知需求和个人价值实现等更高层次出发，与自己人生目标相联系的学习者，仅占较少部分。

### （二）学习动机分析

心理学将学习动机分为两种：即学习者的内源性动机和外源性动机。所谓内源性动机是指人的内在动机，比如出于自己的兴趣和提高自己能力、素质的愿望，而并不是为了得到外界的承认或酬奖。所谓外源性动机则相反，依赖于外部驱动因素，比如酬劳、奖赏、分数、找到工作或得到提升，等等。

具体而言，非英语专业的商务英语的学生相当一部分为拿学分。而在学习方式和学习内容偏好上，则倾向于有利于通过考试就行。由于学习动机含混，或者说内源性动机的匮乏，所以，在实际的学习过程中，多数学生表现为学习被动，急功近利，目光短浅。而在学习动力上表现为注意力不集中，缺乏毅力，热情忽高忽低，遇到困难容易沮丧和消极。

### （三）感知特征分析

调查表明，学生在商务英语的课堂学习中，更倾向于从中学时代就养成习惯的教学方式，更偏爱针对考试、"有利于顺利通过考试"的方式。这说明他们对于自己的英语学习基础缺乏自信，在"动力定型"上还没有突破瓶颈。但是，多数同学对于典型案例教学、情境模拟教学、游戏教学等情有独钟。这说明调动情趣、激发兴趣，在商务英语实际运用的情境中体会商务英语的魅力、激发学习动力、拓宽感知渠道，是十分必要的。

## 五、商务英语学习者心理需求的建构主义分析

建构主义认为，学习是获得知识的过程，但不能仅仅靠教师传授，而是需要学习者在一定的经济社会文化背景下，借助其他人（包括教师和学习伙伴）的帮助，利用必要的学习资料，通过建构的方式而获得。获得知识的多少取决于学习者根据自身经验去建构有关知识的意义的能力，而不取决于学习者记忆和背诵教师讲授内容的能力。建构主义教育理念的实质，是强调学习者的主动精神和内驱力，是尊重和调动学习者的主体性、参与性、创造性，以及和老师之间的互动性。表面看，非专业商务英语具有一定的"直接实用性"，具有为商务活动服务、为职场竞争服务的"直接工具性"，但是越是这样，越需要依据建构主义教育理念而调动学习者的建构意识。商务英语再"特殊"，也要纳入学习者自己的知识结构，而且任何学习缺少了学习者自身的建构热情和建构行为，都会事倍功半、被动消极、滞缓低效。

因此，纠正或提升学好商务英语就能找到好工作的理解误区，引导学生将学习商务英语与内在

素质提高、人生价值实现之间联系起来，摆正在商务英语学习中施教者和被教者的位置，建构良性的学习需求和学习心态，对商务英语的学习者来说是在开始学习之前和学习过程中都需要认真解决的问题。

## 六、心理需求分析对商务英语教学的理性启迪

### （一）从教学内容中提取内源性激励因素

商务英语无论教材内外，都会大量涉及商务精英人物、商务活动实例、商务语言词汇，等等。教师应当善于随时发现和提取这些内容中对学生的激励因素，尤其是内源性激励因素。教师稍加引导，就有利于使学生意识到商务英语既是有力的洽谈、交流的工具，也是一个人内在素质的重要构成。

### （二）从情境教学中激发学生的审美情趣

从我们的调查问卷中可以看出，学生的学习方式偏好体现了年轻人的兴趣特点。马斯洛将审美需求作为很高的需求层次，这是很有道理的，因为审美需求对于青年学生来说，只要善于引导，就一定可以成为重要的动力结构。

商务英语教学中，除了模拟和尽量贴近商务活动特定情境之外，情境教学本身就蕴含了艺术化教学和情景美化的要素。英语文化背景知识即英语国家的史地、政治、社会文化、风俗习惯等文化背景知识，而商务活动的相关背景更具备时代特色和跨文化魅力。

### （三）从师生互动中营造学生参与氛围

如前所述，建构主义教育理念对商务英语教学的启发是相当重要的。在引导学生树立主体意识和激发主动精神的过程中，教师起着至关重要的作用。因此，商务英语的教授者一定要积极创建互动的氛围，调动学生参与的积极性，激励他们形成主动建构的热情和习惯。

# 第 2 节　人本主义理论

## 一、人本主义理论概述

人本主义在西方起源于古希腊时代，与我国的儒家思想在教育理想上有相似点。人本主义坚持以人为本，其教育理念已经渗透诸多教育者的心灵，其思想已体现在现代教育的方方面面。人本主义心理学基于对人类的基本信任，认为生命过程的本质是主动的，而不是被动；达到学习目标所需要的纪律是一种自律，成为学习者的个人责任；自律代替了外在的纪律。

自 20 世纪 70 年代，以人本主义心理学为基础的人本主义课程理论迅速发展，其主要代表人物有马斯洛和罗杰斯。马斯洛的自我实现论认为人具有内在价值和内在潜能。人一方面有自然生物性，另一方面又有自己的内心世界，可以成为一个拥有独特自我，能进行自由选择，在创造性活动中自由地提升自我的真正意义上的人。人既有规律性和生物性，又有独特性和个体性。马斯洛需求层次理论认为人的内在价值是满足需要，以梯形金字塔来描绘需要在人类价值体系中的位置，从塔底到塔顶由低到高依次为"生理需求、安全需求、归属与爱的需求、尊重需求、认知需求、审美需求和自我实现的需求"，七个层次体系自下而上呈阶梯式分布。学习是一种高级的精神需求，个体必须通过主动的选择来达到自我实现，教育以人的自我完善为根本目的，教育的功能在根本上就是人的自我实现。教育具有完善人格、发展自我的本质属性。教育的关键在于开启心灵，学习者经历认识自

我、发展自我、超越自我的过程，以实现自我的最高价值。教育不仅为社会发展培养人才，更要充分发挥每个人的潜能和才干。

罗杰斯的以人为中心的理论强调人的自我指导能力和人能认识自我实现过程的正确方向。罗杰斯提出"个人中心取向"和"无条件积极关注"的观点。他认为当促进式情境出现时，人格与行为的改变就会发生。学校课程须发挥促进作用，提供促进学习的环境。在促进成长的环境中，学习者自己选择方向，学习自发产生，学习者的感受、热情和心智等全身心投入，因此，学习往往更加深入，效率更高。戴维·艾思派的研究证实教师提供的促进性环境与学生的学业成就之间存在明显的相关关系。"高水平"（促进性环境质量高）教师的学生更可能在学习上得到更大的收获。学校课程应提供促进式情境。罗杰斯认为教师应具备以下品质：相信学生的潜能；真诚对待学生；尊重学生的经验、情感和意见；深入了解并设身处地地为学生着想。教师应该帮助学生理解变化的环境和发挥最大潜能，鼓励其解决自己的问题。

人本主义心理学突出自我概念在教学过程中所起的重要作用，教学应帮助学生发展积极的自我概念，为学生创造机会引导其管理自己的学习，学生从自己的需求出发，选择适合自己的教学内容、教学模式、教学方法，制订学习计划，实施并自我监督，进行自我评价，最后达到自我实现的目标。强调学生个人价值与社会普通价值的统一，通过学生个人价值的实现最终实现教育的社会价值。就教育本体来说，从知识本位走向学习经验本位，赋予学生作为学习主体的发展权利。

人本主义教育的一个基本观点是尊重人的潜能和价值，提倡发挥人的主体性和创造性，提倡个人价值的自我实现，不断地适应人的潜能的变化，促进人的成长与发展。因此，教育不应强求每个人都达到一致的要求，而应重视学生的个别差异和个人价值观，服务于学生个性发展需求，因而强调因材施教。人本主义教育观强调：以学生为主体，以教师为主导；以学生为中心，以发展学生的自我潜能和价值为目标。让学生依据自己的实际情况，如兴趣、目的、意图等，自己制订学习计划，并对此负责。通过课程教学发展人的自主性、主体性和内在性，形成健康人格。人本主义教育站在学习者的立场来考虑问题，主张将学生的内部学习和外部条件作用相结合，认知与情感在教育中的融合。重视人发现知识和掌握知识的能力，以及自立、自发、创造性、道德信念等人格品质。

人本主义教育重视人的日常生活感受、个人检验和意义，重视情感和动机在学生学习中的作用。更关注理解学生的内部知觉，帮助学生更多发现学习对个体发展的意义。重视人的非智力因素的培养。关注人的主观体验、人的独特性、人的价值和尊严。

人本主义教育主张持续人的一生的终身教育，关注促进学习的持续过程。一门课程的成功，不在于学生学到了所有他们想知道的，而在于他们掌握了如何学习想知道的东西。

人本主义教育重视在教学中建立良好的师生关系。教师和学生共同承担学习的责任。提高学生的主体意识是以人为本教育的关键。杜绝"一言堂""满堂灌""唯分数是举"，反对一味强调知识灌输，将被动学习转化为主动学习，培养创新精神。

外语教育不是单纯的符号和工具，过分强调纯客观知识的学习或纯主观意义的教育都是对人本主义教育思想的误解。作为一种教育思想或理念，人本主义虽有其不尽完善之处，但在一定程度上促进了学生自我选择和创造能力的发展，为学生将来的发展奠定了必要的思想基础。它必将随着时代发展而不断地充实其内容，不断向前发展。人本主义教育思想经过几十年的演变，不再是非指导性教学。

教学终极意义是要促进人的发展，学生的发展是最根本的。高校外语教学应坚持以人为本的思想，体现"以学生为主体，以教师为主导"的理念，自觉服务于学校的办学目标，服务于院系专业需要，服务于学生个性发展需求，使教与学朝着"个性化"的方向发展，形成鲜明特色。

人本主义课程论认为，课程的教育价值就是发现人的潜能和满足人的需要。课程内容要关注学习者多方面的兴趣价值，课程难度要适中，学校课程最终应由学生的需要来决定；在课程实施中，学生必须亲自体验各种经验；教师应创设学习材料丰富，能刺激学生主动探索的环境，营造充满尊重、信任、温暖、愉快的氛围，重视启发、讨论、思考、探索、发现、表达等活动方式。

以人本主义心理学为理论基础的外语教学法有沉默教学法、任务型教学法、集体语言学习法等。

"沉默教学法"就是教师通过在课堂上保持沉默来进行教学，给学生提供更多的参与机会。教师从学生已经掌握的知识入手，在课堂上尽量少讲话，但可以通过图片等教具和身体语言指导学生练习语言，导入新知识，学生在练习说的基础上练习阅读，学生通过感知而不是翻译来理解意义，在解决问题的过程中学习，教师从学生的反馈中获取有价值的信息，培养学生成为独立自主、负责任的学习者。

"任务型教学法"指教师围绕特定的交际和语言项目，根据不同层次学生的水平，设计出具体可操作的学习任务和活动，学生完成任务的过程即学习过程，学生在体验、反思、顿悟和自醒中提高发现问题和解决问题的能力，以学生展示任务成果的方式体现教学效果。

"集体语言学习法"指师生一起合作学习一门语言。教师指导学生合作学习，将教学活动全程录音，将学生要表达的母语句子译为英语，学生在反复练习中增强外语语言技能。师生、生生间有大量互动交流，气氛活跃，有助于建立师生间融洽和谐的关系，增强交际能力、团队精神和合作意识。

## 二、人本主义理论对高校商务英语教学的启示

人本主义学习理论的主要观点和各个高校现行的商务英语教学，无论是理论教学还是实践教学，所采用的教学方法和教学过程都是一致的。在商务英语教学中，根据社会调查和岗位群的制定，学习者在大学二年级的时候，可以根据自身的兴趣和爱好选择适合自己的岗位进行学习，完成岗位群的自主分流，他们有不同的需要，因此选择不同的就业方向，完成自己的学业。这些首先体现了学习者自身所具有的发展自己潜力的能力和动力。教师按照学校专业岗位群的划分进行不同的专业教学，这充分体现了学校、教师特别关注学生的自我实现。学生选择了自己发展的方向和价值，这也同时体现了教师对学生世界敏感，教师把学生看作有各种各样的需要、能力和才能的个体，把学习者的自我概念和自尊心看作学习中的一个必要因素。教师在教学过程中注重学生的情感需求，从分析学生和教材现状入手，重视学生个体差异。从尊重学生个性和特长发展着手。学生层次的差异除成绩以外，其兴趣爱好、动力、意志、性格、品质、态度等非智力因素方面也存在较大的差异。承认学生基础知识和学习习惯的差异，承认学生非智力因素等方面的差异，认真对待学生的个性及特长发挥。此外，人本主义学习理论在商务英语教学中的应用，要求教师提高素质，形成实践教学能力，形成三个阶段的教学策略。

第一阶段：模块教学能力

模块教学能力就是彻底打乱教材的章节结构和授课顺序，根据知识的结构、层次、关联程度等将教材的内容划分为几个模块的能力，并根据模块教学基本要求进行合理分割、细化，教师根据不同的模块设置不同的教学目标，采用不同的教学手段和方法来组织课堂教学，具有较强的操作性。教学方法上，不同层次的学生实施不同的教学策略。教学手段上，在传统教学的基础上，可选用多媒体教学技术，以图文并茂、动静结合、声情融汇、视听并用的现代教学手段，为不同层次的学生提供全新的认识和把握发展的环境。

第二阶段：动态分层与管理能力

教师在实施模块教学时，要通过动态的观察、分析和管理来提高动态分层与管理能力。一是确立学生的类型和层次；二是随着教学活动的不断深入，学生进入角色后会逐渐发生一些变化，教师要敏锐发现这些现象，及时进行调整，引导学生选择适当的专业，学习专业技能，顺利就业，并突出一技之长。教师动态分层与管理能力应体现在积极调动学生学习的积极性和主动权方面，要让每一个学生都来参与，一方面进行动态管理，不能局限于机械地对学生个体的界定；另一方面通过分组既能体现层次，又能带动群体。

第三阶段：质量评价能力

要突出考核职业教育的培养方向和不同教学目标的实现过程，进行全程考核，提高教师对学生的质量评价能力。通过不同形式和内容对学生进行科学的考核，提高教师的综合评价能力。

充分把握素质教育的内涵和实质，教师在教学过程中要充分体现"以人为本"的教育思想和教学理念，认真分析学生学习能力与个性特征差异。在此教师要把握好两点：一是充分尊重学生，不要把学生当作一个简单的认知体，而要把学生看作是一个有思想、有意识、有行为、有变化、有发展的生命体，教育的目的就是使这些生命更加丰富而饱满；同时在学生成长和发展中提高自身的素质和实现自身的价值。教师与学生之间是两个生命的交融与渗透，教师能力的提高是在教师与学生共同成长发展的过程中完成的。

高校商务英语教师要深刻领会分层教学的基本思路、操作步骤和变化措施，积极研究教学大纲、教材及学生状况，认真分析各个环节之间的有机联系、动态变化及相互影响，及时调控和改进教学方法和手段，提高自身的实践教学能力。教师对教育教学理论的学习，不应停留在书本的条文上，而应该把理论体系具体化，并积极、灵活地转化到教学实践活动中去，结合各个专业课教学，探索适合学生、适应社会、与专业学科体系相适应的教学方法和手段，最终达到提高教师能力的目的。

# 第 3 节　ESA 教学理论

## 一、ESA 教学理论概述

哈默认为学生在教室这一个特定的环境中学习英语，缺乏学习英语的氛围，没有周围语言环境的刺激，这必然是一种缺陷。因此，在这种情况下，教师的主导作用就越显突出。教师应设法提供学习氛围，如让学生尽量多地接触英语，并不断地使用英语，同时教师应给予鼓励，增强其学习信心。为此，在狭小的学习空间—教室里，教师就要运用有效可行的教学手段帮助学生进行语言学习，这种教学手段就是 ESA 教学理论模式（E — Engage，S — Study，A — Activate）。

Engage：投入环节。即教师在课前调动学生学习情绪、引起学习英语兴趣的一个重要环节。大多数学生由于课堂气氛沉闷，学习英语的兴趣不浓，上课感觉乏味，导致上课效果不好。因此，教师在这一环节就要开展适当的教学活动，带动学生的学习情绪。可选择的活动有做游戏、听音乐、讨论、讲故事等。当学生被这一环节所吸引，他们就进入了学习状态，教师的这一目的也就达到了。

Study：学习环节。这个环节要求学生掌握一堂课的语言信息，此信息可以是练习一个单词的发音，也可以是找到文章的中心思想。根据学习内容的特点，教师可以采用不同的教学方法，如语法学习，教师可直接进行语法讲解，也可让学生通过句子、语篇分析，从演绎到归纳找出语法规则；也可以是形容词比较级与最高级的学习和练习，现在完成时的学习与练习；还可以是语篇结构的学习与练习（主题句、文章发展、结论）。语言学习的成功与否，大部分取决于学生在课堂环境中潜意识的语言输入是否合理。

Activate：激活环节。就是采用一些练习和活动形式，让学生尽可能运用自如地把所学的语言知识进行实际操练。这一环节同前面的学习环节明显不同，它的目的不是以学生学习语言知识点、语法结构为重点，而是把学习环节所学到的知识（词汇、句型、语法）运用在练习和活动中。激活环节的重点在于教师要设计出一种与本堂课语言点相关的"真实"的语言环境进行操练。学生在操练和练习中，不知不觉就完成了从语言输入到语言输出的过程。常见的课堂活动设计有角色扮演、小组讨论、就某一话题发表意见等。这些活动设计安排能有效地促进学生语言学习，有利于学生正确地掌握语言知识，培养学生的语言能力，并让学生感觉到一种语言学习的成就感。

哈默的 ESA 教学模式几乎在所有的课堂教学中都可以应用，无论这堂课的重点是语法讲解，还是阅读训练。首先，学生都需要投入课堂教学过程中去，然后再进行语言知识的学习，最后进行语言知识的运用。当然，这两个环节在整个教学过程中不总是按同一顺序进行，而且活动的设计也不会是单一的，否则，时间久了，学生也可能会感觉枯燥、厌烦，学习效果自然会下降。因此，教师应根据教学材料的不同，遵循哈默的 ESA 教学模式，灵活处理整个教学过程，让学生每堂课都能找到兴奋点，都能愉快地投入学习中，在快乐中完成语言的学习，学习效果明显提高。

## 二、ESA 教学理论在商务英语教学中的应用

由 ESA 三要素的顺序变换和不同组合可以设计三种不同的课型模式，即直线型、反弹型和杂拼型。在教学实践中，这三种课型的先后顺序并不是一成不变的，而且一堂课也可以包括多个 ESA 的组合。

### （一）直线型

这一模式是首先激发学生兴趣，使其愿意积极投入，然后学习语言知识，最后教师组织丰富多彩的活动，促使学生活学、活用所学知识。该模式的缺点是：不能使每个学生充分发挥其学习风格。直线型模式非常适用于教授初学者相对简单的教学内容。

### （二）反弹型

反弹型模式是教师先行引入，然后让学生直接实践语言项目，之后教师针对活动中出现的语言错误和学生遇到的表达困难进行讲解，最后再实践，使学生完全掌握。

### （三）杂拼型

在中级或高级课程的教学过程中，经常要用到杂拼型的 ESA 模式，这种模式更具弹性，教师可根据教学内容和活动将 ESA 三要素交叉循环地运用到教学中。杂拼型模式包含了多个 ESA 组合，比反弹型更为灵活，其中语言学习和交流实践等各环节更加趋于合理，教与学之间更为融洽、和谐。

### （四）运用 ESA 理论进行教学时应注意的问题

1. 课前教师精心设计

ESA 教学模式突出学生的主体地位，做到了学用相结合、动手与动脑相结合、知识性与实用性、思想性与趣味性相结合，教师应遵循以上原则设计教学程序，要让学生在语言学习中多投入，做到学习活动化，活动交际化。

认真遵循教学设计的系统性、程序性、可行性和创造性原则，依据教学目标，对教学对象及教学内容进行分析，同时确定达到总目标的各个子目标，以便确定为实现某一子目标运用 ESA 模式中

的哪一类型更有效。兼顾 ESA 三要素之间的自然过渡与紧密衔接。在投入、学习和活用阶段选择与利用适合的教学媒体，充分运用各种信息技术手段，包括各种传统技术、音像技术、信息处理技术和整合技术，针对某个具体目标选择最佳媒体包括计算机辅助教学（CAI）这种全方位、多层次的教学手段。但在课堂教学活动中，是否设置情境及以何种形式来设置情境，都必须服从教学的目的，适应具体的教学内容的要求，切不可追求形式，或仅仅为刺激学生的兴趣而设置。无论在投入、学习还是活用阶段都对学习者的语言输入有一定的要求，语言材料要真实，这样学习者更易于投入并且由于能应用于真实的环境而更有动力。根据克拉申的输入假设说，教师应提供给学习者略超过他们现有的语言能力的学习材料。也就是说，如果学习者有 i 的水平，那么输入的语言在难度上就必须有一个小小的跳跃，即 i+1。因此，教师应高度重视话语调整的量和度，这样更易于激发学习者的兴趣和动机。语言材料过易或过难都不利于学习。

2.课堂中注意掌握好课堂模式可预测性与课堂活动新奇性之间的关系。在教学过程中，教师话语的数量和质量对课堂教学效果有重要影响。在投入、学习和活用阶段，教师要重视话语质量，使用准确、优美的语音、语调和流利得体的英语进行课堂教学。要注意教师话语时间与学生话语时间的比例关系。在英语课堂教学中，教师话语时间有助于学生习得语言，但是不能以此牺牲学生话语时间。教师要根据常识及经验有效地平衡两者之间的关系。教师话语时间应根据不同情况灵活处理，才能充分体现学生的主体地位及教师的主导作用。在学习阶段，注重培养学习者的语篇能力，教师应对语言材料做整体处理，要兼顾意义和语言讲解，可以采取从整体到部分、自上而下的教学方法，即篇章分析—段落—句子—词组—单词。从理解整篇内容入手，要求学生运用所学语言和知识，浏览捕捉重要语言线索，对所读文章获得一个总体印象，然后分段找出中心思想、主题句和重要信息。在此基础上，再把一些长句和难句放在一定的语言环境中进行语法分析、讲授和训练，进而要求学生在一定语境中掌握语言表达方式、词组和词汇。

这种教学方法既重视语言知识基础，又强调学生交际能力的培养，它能使学生在较短时间达到较好的学习效果。在活用阶段，要注意尽量做到全员参与，如讨论及角色扮演等活动中，教师起到组织者、合作者和指导者的作用，观察活动的进行情况，当活动进行得不顺利时，以某种方式适当介入。例如，在角色扮演中，某个学生不知道该说什么了，或者讨论跑题了，教师要立刻决定是否要终止活动，还是担当角色，推动讨论或角色扮演得以继续进行。虽然课前进行了缜密的设计，但在理论付诸实践过程中，教师要有较强的应变能力，能够巧妙应付课堂上各种突发事件，对学习者进行分析，及时通过学生的反馈意见做出调整，及时恰当地中止某一阶段，开始下一阶段的教与学。

在大多数的英语课堂上，都需要 ESA 元素的整体介入，不论该课教学重点集中在语法方面还是阅读方面。值得一提的是，在某种情况下也有例外，比如讨论或角色扮演这样的投入练习占用了相当多的时间，此时教师不会急于开始学习阶段而打断投入阶段的持续，相反，他们会将此练习作为对先前语言点的巩固和对后继学习的铺垫，起到承前启后的作用。或者，有时学习阶段延长了，则投入阶段相应地缩短了。问题是时间是有限的。某种元素不是不会出现，而是会呈现在后继的教学之中。还应注意，三种元素的到位并不意味它们以相同的顺序出现，这样会使课堂教学千篇一律或公式化，从而导致学生产生厌倦情绪。因此，要结合学习者的不同学习准备及学习风格，灵活运用ESA 模式的各要素，根据需要组合成不同的模式。

3.课后对教学过程进行批判性反思

课后针对本次课进行主观评价是必要的。例如，运用的 ESA 模式类型是否适当，取得的效果是否显著，或产生了哪些问题，以后要怎样改进，为突破难点、强化关键，采取了哪些措施，落实情况如何等。对实际教学情况的批判性反思能修正、调整和完善现有教学模式，以提高教学质量。

总之，运用 ESA 教学模式进行教学，充分发挥了学生的智力和非智力因素，更好地体现了学生的主体地位和教师的主导作用。ESA 模式将听、说、读、写、译有机综合起来，在课堂中加以灵活运用，能够大大提高学生运用语言的综合能力。但我们必须充分认识到不存在一种万能教学法，要勇于在实践中进行尝试和验证，积累丰富的教学经验，在理论付诸实践的同时有所创新。只有这样，教学水平才能不断提高，教学效果才能不断改善。

# 第4节　需求分析理论

## 一、需求分析理论概述

### （一）需求分析的内涵

1.需求的定义

在研究需求分析的定义之前，首先要了解一下需求的定义。关于需求的定义，学者们给出了不同的阐述，下面主要选取其中比较有代表性的定义进行分析。

威多森指出，需求是指对学生的课后设置的学习要求，这是一种以目标为导向的需求。

美国语言学家蒙特福德指出，需求是指用人单位对其学员的期望，期望其学员在语言培训项目中能够出色表现。

英国语言学教授贝里克指出，需求是指在学习或工作之外，学生想要获得的个人目标需求。

我国学者文军将这种个人需求称为一种愿望或者一种向往。

除了上述观点，我们还可以把需求解释为对某种语言知识或技能的缺乏，换言之，学生尚未掌握这方面的知识或技能。

2.需求分析的定义

通常来讲，需求分析的定义有广义与狭义之分。广义上的需求分析不仅包括学习者的个人需求分析，还需要考虑课程组织者、用人单位及社会的需求。而狭义上的需求分析只是指学习者的个人需求分析。

但是国内外的语言学家和教育学者对需求分析有着各自不同的看法，他们对需要分析做出了不同的定义。

哈钦森和沃特斯认为，需求分析是一个非常复杂的过程，在这个过程中，需求分析不仅要了解学生在目标情境中所做的事情，还需要考虑目标情境需求和学习需求两种情况。

理查德认为，需求分析是按照轻重程度来安排学习需求的过程。简单来说，就是与学生本身的语言程度、学习的方面及学到什么程度有关。

国内学者陈冰冰认为，一般情况下的需求分析是指通过一系列的方式（如内省、观察、访谈、问卷等）来研究需求的方法或技术。目前需求分析已经广泛应用于各个领域，如服务、教育、科技等。

程晓堂认为，需求分析就是了解并分析学习者学习语言的原因、内容及所要达到的程度等信息。

虽然上述学者对需求分析所下的定义不尽相同，但综合分析以上定义可以得出：需求分析应涵盖需求、优先、课程设计三个方面的内容。这三个方面互相补充，反映了需求分析的内容、作用和指导意义。

在教学领域，研究者一致认为需求分析是确保教学有效进行的先决条件，需求分析的研究，有利于推动教学的展开及实现良好的教学效果。

3.需求分析的对象

需求分析的对象主要是学生、观察者、需求分析专家及资源组。

（1）学生

需求分析的目标主要是学生，学生是首要对象。

①学生的专业信息，即学生所属的专业，或者从事的工作。

②学生的个人信息，即学生的学习动机、文化背景及个人态度等。

③学生的英语语言信息，即学生个人目前所掌握的语言技能。

④学生的欠缺，即个人的差距。

⑤学生所需要的专业交际信息，即在目标语境下的语言运用情况。

（2）观察者

从学校角度来说，观察者主要是教师、助教、教务人员；从公司角度来说，观察者主要是负责语言项目的领导。观察者会根据学生平时的表现来检测学生的需求，从而采取合适的方法进行侧面引导。

（3）需求分析专家

需求分析专家是指需求分析方面的专业人员，一般是教学大纲的设计者。这些专业分析人员熟悉需求分析的定义、内容及分类，也清楚对于不同的人群如何进行合理的需求分析，因此可以给予学生合适的参考意见。

（4）资源组

资源组主要是学生信息获取的地点，一般是家长或者监护人等。家长或者监护人拥有学生的个人资料并且熟知学生平时的生活习惯、学习习惯等，因此对于学生的需求分析，资源组也是一个重要组成部分。

4.需求分析的内容

需求分析的内容包括目标需求和学习需求，具体描述如下：

（1）目标需求

目标需求是指在一定的场合中，学习者使用语言的客观需要。然而在实际的交际过程中，由于交际存在很多的不确定因素，如主题、参与者等，所以需要确立学习者群体的目标需求。目标需求主要包含需要、差距和愿望三个方面的内容。

所谓"需要"，就是让学生明确将要学习的知识和技能。例如，学生将要出国，必然要经常和外国人交流，那么需要着重培养学生的听说能力。如果学生要从事翻译的工作，那就需要培养学生的口译和笔译能力。如果学生将来要从事餐厅服务类的工作，那么就需要掌握与餐厅服务相关的英语。

"差距"是指目标程度和学生现有语言水平之间的差距。也就是说，除了要明确学生语言运用的客观需要之外，还需要确定学生目前的语言水平情况。只有这样教师才能确定教学的方式和内容。需要注意的一点是，即使学习者群体的背景大致相同，他们的起点也会有很大的不同。如何应对这一潜在的差距并能让学生在学习中各有所得，这对英语教学而言也是需要解决的一大难题。

"需要"和"差距"是从客观的角度来描述的，而"愿望"则是从主观的角度来描述的。学生自身的愿望是学生进行语言学习的动力。通过"愿望"可以监测出学生对所学课程的态度。此外，教育行政部门与学校对客观需要的认识与学习者的认识往往是不一致的，因此，进行需求分析时，需要从主观的方面来考虑学习者自身的愿望。

综上所述，进行目标需求分析对英语教学是十分重要的，但是需求分析并不仅是一个动态的过程，还需要一个静态的评估，从而随时对教学内容和方式进行调整，推进教学的正常进行。

（2）学习需求

所谓学习需求，是指学生学习的条件、知识策略技巧、动机等。学习需要是多样的，进行学习需求分析时，需要明确内部因素和外部因素。

内部因素即学生个人因素，包括学生的学习原因、学习方法、学习特点、学习时间等。内部因素是学生学习的基础。外部因素即教学资源、教学环境、教学场地、校园文化等。外部因素是学生学习的辅助条件。

总之，只有将内部因素和外部因素相结合，才能满足学生学习的需要，从而提高学生学习的积极性。

### （二）需求分析的过程

#### 1.制订计划

制订计划是进行需求分析的第一步，也是一个十分重要的环节。

制订计划首先应该明确进行需求分析的时间段：课程开始的前期阶段、初期阶段及进行阶段；然后再确定分析的对象（如教师、学生、研究人员等）及需求分析的方法。此外，在这一制订计划的过程中，还需要选择并确定参与需求分析的人员。

#### 2.收集数据

制订好计划以后，下一步是收集相关的数据资料。不仅要收集目前情景和目标情景类的相关数据资料，还需要对学生的个人信息进行收集。在收集数据的过程中，一般可采用观察、调查、访谈、测试、案例调查等方式。

然而在实际的操作中，可以根据具体的现实需要，综合考虑各种客观的外在因素，如专业的不同、学生兴趣或能力的不同等，以确保数据的客观性、真实性和可靠性。

#### 3.分析数据

收集数据之后，接下来的一个环节就是分析数据，即对所收集的数据进行分析，从而归纳并整理为结论的过程。由于分析方法的不同，研究方式或成果也会呈现一定的不同，因此，在分析数据的过程中，需要采用合理有效的方法进行分析，确保从整体上满足学生的各项学习需求。例如，在分析测试结果数据时，可以侧重分析达到及格的学生人数占总人数的比例，及各个单项模块中学生的准确率及其平均值。在分析调查问卷结果数据时，可以从各个选项的角度出发，计算出对每一个选项进行回答的人数的比例。

此外，还可以通过对学生的某一课程在不同的学习阶段的需求情况进行观察并记录，从中获取与之相关的一些重要的需求信息，便于教师在今后的教学中针对学生的不同需求采取有效的方法进行教学，从而实现因材施教的教学效果。

#### 4.写分析报告

写分析报告是需求分析的最后一个环节。在起草分析报告时，需要对学习的目的、需求分析的对象和过程进行相应的归纳总结，还可以附带简要的文字或图表进行说明，这样的报告是以数据分析为基础的，分析者可根据数据分析结果对今后的教学提出合理、有效的建议。

另外，结合上述分析，可以将需求分析的过程具体到十个步骤，如图3-1所示。

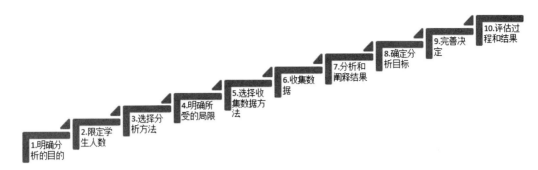

图 3-1 需求分析操作的十个步骤

由于需求是一个动态的变化过程，不是静态的，因此在进行需求分析时，应注意随着课程的展开适时地进行合理分析，确保分析的连续性、反复性。

总的来说，无论是按照哪种步骤进行需求分析，都需要遵循有效性、可靠性、可用性的原则。需求分析的反馈结果可以为今后学生的学习和课程的设置提供一定的指导和理论依据。

### （三）需求分析的意义

需求分析对英语教学有着非常重要的影响和意义，具体表现在以下几个方面。

1.对课程设计的意义

（1）是教学大纲建设的依据

需求分析是系统化的教学大纲建设中一个必不可少的环节，它在很大程度上影响教学大纲的建设。只有需求被确定下来了，教学目标才能够被确定下来，因此，从这个意义上说，需求分析是教学大纲设置的重要依据。

在系统化的语言课程大纲设计中需要涉及很多方面，在这些方面中，需求分析是其有效进行的基础。对需求分析检验目标和过程及检验需求分析的应用，为深入探讨大纲创造了良好的开端。

（2）对英语学习有重要的意义

随着社会的进步和教育的发展，我国的英语专业逐渐划分出不同的专业类型，如旅游英语专业、涉外秘书英语专业、法律英语专业、商务英语专业等。针对不同的学习对象，需求分析有着重要的意义。

学者束定芳对需求分析在英语学习中的重要意义进行总结和分析，共归结为以下四点：

①需求分析为英语教学政策的制定和英语课程的设置提供了重要的依据。

②需求分析为确定教学目标和相应的教学方法提供了重要的理论依据。

③需求分析为英语课程的设计、课程的教学内容和课程的教学实施提供了一定的指导。

④需求分析为检测和评估英语课程提供了一定的参考。

2.有助于教师改进教学方法

需求分析对教师教学方法的改进也有着重要的意义。由于需求分析是对学生的具体需求进行分析，因此可以清晰地反映出学生的学习困惑、学习心得等。发现学习者现有的语言能力与期望其所达到的程度之间的距离是需求分析的关键，通过对其进行需求分析，教师可以将主要精力放在学生最需要的方面。

在我国的英语教学中，教师往往采用的是"以教师为中心"的教学模式，也是所谓的"一言堂"，在课堂中注重教师对知识的一味灌输，忽视学生的需求、兴趣等，这一教学模式容易造成学生对英语学习缺乏兴趣，还可导致很多学生的学习程度与教学的进程无法达到一致，这不利于激发学生的学习兴趣及培养学生的自主学习能力，最终不利于实现良好的教学效果。

对此，教师在教学过程中应该进行需求分析，这同时与我国英语教学改革所倡导的"以学生为中心"的观点是一致的，因此，在教学中，教师应该关注学生的学习需求，引导并指导学生收集和整合信息，不断地调动学生的积极性。

另外，对于教师自身而言，通过需求分析，教师可以自主地意识到课程需要达到的最终目标，及为实现这一目标需要进行何种努力。认清教学目标，教师能避免在教学过程中盲目教学，沿着教学目标的方向，不断地优化、更新自己的教学方法，最终推动教学目标的实现。

3.有助于提高学习者的学习积极性

需求分析对学习者的学习积极性的提高也有着重要的意义。这集中表现在以下两个方面。

首先，英语教学中的需求分析会让学生和教师对教学目标和内容有一个全面、清晰的了解和认识，并且除了学习内容之外，学生还会对其自身有一个清晰的认识，这种对目标的清晰认识反过来会对整个教学过程产生积极的影响。

其次，教师明确学生的需求也可以让学生最大限度地参与到教学中，从而调动学生的学习积极性。学生对教学的态度发生了变化，学习效果自然也会不断提高。

4.有助于解决教学中出现的新问题

随着教学实践的不断深入，教学中难免会出现各式各样的新问题。进行需求分析，可以对教学过程中需要解决的新课题、新问题进行整合，进而发现导致这一问题的社会背景或主客观原因，从而找出相应的解决问题的途径和方法，如采用创造性思维的方法，重新做出新的谋划和决策。

例如，我国的商务英语教学经过多年的发展，虽然取得了非常显著的成绩，但是也出现了一系列的问题，如为了适应社会对商务英语人才的需求，如何培养综合型的高素质人才是商务英语教学当今需要面对的严峻问题。这些问题的出现，都需要运用创造性的教学方案来解决。

5.有助于理顺问题与方法、目的与手段的关系

曾经的教学设计者对问题与方法、目的与手段之间的关系没有进行明确的区分，其至完全颠倒其中的关系，如通过方法发现其中的问题，或者借助媒体手段来找寻教学需求，这一关系的颠倒不利于教学效果的实现。

随着教学理论的不断发展，教学设计从学习需求分析开始，就理顺了问题与方法、手段与目的关系。也就是说，以问题的分析和确立作为始点，形成教学设计的总目标，然后寻求相应的解决方法、途径和手段，从而最终高效地解决问题，避免了教学设计的盲目性，教学的研究重点从"如何教"（媒体研究）发展到"教什么"（目标研究）和"为何教"（学习需求研究）。这从根本上改变了以前的错误倾向，使教学设计走向了成功之路。

## 二、需求分析理论观在商务英语教学中的应用

### （一）需求分析视域下商务英语课程体系模型的构建

根据需求分析理论，商务英语的课程体系研究符合需求关系发展，通过对社会需求、学校需求和学生需求的分析，把商务英语教学研究切实用到实处。

商务英语与某种特定职业、学科或目的相关，内容专门化，是人们从事国际商务活动时所使用的以英语为载体、以商务知识为核心的一种专门用途英语，它的应用性特征日益明显，已经与职业、学业和就业等相关的多种需求联系起来。学习者学习商务英语表现出了极强的目的性。为了培养出

适应市场经济发展的商务英语高级复合型应用人才，商务英语应把需求分析理论作为指导，贯穿整个专业建设过程，使教学具有针对性，满足目标需求和学生学习需求。通过切实应用需求分析理论，提高商务英语教学，从社会需求、学校需求及学习者需求出发来研究商务英语教学体系模型的构建，以此来帮助学习者确定、学习和掌握他们所需要的从事国际商务活动的沟通技能和协调技能。

商务英语的课程体系建设经历了从简单增加相关商务专业知识的课程到选用以英语语言为媒介、以商务知识为主要内容的教材作为主要课程的过程，在这方面进行的理论和实践探索仍需继续，目前的商务英语教学主要存在以下几个方面的问题：

（1）专业定位与市场需求脱节

现有的商务英语教学模式大学英语化，考试方法古老单一，不能从多方面考察学生的综合能力和素质，不能进行全面的体系评价。专业大多设置较多的语言基础课程，课程构建缺乏专业特点，不能体现商务英语跨专业、跨学科的特点，关联课程设置被忽略。这种课程设置是缺乏商务背景的纯语言性课程，商务知识缺乏，没有将语言知识、商务知识和技能融合在一起，使学生在专业和应用技能方面的知识捉襟见肘，不利于学生形成综合职业能力，不利于学生特殊用途英语水平的提高，不能满足学生在职场进行商务活动的某种特殊需要，知识结构与社会需求严重脱节。

（2）培养目标定位与市场需求脱节

现有的商务英语培养目标在知识与能力关系的定位上主要存在以下两种倾向：一是沿袭普通高等教育以学科体系为中心来定位，把高职学生培养成"本科压缩型"人才；二是效仿技工类学校的做法，过分强调现行岗位操作技能的实际需要，把高职学生培养成"岗位技能型"人才。前者只注重理论教学，不能凸显职业性；后者只注重实践教学，只注重了职业教育，忽略了高校教育首先是高等教育的一个部分。这两种倾向的人才培养类型与社会需求严重脱节。

（3）培养模式与市场需求脱节

目前商务英语人才培养模式主要有两种类型，第一种以商务专业型为主，第二种以英语专业型为主。这两种培养模式不能正确处理知识、能力和素质之间的关系，结果前者导致了商务英语专业变成了国际贸易专业，只注重国际贸易知识或技能的培养，忽略了语言交际能力的培养；后者注重英语语言培养，忽略了英语作为商务交际工具的功能，忽略了专业知识的培养和学习，把商务英语专业变成了英语翻译或英语语言专业。这两种类型培养出来的商务英语人才与市场需求脱节。

（4）教学方法与学生的需求脱节

商务英语是专门用途英语，教学要紧紧围绕培养学生英语语言实际运用能力，以服务社会、促进经济发展为目的，重点在于培养学生的自主学习能力和团结协作意识。现有教学方法陈旧、大学英语化，语法翻译法和听说法等还在沿用，不能增强商务岗位知识运用技能和综合技能，不能满足学生的需求。

（5）师资水平与学校需求脱节

商务英语是专门用途英语，教学者不仅要对基础英语有扎实的基本功，还要对商务英语专业中所涵盖的学科有一个较全面深刻的了解。高等院校的商务英语教师除具备必要的语言能力，还要具备商务理论研究能力和较强的专业实践能力。但现有的专业教师组织结构差，绝大多数教师来源于大学英语，没有学过商务知识，对专业内涵理解不到位，缺失必备的商务背景，情景因素差，缺少在社会生产实践工作岗位中应用外语的经验，即"复合型"素质差，没有实现师资队伍整体功能的优化，师资水平与学校教学需求脱节，不能满足学校教学的需求。

1. 需求分析模式的理论依据

（1）对需求和需求分析的理解

①经济学角度的需求分析

供给和需求本是经济学领域中的术语，是供需均衡的两个方面。经济学中的产品生产是指厂商生产加工产品行为，产品需求是指满足消费者的欲望，即消费者的意愿行为。生产厂商为市场提供产品可以实现两个目的：一方面是满足市场即消费者需求，另一方面则是获得自身利益的满足，即赚取利润。消费者购买市场中的产品，是为了满足自身的需求。生产者行为存在的意义是：供给和需求实现了均衡，也就是在市场中存在需求并且需求得到满足。确立正确的商务英语教学目标，构建商务英语课程体系，建立以社会需求即市场需求为导向的人才培养模式和教学效果评价体系，把对市场的需求即社会的需求体现在商务英语教学中。

②专门用途英语视角的需求分析

"需求"是因为需要而产生的要求。国外一些专家认为：需求分析是紧紧围绕需求而展开的一系列活动与行为。他们从社会用人单位需求和学生个人需求等角度下了定义。首先，蒙特福德在1981年把需求定义为用人单位期望学生通过语言项目培训所达到的目的（社会需求）；其次，布鲁克菲尔德在1988年把需求定义为规定的需求，它指教育者把别人的学习经历作为依据设定需求，也就是规定学习者必须达到的目标（学校需求）；最后，需求是指学习者本人的需求，主观需求与客观需求、目标需求和学习需求。主观需求是指学习者在语言学习中的认知需求、学习动机需求和情感态度需求，客观需求指学习者目前的英语水平、专业知识水平、语言学习中遇到的困难和以前的学习方式等。目标需求指学习者现有语言水平、专业知识水平与目标水平之间的差距和学习者自己希望学习的内容等及在目标场合使用语言的需求。学习需求还可被定义为"过程定位"需求，即学习者还要经历一个从起点到终点的学习过程，也就是学习者在学习过程中所需要的条件和需要做的事情，以便达到学习目标需求。

（2）需求分析模式的理论依据

需求分析就是根据"需求"的内容，收集有关信息，测量学生"现有的语言和专业水平"与"期望达到目标水平"之间的差距，学生与社会、学生与教师及学生与学校之间的差距，分析原有的语言程度、专业知识掌握的程度和对下一阶段学习的要求和期待，找出学生现有的语言能力和某一专业知识水平与他们所期望达到程度之间的差距。以上调研数据的综合分析，为高职商务英语课程体系的构建提供客观依据，以理论来推动商务英语课堂教学实践的发展，这是需求分析模式构建的理论依据。

2. 商务英语课程体系构建中需求分析的重要性

（1）需求分析的手段和作用

需求分析的手段是指通过访谈、观察、内省和问卷等研究需求的技术和方法。需求分析是商务英语教学领域中课程设计和实施的必备步骤，其作用主要包括以下几个方面：

①商务英语教育政策的依据；

②设置商务英语课程的依据；

③商务英语课程设置的内容、设计和实施的依据；

④商务英语教学目的和教学方法确定的依据；

⑤商务英语课程设置检查和评估的依据。

（2）商务英语课程体系构建中需求分析的重要性

商务英语教学中的一个重要环节就是课程体系的构建。商务英语人才的多元化需求，向课程体系的构建及课程设置问题提出了新的挑战。商务英语教学的功能在于使学生通过商务英语的学习和实践以获得从事各种商务活动的知识，寻求语言能力的培养和商务英语知识学习的最佳结合点，将语言知识、交际技能、文化背景知识和商务知识融于一体。为了将商务知识的传授和技能的培养融入商务英语教学中去，为了使商务英语教学能真正提高学生商务英语能力，必须从"需求"出发，用需求分析理论来指导我们的课程设置。课程设置就是在需求分析的基础上确定课程教学目标。只有在需求分析基础上构建的商务英语课程体系才能成为有效的教学项目。

### （二）需求分析视域下商务英语专业学生核心能力培育模型的构建

1.通过需求分析理论构建商务英语专业学生核心能力培育模型的必要性

通过需求分析理论深入探究高校商务英语专业学生核心能力的培养现状，旨在构建商务英语学生核心能力培育模型，从而为培养21世纪国际商务通用人才核心能力提出切实有效的培养途径和评价体系。

2.国外与国内需求分析理论在学生核心能力培育方面的应用情况

核心能力不是一个能直接衡量的特征变量，评价核心能力必须先构建一定的模型，根据模型来进行指标体系选择。核心能力（就业竞争力）评价的基本模型是由世界经济论坛和瑞士洛桑国际管理发展学院于1980年创立的，被称为国际竞争力评价体系。

在国外，需求分析理论广泛应用于教学和学生核心能力（就业竞争力）培育中，国外对提高学生核心能力的研究非常重视。目前大家相对比较认可的是哈钦森和沃特斯提出的"需求"概念，他们把需求分为目标需求和学习需求这两类。目标需求是指未来工作情景要求学习者所必须学会的知识和技能，而学习需求是指学习者为了学会所需的知识和技能而需要做的一切。同时，他们把目标需求细分为必学知识、欠缺知识与想学知识，把学习需求细分为学习条件、学习者知识、学习者技能和学习者动机等。为提高学生的核心能力，各国高校的商务英语专业特别注意从多个角度去训练学生。

在国内，学生核心能力培育问题（就业竞争力问题）已经成为全社会关注的问题。就目前来看，商务英语专业培养出来的学生的数量和质量与当今高职教育发展的要求距离较大，和社会的需求脱节。社会需要全方位、综合素质强、职业技能强的21世纪的国际商务通用人才，而商务英语专业培养出来的学生的综合素质整体偏低。根据需求分析理论，如何培养、重新构建商务英语专业学生评价指标体系及提升核心能力（就业竞争力），已经成为目前中国高等职业院校商务英语教育迫切需要解决的重要问题。由于商务英语教育在我国还处于起步和发展阶段，国内对此问题的研究大多是对现状的研究，对国外先进经验的借鉴很少，未能形成系统的理论对策，这还需要我们对此作进一步的研究。

商务英语专业学生核心能力的培育就是就业竞争力的培育。根据需求分析理论，商务英语专业学生核心能力的培育研究符合需求关系发展，通过对社会需求、学校需求和学生需求的调查分析，把学生的核心能力培育研究切实用到实处。我们从需求分析角度出发，充分利用实证分析法、"AHP"法和"SWOT"分析法，对目前商务英语专业学生核心能力培育的现状和需求进行分析，确定衡量核心能力培育的指标、分析评价商务英语专业学生的核心能力、研究弥补核心能力缺欠的方法和手段，确定可以提升核心能力培育的组成因素，并构建商务英语专业学生核心能力培育模型。

3.商务英语专业学生核心能力培育模型构建的内容

（1）确定衡量核心能力培育的指标

根据需求分析理论，借鉴国外对高等院校办学水平评估的指标体系，确定 10 个指标来衡量学生核心能力（就业竞争力）的高低，包括"四力"、"五率"和"一水平"。"四力"指工作力、适应力、求职力、自信力；"五率"指就业率、对口率、稳定率、晋升率、企业满意率；"一水平"指收入水平。此评价指标重在评价高校商务英语专业学生核心能力的实际效果，以社会评价和学生评价为主，并用具体的数字加以衡量。

（2）分析评价商务英语专业学生的核心能力

首先通过需求分析理论中的访谈、观察、内省和问卷等研究需求的技术和方法进行数据收集和整理，并利用实证分析法、层次分析法（AHP 法）和"SWOT"分析法对商务英语专业学生的核心能力组成因素进行分析评价，确定可以加以提升的核心能力组成因素，并根据各个指标的数值及其权值，对所研究的问题做出综合评价。

（3）研究弥补核心能力欠缺的方法和手段

在调查数据的基础上，通过需求分析手段，巩固本专业学生核心能力中的优势，进行正确的专业定位、培养目标定位和培养模式定位，改变大学英语式的方法，采用先进的准工作环境法（情境模拟法）、认知法、典型案例分析法、实地考察法等；通过开设职业指导课和技能资格证书课，以职业能力为本位设计教学环节，以需求分析（社会需求、学校需求、学生需求）理论为基础构建商务英语课程体系；提升教师专业知识水平，鼓励教师参加各种专业知识（商科知识）的学习和培训，提升专业教师的商务理论研究能力和较强的专业实践能力，提升教师专业教学情景因子并通过学生综合素质的培养等手段来弥补学生核心能力培养中的欠缺，达到培养适应市场和社会需要的高素质、实用型人才，不断提高核心能力的目标。

# 第 5 节　图式理论

## 一、图式理论概述

### （一）图式的定义

德国哲学家康德最早提出了图式（schema）一词。图式在抽象概念和直观经验之间起到了中介或桥梁的作用。新的想法和信息一旦与个人已有的知识联系在一起，便形成了认知结构图式。英国现代心理学家巴特莱特应用并发展了图式概念。巴特莱特在其《记忆》一书中对"图式"的描述如下：图式是对过去经验的反映，或对过去经验的积极建构。瑞士心理学家皮亚杰指出，图式是在主体与环境的相互作用下相互发展的。随着现代认知心理学的产生，安德森认为图式是读者在阅读过程中用先验的知识去理解文章中出现的抽象知识概念。鲁姆哈特认为图式就是积聚在一起的知识单元，是认知的建筑积块。图式中的每个组成部分构成了一个空档，当图式的空档被读者所接受的具体信息填充时，便形成了图式。库克把图式称作大脑中的先有知识或背景知识。

综合理论家对图式的不同定义可以得出以下要点：

（1）图式是读者把所学到的知识与某个主题相互联系起来而形成的知识单元。

（2）图式由一个字符或几个子图式组成。具体的图式包括生活经历和事物的特征，而抽象的图式则是关于意识形态和文化观念方面的。

（3）图式是一个有机的整体，它是按照一定的规律构成的。图式的加工过程是对信息进行比拟、优化、评价、决策的过程。

### （二）图式理论的发展

图式理论起源于 20 世纪二三十年代的格式塔心理学，其主要代表人物是英国心理学家巴特莱特，他被称为图式理论之父。他认为对获得的材料的重建和改造受读者先前经验的影响，这对于读者学习新信息，以及怎样将这些信息丰富到自己的知识库中去起到了重要的作用。

现代图式理论产生于 20 世纪 70 年代中期。现代图式理论的主要代表人物是鲁姆哈特和明斯基等。鲁姆哈特提出了"图式理论模式"并完善了图式理论。他把图式理论解释为以等级形式储存于记忆里的一组相互作用的知识结构。人的头脑里已有的图式会影响或支配他对于新信息的获得，因而当人们认识新事物时，总是设法将其与已有的事物联系在一起，以促进对新事物的理解。明斯基提出了用"框架"来表达知识观点的看法，他认为知识是以数据结构的方式储存于记忆之中的。

### （三）图式的功能

图式作为人脑中储存知识的结构，其主要功能当然是用来说明人对客观事物的理解过程，帮助人们形成认知过程中的期待，其基本功能主要有以下几点：

#### 1.构建功能

美国认知心理学家古德曼认为，学习是构建内在心理表征的过程。学习者并不是把知识从外界直接原封不动地搬到头脑中，而是以已有的知识经验为基础，通过与外界的相互作用来构建新的理解。由此可见，学生习得新知识的过程，事实上就是在头脑中已有图式的基础上，通过外界知识与原有图式的相互作用来堆砌、调适和重建原有图式，从而重新构建一种新的理解、新的图式。外部的新知识就是这样被大脑接纳理解，从而不停地建构人脑中的信息库和认知结构的。

#### 2.搜索功能

图式是简约化、抽象化的知识结构，人们能够利用头脑中已有的图式形成目标指向性，或做出预测，从而积极主动地检索收集更多的有用资料。例如当人们在阅读时，会形成各种"思维组块"，汇成有效的认知结构。当人们面临问题时，就会在已有的认知结构中搜索与解决问题有关的思维组块，借以分析、比较、综合，达成知识的沟通和应用，最终解决问题。

#### 3.剪辑功能

图式的剪辑简单来说由两个部分组成：筛选和重组。

筛选是指图式对输入的新信息要进行选择、删减和过滤。这是外界信息作用于头脑后的第一个步骤。对同一个信息，不同的人可能会进行不同的筛选和过滤，从而造成对同一件事不同的人有不同的理解。这是因为每个人头脑中已有的认知图式存在差异。人们在学习的过程中接受的知识结构可能不同，因而形成了每个人独　无二的认知图式，而这种认知图式的差异反过来又继续影响接下来人们对新知识、新信息的理解。新信息是否被图式选择还取决于这部分信息是否与头脑中已存在的某一变量相一致，如果一致，这些信息就会填充到已有的认知图式框架中，反之就会受到排斥。进行选择之后，人脑就会对输入的新信息进行抽象。这意味着图式并不是原封不动地接受新信息、新知识，而是通过剪辑、抽象，把这些信息转变成图式能接受的东西。重组是指对经过抽象的信息进行整理、归类和组织，这一过程有些类似于皮亚杰所说的同化作用。

#### 4.预测及推理功能

鲁姆哈特认为图式如同理论一样具有预测作用，运用正确的理论就可以对没有被观察到的事物做出可靠的推理。同样，图式所解释的现象也往往是我们的感官所不能感受到的，这样我们对知识的理解就超出了感官观察的范围。图式与理论进行这样的类比尽管有些牵强，但的确说明了图式在知识获得过程中有预测和推理的作用。当新信息激活了头脑中的图式之后，图式就要对新信息进行解释，进行解释的过程就必定要包含预测和推理。

20世纪70年代，"人工智能之父"明斯基将图式构想引入心理学领域，创立了框架理论，这被看成图式理论发展的重要基础。在他的框架理论中，明斯基提出系统本身可以自动地把缺席值赋予变量槽道之中，这种赋值的过程其实就是图式进行预测和推理的过程。

5.迁移作用

迁移，是指一事物对另一事物的影响。当人们遇到外界的新信息时，这些新的知识会通过人的视觉、听觉等感官传递给大脑，激活头脑中原先储存的图式，同时经过搜索、选择、匹配、分析、推理等复杂程序做出判断，将人脑中相关图式通过迁移方式反馈到新信息上，最终理解新的信息和知识。

安德森等人做过一个实验，让一组学习音乐的女生和另一组体育系举重专业的男生阅读同一段英语文章。音乐专业的女生读了这一段文章后，把文章所描绘的情景理解为一次音乐晚会，而体育系举重专业的男生则认为文章描述的是打牌情景。为什么同一段文章不同的人会产生不同的理解呢？根据图式的迁移作用，这两个专业的学生在学习不同专业知识的过程中形成了不同的专业图式。当文字信息输入大脑后激发了各自头脑中已有的不同的图式，他们产生了对文章的不同理解即迁移。由此可见，迁移对知识的习得具有重要作用，普遍迁移的根本条件就是头脑中已经建立了良好的图式，当系统的知识结构在头脑中建立了良好的图式后，就可以对新信息产生举一反三、触类旁通的作用。因此良好的认知图式是我们获取新知识的有效工具。

## （四）图式的分类

近几十年来，图式被广泛应用于各个学科和各个领域，由于研究视角不同，图式的分类也存在很大的差异。

1.皮亚杰的图式分类

在皮亚杰的发生认识论中，图式是特别重要的概念。在皮亚杰看来，图式是指动作的结构或组织，这些动作在同样或类似的环境中由于重复而引起迁移或概括。具体来说，人类的认识发生、发展于主体和客体之间相互作用的过程中。在这个过程中，活动是过程的内容，而图式则是在过程中形成的组织活动的形式或结构。这种"形式"或"结构"只是一种智力的、认识的结构。对此，皮亚杰也指出，图式只是具有动态结构的机能形式，而不是物质形式。简单来说，图式就是主体对于某类活动的相对稳定的行为模式或认识结构。

皮亚杰在他的著作中，把图式分为初始图式、初级图式、高级图式三种，这三种图式反映了不同的认知发展水平。初始图式主要是遗传性的图式或反射图式，皮亚杰认为人类的第一个图式是通过遗传获得的，它是认识产生的起点，比如初生婴儿的吃奶、啼哭、抓握等行为。初级图式主要指感知、行动和习惯等。高级图式主要指运算图式、智力图式、思维结构等。

那么，图式是怎样由低级向高级发展的呢？皮亚杰认为当人的行为引起一种自发的努力，并从这种努力变得模式化起，图式就诞生了。皮亚杰举过这样一个例子，初生婴儿的吃奶行为，是一种本能，出于生理需要，婴儿会经常要求和进行这种活动，形成饿了就要吃的行为模式，这就是一种最简单的遗传性图式或反射图式。婴儿在适应环境的过程中，活动范围不断扩大，不断接触新鲜的刺激，婴儿在类似情景的重复作用下，通过图式的分化和泛化形成新的图式。随着图式的不断增多和复杂化，图式的发展水平也不断提高，进而发展起多种图式的协同活动，表现为人的心理水平不断地由低级向高级的发展。由此可见，皮亚杰非常重视图式在成长过程中的发展。

2. 卡莱尔的图式分类

美国语言学家卡莱尔在 20 世纪 80 年代曾发表论文探讨图式理论，以及图式理论在二语习得中的作用，尤其是图式对阅读理解的影响。起初，卡莱尔将图式分为两大类：内容图式和形式图式。他认为这两种图式对母语和第二语言学习的理解过程都有巨大影响，而且在理解的过程中会产生互动。后来卡莱尔进一步将图式进行分类，提出了语言图式的概念。至此图式分为三大类：语言图式、内容图式和形式图式。这三种图式与文章的语言、内容和表现形式共同协调、交互作用，最终实现对语篇的理解。卡莱尔的图式分类受到了我国众多研究学者及英语教师的推崇，目前，国内将图式应用于外语教学方面及翻译方面的研究都是基于卡莱尔的分类，后文中的英语教学也是以卡莱尔的三种图式类型为基础。

语言图式指的是有关语音、词汇、句型、语法等方面的基本知识及语言运用能力，即学习者已掌握的语言知识总和，是语言学习和理解的基础，也是获取外界信息的基础。读者只有能够对单词和句子进行很好的识别辨认，并能进行词汇和语法推断，在阅读过程中才能根据文本材料中的字、词、句、篇提取文字信息，从而启动大脑中的形式图式和内容图式，如果没有扎实的语言功底，哪怕在句子中仅仅碰到一个不熟悉的低频单词，也会大大限制人们对于同一段内后边句子的理解。

卡莱尔和艾斯特侯德将内容图式定义为有关主题的背景知识和与社会文化相关的知识。现在研究者们一般认同内容图式是指与语篇内容和题材相关的知识，包括事实性知识、价值观和文化习俗等体系。内容图式需要通过大量广泛的汲取信息式阅读才能获得。内容图式在一定程度上可以弥补语言图式的不足，帮助学习者预测、验证、消除歧义，加深读者对文章的理解。如果读者通过简单的字面阅读，没能明白作者的意思，那么就要结合相关的内容图式来加以深度思考，拓宽思维。

内容图式包含概念知识或某一主题内的常态信息，以及信息如何相互关联而构成连贯的整体。从整体来看，内容图式涵盖了较广范围的知识，包括风俗人情、地理环境、历史潮流等。近年来，文化内容图式越来越多地引起研究者的兴趣。许多类别的内容图式可以很容易就被不同国籍和不同语言的人们广泛接受，但对于文化内容图式来说，它通常只能是在居住在同一地区，具有相同文化历史背景的人们中间得到激活。文化内容图式可以使人们储存有关其文化的感知性和概念性信息，从而对其文化体验和文化表征做出诠释。

文化内容图式对于文化的敏感性，特别是对目的语文化的敏感性是非常重要的。没有文化意识，二语学习者在学习和交流中就会遇到较大障碍。所以无论在哪一级别的外语教学中，都应当要求并鼓励学生建立并丰富自己的文化内容图式。

形式图式又称修辞图式，是指有关义章体裁、文章组织结构、修辞结构和语篇结构等方面的知识。不同内容的文章体裁形式，有不同的组织结构和框架，具体表现为语体差异，修辞手法和结构的不同等。特定的内容往往需要特定的表达形式才能实现，也就是不同类别的篇章所特有的结构。许多研究表明，形式图式对于二语学习有着一定的影响。当文章内容保持不变而只改变修辞结构时，二语学习者的理解力和记忆就会受到影响。在语体方面，每种文章语体结构都有各自的特点。比如故事的语体格式，包括背景、开头、发展、高潮和结尾。信件的语体格式，包括信头、信内姓名地址、称呼、正文、信尾客套语和信尾签名。

在传统的二语教学中，教师总是将讲解的重点放到语言知识方面，比如语法、句型、语言点等，这些都属于语言图式的范畴。后来研究者发现文化的差异是导致二语学习者难以理解目的语篇章的重要原因，于是在二语教学中引入了内容图式。然而在二语教学特别是二语写作教学中仍然存在着一系列问题，学生经过长时间的语言学习，拥有了丰富的语言图式和内容图式之后，还是不能运用地道的语言进行写作，表现为修辞方法的缺失和较少的文体特点的掌握。所以说在二语教学中引入形式图式是非常重要的。而在阅读方面，读者头脑中形成了各种形式图式，熟悉了各种类型的文章体裁及其结构特点，也会有效地提高阅读速度，增强对材料的理解。

除了上文提到的目前被普遍接受并广为使用的图式分类外，在过去的几十年间，不同研究领域中有很多研究学者都对图式进行了细致的分类，在图式学说的发展过程中起到了重要的推进作用，本书就不再赘述。

## 二、图式理论在商务英语教学中的运用

商务英语从根本上来说就是一门语言性的学科，但是兼顾了社会的技能性。商务英语的侧重点在于在商务环境中的英语的使用能力，特别是当前的经济形势下，更是侧重于跨文化的商务交际能力。因此在商务英语的学习中，适度地理解语言的输入是非常重要的，这个因素将制约学生语言运用水平的提高。图式理论的引入能够弥补这一空缺，进而提高学习效率。图式理论主要就是人们在对新事物进行认知理解的时候，会将新事物与脑海中的原有的概念、经历等相重合，还会将与其相关联的知识联系起来，这些固有的图式都对新事物的理解有着重要的影响。与固有形式相吻合的，外界的刺激反复地刺激于人的一个感知器官，最后才能在大脑里面留下印记。这种印记就犹如一张张的图片被保留在人的记忆中，所有的图片内容不同、层次不同，但是相互之间有着一定的联系。图式理论的不断发展与广泛使用，使得我们传统的商务英语教学模式产生了很大的变化，极大地刺激了学生的求知欲，提高了教学质量。

## 三、图式理论指导下的商务英语教学

### （一）从语言图式来看

在商务英语的教学中，在教学阶段就要重视语言的教学。商务英语的学习过程，阅读所占比例非常的大，商务阅读中语言的图式能够提高阅读水平。语言的图式是其提升的基础。学生只有在熟练地掌握了大量的词汇及语法、句法等基础知识后，才能针对这些语言信息在自己的脑海里进行匹配，根据阅读中的上下文的意义刺激大脑，搜索到大脑中的相关图式及结构图式，在较短的时间内精准地理解阅读篇章的意义。所以，教师需要从丰富学生的词汇量着手，丰富其语言图式。增强词汇量不是一句空话，需要学生投入大量的精力来进行系统性的学习。词汇有着非常多的意义，如情感意思、言外意义等，这些都需要我们的教师在日常的教学中不仅仅传授词汇，还要对学生进行与词汇相关联的文化背景的讲授。这些都属于词汇的拓展，同时还要注重商务英语专业词汇量的拓展。在阅读以前，提供后面材料中会出现的专业词汇，在阅读后，再进行补充和扩展。这不仅仅需要老师在授课过程中将定义解释清楚，还需要给学生讲解清楚，还要在商务英语教学中重视句法的教学。有些句子较长并且难以理解，教师就需要对其进行讲述并分析，这样能够让学生在较短时间内完成对句法结构的学习，也可以增强其对英语语法知识的掌握，那么学生在语言这个方面的图式就得到了丰富。

### （二）从内容图式来看

在商务英语教学的过程中，还要注重对知识点的背景进行扩充，以达到丰富学生的内容图式的

目的。我们的学生在具备了一定的英语语言能力以后，需要学生对知识背景有更多的理解，只有掌握了更多的知识背景，那么在阅读理解的时候才能够更加轻松地找出相关的图式并与知识点联系起来，那么理解的速度自然就能够有所提升。在这以后，人们对后面需要叙述的内容就会不自然地产生一种预期，呈现出一种积极向上的准备状态。当与预期的材料有一致性时，学生能够迅速地理解，反之如果不一致的话，学生在学习中会对材料产生一定的心理障碍。因此，在商务英语的学习中，主题的确定是非常重要的，只有围绕主题才能够有针对性地准备与主题相关联的知识及文化背景，并在教学的同时延展一定的知识面，如西方国家的经济、文化、政治、宗教等有关于商务英语的内容题材，进而充实学生的内容图式、再如在商务谈判中应该注意的各个国家的风俗习惯对商务谈判的影响。

### （三）从结构图式来看

在商务英语的教学中要重视结构图式的应用。教师在教学过程中要注重篇章知识的教学。在实际教学过程中，既要让学生注意表层的语义、词汇、句子等之间的关联性，又要让学生注意到结构中深层次的语义，让学生学会从局部到整体，从上至下，从语句到语篇地学习全文，最终构建一个全文的语义图式。然后学生依据图式再进一步地理解词汇、语句、段落、篇章的含义。在商务英语教学活动中，深挖学生大脑中的已有的图式结构，再把新的相关联信息不断地补充到原有的图式中，使其更加丰满。最为重要的是在这个阅读训练的过程中，不断地分析文章的结构、知识点，能够帮助学生系统地对各种情况进行分析和总结，让学生学会捕捉知识点间的关联性。

图式是人们认知的基础，图式理论就是利用图式知识在认知的过程中的实际使用和提升。商务英语教学中引入图式理论进行指导教学，能够构建出新的教学形式，从而提高整个商务英语的教学水平，培养出更多符合社会需求的综合型人才。

# 第四章 "互联网 +"时代高校商务英语的教学模式研究

## 第1节 商务英语教学模式概述

### 一、商务英语教学模式理论发展脉络

从理论发展上看，在 20 世纪后半叶，商务英语是作为专门用途英语（ESP）的一个分支或在科技英语的基础上逐步发展起来的。专门用途英语（ESP）曾被认为是语言学的一场革命，它从研究语言使用的形式特征转向了发现真实交际环境中语言应用的方式。商务英语应属于专门用途英语的范畴，并可以分为两类：一般商务用途英语（EGBP）和专门商务用途英语（ESBP-English for Specific Business Purpose）。其中，EGBP 主要针对缺乏工作经验的学习者，以商务为背景，以语言技能为基础，再加上一般的商务知识，着重培养学生在一般商务环境中使用英语语言的能力；ESBP 则主要是针对从事某某商业领域的专业人士设计的培训课程。目前，我国高校所开设的商务英语大都是EGBP，国内对商务英语的研究也主要集中在 EGBP 上面。正是因为商务英语与专门用途英语间千丝万缕的联系，相关发展研究必须从这里开始。

综合研究认为，商务英语可视为 ESP 发展的一个崭新阶段，经历了六个基本发展阶段，目前在中国已经发展成为一个独立的交叉性学科。

第一个阶段（20 世纪 60 年代至 70 年代）是语域分析（Register Analysis）阶段，著名代表人物如 Halliday 等，基本观点认为：科技英语与普通英语在语域上存在差异，分析的目的在于关注这些语域的语法和语句的特征，即 ESP 关注的是句层面的语言问题。

第二个阶段（20 世纪 70 年代初期开始）是语篇分析（Discourse Analysis）阶段，主要代表人物如 Widdowson 等，基本观点认为：ESP 关注的是超越句子的语言修辞问题，探究表达某种意义的句子之间是如何相互结合的。

第三个阶段（20 世纪 70 年代后期开始）是目标情景分析（Target Situation Analysis）阶段，主要代表人物是 Muby 等，基本观点认为：ESP 关注的是在使用英语的情景下进行交际的内容方式、途径、媒介、手段等特点及语言特点和技能，并根据这些分析来设置 ESP 教程和制定教学大纲，也就是把语言分析与学习者的学习目的紧密地结合起来，这个过程也称作"需要分析"。

第四个阶段（20 世纪 80 年代初期开始）是技能分析（Skills and Strategies Analysis）阶段，主要代表人物很多，但都不太著名，如 Grellet · F. 等，基本观点认为：ESP 关注的研究重点是从语言的表层形式转向更深层次语言运用中的思维过程，认为在任何一种语言运用中，有相同的思维和解释过程，使用一定的技能可以应付语言的各种表面形式并从语篇中悟出其道来。

第五个阶段（20 世纪 80 年代后期开始）以学习为中心进入分析阶段，主要代表人物如 Hutchinson 和 Waters，基本观点认为：ESP 关注的重点是对语言学习过程的理解，即将 ESP 作为一种教学途径，以充分了解语言学习的过程为输出，集课程设置、大纲制订、教材选编、课内外教学及教学过程和测评为一体，充分调动教师和学生的积极性，充分调动诸如教学手段、教学设备等一系列的非人力因素。此时，商务英语开始逐步与 ESP 脱离走向单独发展的路子，即进入了独立学科发展的新阶段。

目前，商务英语在我国已经发展成为一门日益完善的新兴交叉科学，即进入了 ESP 第六个发展阶段。在中国，商务英语的发展历程与国外具有一些差异性。一方面，在中国，ESP 发展最早可以追溯到 20 世纪 50 年代高校开设的外贸英语；另一方面，到了 20 世纪 90 年代，伴随着中国经济市场化和全球化，社会对复合型英语人才的需求也随之日益增大，商务英语作为 ESP 的一个分支便应运而生，而且不断发展壮大，到 2007 年已成为一个新的独立的专业，进入了 ESP 一个崭新的发展阶段。我国 ESP 的发展与世界上大多数国家是不同的，具有独特性。另外，事实上，这一时期开始，ESP 和商务英语在中国处于并存阶段。一方面，一些高校（如四川外国语大学等）仍然在与亚洲 ESP 协会致力于 ESP 的研究和发展；另一方面，一些高校（如广东外语外贸大学和对外经济贸易大学等）正在努力探索商务英语作为一个独立专业的学科体系、课程设置、教学纲、教学方法建设等具体问题。目前在中国也出现了一批知名的学者，基本观点认为：商务英语是一门以语言学和应用语言学为学科基础，注重吸收其他学科的理论与实践研究方法的交叉科学。伴随着商务英语独立学科的发展，商务英语研究正在成为一门运用语言学、文化学、管理学、经济学等理论及方法，探讨商务活动中的语言和文化现象，描述和解释人们使用语言的特点及文化因素影响的新型交叉学科。

## 二、商务英语教学模式综述

商务英语教学模式是在普通英语教学理论和 ESP 教学理论基础上发展起来的，是一种以学习为中心（Learning-centered Approach）或以学生为中心（Student-centered Approach）的教学法的总和，如所谓的全英或双语教学法、情景设置法、问答法、任务教学法、交际教学法等。所有这些教学法均试图体现商务英语在教学目标、课程设置、教材建设、师资培养和评估管理机制等方面与普通英语教学模式的区别。

### （一）培养目标

根据《高等学校商务英语专业本科教学要求》（试行）的指导意见，高等学校商务英语专业的培养目标是培养具有扎实的英语基本功、宽阔的国际视野、专门的国际商务知识与技能，掌握经济学、管理学和法学等相关学科的基本知识和理论，具备较强的跨文化交际能力与较高的人文素养，能在国际环境中熟练使用英语从事经贸、管理金融等领域的商务工作的复合应用型商务英语人才。与其他专业相比，商务英语专业培养目标具有特殊性，培养既精通外语又懂得商务知识的复合型人才成为时代发展的必然。商务英语的培养目标是要培养语言知识、策略能力和背景知识为一体的高素质、复合型人才，以适应全球化时代经济社会发展的需要。具体地说，商务英语培养目标具有双重性和实用性等特征，它不但是培养学生听、说、读、写、译等综合运用英语语言的能力，而且还要培养学生学习和了解商务专业基础知识和跨文化交际的实际应用能力。与 ESP 相比，商务英语的培养目标更加宽泛，学生能够了解与商务活动有关的商务背景知识及商务环境，广泛接触和掌握商务英语词汇，而 ESP 的培养目标把英语语言限制于特定学科领域或行业语境中，如化学、金融、医药、法律等学科领域的交际技能的培养。

### （二）课程设置、教学内容和教材建设

1. 课程设置

同样，根据《高等学校商务英语专业本科教学要求》（试行）的指导意见，高等学校商务英语专业的知识和能力构成涵盖四个知识模块的内容，包括语言知识与技能模块、商务知识模块、跨文化交际能力模块和人文素养模块。其中，语言知识与技能模块主要分为语音、词汇和语法知识，听、说、读、写、译技能和语言交际技能等；商务知识模块主要包括经济学、管理学、法学、商务技能等；跨文化交际能力模块主要包括跨文化思维能力、跨文化适应能力和跨文化沟通能力；人文素养模块主要包括政治思想素养、创新思维和中外文化素养。高等学校商务英语专业的课程设置，四年的专业课程总学时不低于1800学时，各学校在安排教学计划时，可以根据本校的培养目标、专业特色及现有的教学条件，开设相应的专业必修课和选修课，安排教学时数。

2. 教学内容

各课程开课的大体比例为：语言能力课程占50%～60%，商务知识课程占20%～30%，跨文化交际能力课程占5%～10%，人文素养课程占5%～10%，毕业论文（设计）和专业实习、实践不计入总课时。与其他专业相比，商务英语专业课程设置、教学内容和教材建设具有特殊性，相关建设在不断完善之中。

商务英语培养目标的独特性也要求商务英语教学内容和教材建设能够体现学生参与性强、师生互动性高的教学内容和生动活泼的体验式教学环节，例如，课程设置、教材和教学内容需要设计更多的商业案例分析或商务谈判假设环境，让学生能够参与其中，相互交流，自由表达思想，完成特定商业模拟和角色扮演任务等，使学生沉浸在某种商务情景之中，充分调动自主学习能力，以提高学生的商务英语语言交际能力和相关商务知识技能。

3. 教材建设

在教材建设方面，商务英语与ESP也存在一些明显的差异性，如根据剑桥大学出版社英语语言教学出版书目，商务英语教材主要包括不同级别的系列教材。而在中国，类似ESP的专业化教材也有，但不够全面或系统，在商务英语教材建设方面，多分为基础英语教材和商科教材，其中商科教材多使用国外原版的MBA教材，如经济学原理、管理学原理、市场营销、人力资源管理等，同时辅助些国内案例或自编著述等；基础英语教材，如综合英语、听力等，多为自编商务英语教材或使用出版的普通英语教材或BEC系列教材。

国内也在出版相关系列教材，如高等教育出版社出版或正在出版的商务英语综合教程系列教材和体验商务英语系列教材等。在实际课程设置方面，商务英语已经发展得比较系统化，如院校三年制的商务英语专业教学一般总学时为1600学时，其中课程开设在第一学年以"语言基础"课程为主，兼顾专业基础技能的训练，使学生必须掌握够用的语言基础知识技能和一定的专业技能。从第二学年起根据专业岗位的需要开设专业核心课程，使学生能够精于一条专业主线，如外贸、函电与单证、进出口业务等相关知识。在第二学年的第二学期让学生选修一些与专业相关的课程，用于拓展专业范围，加强专业特色教育，为学生更好地适应工作岗位打下坚实的基础。在第三学年第一学期应设置国际商务知识课程，包括商务翻译、商务谈判技巧、商务英语阅读、口译技巧等专业课程，同时注重理论与实践相结合，使学生真正做到学而会用，用而熟练。

同样，在本科商务英语的课程设置方面，总学时一般为1800学时，语言类课程占70%左右，商科类课程占30%左右，大学一年级以普通英语课程为主，着重语言基础知识的培养；大学二年级以普通英语课程为主，商务类基础知识课程为辅，注重英语在一般商务环境中的应用；到了三年级，

课程以商务专业类课程为主；到了四年级第一学期语言类课程除了高英写作和口译两门课程之外，其他都是专业类选修课，而四年级下学期基本不设必修课课程学习，让学生实习，并同时进行论文写作，要求用英语撰写国际贸易、金融、企业管理、文化等方面的论文，锻炼他们专业知识和英语综合技能的运用和实践能力。

总之，与普通英语教学模式，甚至与 ESP 教学模式相比，商务英语教学模式在人才培养目标、课程设置、教材建设、教学方法和评估机制等方面存在区别性特色。如：商务英语培养目标具有双重性和实用性等特征，它不但培养学生听、说、读、写、译等综合运用英语语言的能力，而且还要培养学生学习和了解商务专业基础知识和跨文化交际的实际应用能力；商务英语课程设置具有独特性，在商务英语课程设置方面，总体上语言类课程占 70% 左右，商科类课程占 30% 左右；商务英语商务类课程教学法具有独特性，全英或双语教学成为商务英语商务类课程教学的基本教学模式；商务英语教师队伍具有特殊性，复合型师资队伍建设成为主流。

### （三）商务英语师资培养

目前，我国商务英语专业的授课教师主要分为三大类：第一类是教授英语语言类课程的纯英语语言教师，这部分教师的专业背景是英语语言文学，几乎与商务无关系；第二类主要是讲授商务英语类课程的教师，这些教师的背景较为复杂，一部分也是无任何商务背景的英语语言教师，部分教师则是英语专业毕业后有一定的商务实践背景，或经过一定的经济学或相关学科的培训和进修，还有部分教师则在本科阶段主修英语专业，研究生阶段则为经济类专业；第三类为讲授商务专业课程的教师，主要是以商科背景的外语教师或非外语院系的经济管理类专业教师为主。

考虑到商务英语专业的学科性质及人才培养目标定位，商务英语教师必须经过系统的英语语言知识和技能的训练，具备英语教师的基本素质，此外，还应具有一定的商务专业背景或商务实践经历，具备基本的商务知识结构。因此我们认为，具有一定商科背景的英语教师讲授商务英语及商务专业课程较为合适，此类教师既熟悉英语教学规律，又具有一定的商务知识体系。如果纯英语语言类教师教授此类课程，则会因其知识结构单一、商务专业知识缺乏等原因而难以胜任这一角色；而如果由其他经济管理类专业教师用中文讲授商务专业课程，则背离了该专业的基本教学要求，即便用英语讲授，也因其课堂语言质量问题或不熟悉英语教学的特点和规律等而难以取得理想的教学效果。

由于各校的师资情况差异较大，目前一些外经贸、外国语院校因师资力量较强，基本上由商科背景的教师主讲商务英语及商务专业类课程，教学效果及人才培养质量也相对较高。而国内多数院校缺乏足够的复合型商务英语教师，此类课程多数由纯英语语言类教师担纲，因其缺乏商务知识，课堂教学仍沿用基础英语的教学模式，教学效果不甚理想。据相关调查分析，目前商务英语教师具有一定的商科背景和实践经验或具备一定的商务知识结构。可以说，师资队伍建设是目前商务英语专业建设中面临的一个突出问题，这不仅关系到该专业的人培养质量，也将对该专业的学科建设、后续发展等产生重大影响。为了解决商务英语师资短缺这一问题，学校应在加大师资引进力度的同时，由商学院或企业组织部分较有潜力的英语教师进行商务专业知识的专门培训和进修，或与国外院校合作，选送相关教师赴国外合作院校完成经济管理类专业的进修，经过两年的专业培训或课程进修，这些教师可胜任相关课程的教学工作。

商务英语是英语语言学与国际商务相结合而形成的一个边缘性语言学科，具有交叉性、应用型、复合型的特点。商务英语专业主要培养具有扎实的英语语言基础，宽厚的人文素养，系统的国际商务知识，较强的跨文化交际能力的应用型、复合型商务英语人才。这是一种外语与国际商务密切结合的人才培养模式。商务英语的专业属性仍是英语语言学，而非经济学、管理学等其他学科。商务英语专业的具体培养模式、课程体系、教学内容、教学手段、评价模式等必须强调商务英语的"英语本色"，商务英语教师也主要归属于英语语言学学科，这是该专业教育的原则性问题。如果片面强调经济学、管理学等其他学科的知识体系而忽视英语教学的自身特点和规律，商务英语专业就会失去应有的特色和活力，甚至蜕变为其他商科专业。

### （四）商务英语教学管理机制

目前，商务英语教学管理机制多样化，但主要以下列四种方式为主，即商务英语课程组、商务英语教研室、商务英语系和商务英语学院。其中，商务英语课程组或商务英语教研室管理机制主要适合于将商务英语当作一个课程而不是一个专业管理的高等学校，从属学院英语系或外语系，以课程组为单位具体负责相关课程的教学任务；商务英语系管理机制主要适合于将商务英语视为一个专业而不仅是一个课程管理的高等学校，从属于学校的外语学院、商务英语学院或者商学院，负责商务英语本科或专科课程教学、学生培养等管理工作；商务英语学院管理机制主要适合于将商务英语视为一个学科而不仅是一个专业管理的高等学校，从属于高等院校，作为单独设立的二级机构，负责商务英语学科发展、专业设置、学生招生、学生培养等管理工作。

目前，在我国高校，商务英语系管理机制比较普遍，商务英语学院管理机制极少，且名称各不相同，例如，有的叫国际商务英语学院，如广东外语外贸大学国际商务英语学院；有的则叫商务外语学院或应用外语学院，如上海对外贸易学院国际商务外语学院、东北财经大学国际商务外语学院、黑龙江大学应用外语学院等。

# 第2节 "互联网＋"时代商务英语教学模式具体分析

商务英语课程的主要特点是英语语言技能和商务专业知识密切结合，这就向商务英语老师提出了更高的要求，他们不但要在教学中培养学生的英语语言能力，同时还要给学生讲授专业的商务知识。传统的教育模式已不再完全适应新时代的商务英语教学，因此，商务英语教师为了能够完成商务英语教学任务，达到预期的教学目标，实现理想的教学效果，该运用怎样的商务英语课堂教学模式，这是商务英语教师们一直以来都在探究的一个重要问题。

## 一、商务英语教学模式存在的问题

随着世界经济飞速发展，国际贸易交往日益频繁，商务英语教学得到快速发展，一些院校培养了一批商务英语人才。但是，从全国情况看，商务英语教学存在着较大的问题：首先，很多高等院校都开设商务英语专业，但各高校的教学计划、内容差别很大，没有统一的商务英语教学大纲，没有权威的教材，难以找到真实商务背景下的教材辅助材料，如一些公司的年度报表、会议记录、纪录片等。其次，在师资上，绝大多数从事商务英语教学工作的教师，没有商务英语的学历背景，对真实的商务工作环境也不是很了解，在教学方法上比较多地采用传统的普通英语的教学模式，造成教与学的双重被动。能够利用英文教授商务英语及其他专业课程的老师仍为少数，无法满足竞争日渐激烈的商界的需求。再者从应用的角度看，学生的书本学习与社会实习仍不能有效结合起来。

第一，传统的大班授课也决定了采用传统的普通英语的课堂教学模式。商务英语课堂教学适合采取小班授课，学校并没有根据专业需要调整班级人数，这也给商务英语教师与学生实现多向交流、多维互动增添了困难。

第二，在教学设施方面，现代化的教学必须有现代化的教学设施相匹配，如幻灯、投影、多媒体技术、Internet 资源等。这些设施不仅可以使商务英语教学更加便捷、直观、高效，还可以大大激发学生学习的积极性。现在各高校里面虽然有多媒体教室，可是数量有限而且维护不及时，经常是数量有限的多媒体教室也得不到充分有效的利用。学生学习商务英语主要还是靠黑板和录音机，教师对计算机辅助语言教学（Computer Assisted Language Learning，简称 CAL）这一外语教学发展的新趋势的了解和认识不够。

第三，现有的教学资源没有得到充分利用，不少教师还仅仅将计算机用于文字处理。局域网、因特网和远程教学网的利用刚刚开始，网上提供一些优秀的教学内容，商务英语教师应该如何利用 Internet 资源，如何利用远程教学网实现资源共享，这些都是未来商务英语教学面临的新问题，也是商务英语教学现代化的突破点和新起点。

## 二、商务英语课堂教学模式的改进对策

我们可以看到商务英语教学的现状不容乐观，很多方面达不到商务英语课堂教学的目标和要求，商务英语课堂教学还存在很多问题。要解决这些问题，改善商务英语教学的现状，可以调整师资队伍，提高商务英语教师整体素质，改善商务英语教材或者改善学校的硬件教学设施等，其中主要还是要通过改进商务英语课堂教学模式来达到商务英语的教学目的。

### （一）传统的普通英语教学模式下的商务英语课堂教学模式与交际法相结合

受中国传统的儒家文化、中庸思想等的影响，中国传统的教育模式长期在课堂教学中占统治地位。中国的传统文化认为教师是知识的传授者，而学生是被动的接受者。"师者，所以传道授业解惑者也。"教师的职责被概括为传道、授业、解惑，其中的传道和授业都是从老师到学生的过程，也即老师是知识经验的所有者，而学生则被认为是接受老师教诲的人。传统的教育模式也在一定程度上影响了中国学生的学习风格，比如习惯依赖性学习，有过分依赖老师的学习习惯；更倾向于被动地接受老师教授的知识；更喜欢模仿老师"先看后做"，期望教师成为绝对的权威。所以，老师要在一定程度上尊重学生这些长期以来形成的旧的学习风格，传统教育模式的某些适合学生学习风格的方面还是要保留的。虽然学生从小学甚至幼儿园就开始学习英语了，但是商务英语的学习一般都是在上了大学之后开始的，商务英语知识还是相当匮乏。可见学习商务英语基础知识还是需要传统教育模式下的商务英语课堂教学模式的，教师要对基本的商务专业知识进行讲解，比如对一些基本理论、基本概念、贸易术语、商务专业词汇等进行介绍、分析，使学生能有较全面的了解。这就是以教师为中心，教师详尽阐述、讲解专业商务知识的过程。要在这个层面上有所突破，在学生有了一定的商务英语知识储备的基础上，结合交际法，注重学生商务英语交际能力的培养能够使学生把学到的商务知识灵活表达和运用。

重形式轻内容、重语言系统成分学习而轻语言实际应用等方面的局限性，真正体现了语言的交际作用。交际教学法的教学观认为掌握一门语言就是要掌握"交际能力"，这也正是商务英语教学的目的和要求。商务英语最明显的特点就是商务专业知识与商务交际能力的密切结合，这就要求教师既要注重讲授商务专业知识又要重视学生的商务交际能力的培养，要求教师运用交际法，根据商务英语的实用性和操作性，以学生为中心展开一些商务英语课堂活动，进行案例分析、模拟操作、单证制作、商务洽谈等。

### （二）商务案例教学模式与学生体验性学习相结合

商务案例教学是在学生掌握了有关基本商务知识和基本商务技能操作理论的基础上，在老师的精心策划和指导下，根据商务英语课堂教学目的和教学内容的要求，运用典型商务案例，将学生带

入特定情景的现场进行案例分析，通过学生的独立思考或集体协作，进一步提高其识别、分析和解决某一具体商务问题的能力，同时培养正确的管理理念、工作作风、沟通能力和协作精神的商务英语教学方式。其基本原则有两条：其一，用案例作为主要教学手段；其二，通过自学和互相学习使学生深入参与整个教学过程。

20世纪初，案例教学开始被运用于商务和企业管理学，其内容、方法和经验日趋丰富和完善，并在世界范围内产生了巨大的影响。尤其是在现代社会，经济发展加速，全球市场日益形成，同时市场竞争日趋白热化，在这种情况下，知识、人才的价值和作用日益突显，特别是对人才的知识的实际应用能力、对瞬息万变市场的快速反应能力及在不充分信息条件下的准确决策能力提出了更高的要求。在这种情况下，案例教学作为一种行之有效的、务实又明确目的的、以行动为导向的训练越发受到人们的青睐。在全世界范围内享有盛名和被广泛赞誉的是哈佛商学院案例教学法，正是哈佛商学院对案例教学法的成功运用和实施尤其是使用这种方法为社会培养了大量杰出的工商界骄子，案例教学法成为一种风靡全球的、被认为是代表未来教育方向的成功教育模式。

商务案例教学要求教师合理运用典型的商务案例，让学生来进行分析、思考，通过集体协作，最终达到认识问题并解决问题的目的。这样可以使学生成为教学活动的主体，形成学生自主学习、合作学习、研究性学习和探索性学习的开放型的学习氛围。商务案例教学有利于改革传统的教学模式，注重引导学生通过对商务案例的分析推导、运用商务专业知识较好地解决实际问题，在这个过程中，教师有意识地引导学生自己收集商务资料和信息，再对资料进行分析，有利于提高学生分析问题和解决问题的能力，也会促使学生学会沟通与合作。体验性学习必须把实践摆在学习的首位。那么在商务英语课堂教学过程中，如何进行体验性学习呢？"体验性学习"就是以学生动手操作、直观感受等活动方式，获取感性材料和一定的经验，这就要结合案例教学，让学生进行案例模拟操作，如商务谈判、贸易制单、商务会议、国际会展等；另一方面，商务英语最终的教学目的是让学生能在现实生活中运用，有实际的商务交际能力，教师应尽量创造条件让学生有进行现场观摩、考察及实践的机会，比如可以联系港务局、海事局、海关、商检局及企业等单位作为学生的实习基地。这样通过学生亲自体验，无论在商务语言运用还是在商务实际业务操作方面，学生都会有新的感受和提高。

### （三）学习效果评价与人才培养相结合

学习效果评价是检查商务英语教学质量的重要手段，同时也反映了商务英语专业的人才培养质量。依据商务英语人才培养目标的基本要求，我们可采用软硬两套指标来衡量商务英语专业的人才培养质量，硬指标主要是商务英语专业人才必须具备的基本技能和素养，软指标是在硬指标的基础上学生综合素质的拓展和提升。硬指标主要包括英语语言知识和技能、商务专业知识和技能等基本素养，其中，英语语言知识和技能应占硬指标的60%~70%，商务专业知识和技能一般占30%~40%；而软指标则主要包括人文素养、跨文化交际能力、国际视野、创新能力、研究能力等。目前，对每一门课程的平时和期末测试仍是检查学生学习情况、评价学习效果的主要手段，因此，测试必须具有较强的科学性，尤其是测试形式、测试范围、题型分布、难易程度等，应能较为客观反映该专业人才培养质量的相关评价指标。其实，实务中也有不少值得借鉴的测试方式，比如，英语专业四、八级测试可以检查英语语言的综合运用能力，而一些商务类的资格证书考试如BEC、外销员、国际商务师等测试也可以检查商务专业知识的熟练程度。此外，期末测试还应与课程论文、小组作业、课堂练习、课外实践、小测验等平时的各项测试结合起来，用软硬两套指标来综合测评各门课程的学习效果，科学、合理地反映人才培养质量。

# 第3节 基于"互联网+"的高校商务英语混合教学模式

"互联网+"背景下，商务英语的教学方法的转变也迫在眉睫。为了帮助学生更好地应对他们即将面临的挑战，充分地利用网络资源的丰富多样与在线课堂的灵活性与便利性，将传统课堂教学与现代化在线教学相结合的混合式教学法应运而生。

## 一、混合式教学概述

### （一）混合式教学的定义与内涵

混合式教学起源于西方，美国著名教育工作者莉兹·阿尼认为混合式教学属于正规教育形式，这种教学形式包括让一部分学习活动在线进行，可以对学生学习的时间、地点、途径和学习进度进行把控，另外一部分学习活动则需要在教室中在教师的监督下完成。每位学生都可以根据自身的实际学习状态来获得一种综合的学习体验。

此外，美国的迈克尔·霍恩教授和希瑟·斯特克研究员强调，混合式教学本身与更为宽泛意义上的在教室安装各种设备和软件的教学形式的内涵完全不同。对混合式教学较为中立的定义包括三个部分：第一，这是正规的教育项目，学生的学习过程至少有一个部分是在线进行，在这个部分中，学生可以自主控制学习的时间、地点、渠道和进度；第二，学生的学习活动还必须能在家庭或家庭以外可受监督约束的实体场所中进行；第三，学生在学习某门课程或者学科的时候，在线学习的内容和实体场所学习的内容可以共同构成一个完整的课程内容。

从以上定义我们可以看出混合式教学方式更多是从学生的角度出发，在线学习与传统班级授课的最大区别在于在线学习时学生的自主控制程度更大。学生可以根据自身实际情况选择合适的时间、地点进行学习，同时还可以根据自身学习体验和感受到的难易程度，选择学习时长和学习进度，让学生能够在自己最适合学习的状态下完成在线学习。另外，为了保证学生的学习质量和体验，还需要有实体场所对学生学习进行监督，以解决前文提到的在线教学学生自主能力较差的问题。

混合式教学的最大特点就是不管是在线学习部分，还是受到监督的实体场所学习部分，看似各自独立，其实相互联系，将线上线下学习的各个模块组合在一起才能成为一门完整的课程架构。当然，这也应该是对教师如何把握好两部分的平衡，实现混合式教学的最大挑战。

我国混合式教学最早由北京师范大学的何克抗教授于2003年12月提出，他认为：所谓混合式教学是把传统课堂学习方式的优势和在线学习的优势结合起来，只有将二者相结合，做到二者的优势互补，才能获得最佳的学习效果。也就是说，混合式教学既强调教师引导、启发、监控教学过程的主导作用，又注重调动学生作为学习过程主体的主动性、积极性和创造性。上海师范大学的黎加厚教授认为混合式学习是对所有教学要素的优化选择与组合，以达到教学目标。黎教授认为混合式教学包括学习理论的混合、学习资源的混合、学习环境的混合、学习方式的混合和学习风格的混合等。华南师范大学的李克东教授认为，混合式学习是把面对面学习和在线学习这两种学习模式进行有机整合，以达到降低学习成本，提高学习效率的一种教育方式。

根据以上定义，我们可以看出我国混合式教学的内涵更加丰富。由此，我们认为混合式教学的内涵是通过教师对各种教学媒体、教学方式、教学内容、教学场所及教学评价等授课要素的高效整合，通过提高学生的学习积极性和学习能力，从而达到最优学习效果和最好的经济效益。此外，混合式教学还将互联网环境下的自主学习和有监督对象的实体场所学习相互结合、取长补短，形成一种既能发挥课堂教学中教师的监督作用，也能培养学生的学习分析能力，让学生对知识进行有效构建的教学模式。

总体来说，混合式教学方式特别强调学生在当中扮演主角，教师扮演监督员角色，且在线学习和在实体场所的学习缺一不可。我们要按照这样的思路设计混合式教学才会有一个更加明确的方向。

### （二）混合式教学的基本特征

1.以学习者为中心

混合式教学在应用过程中始终都以学生为中心，教师不再是课堂教学的主体，师生交流成为教师关注的重点。教师的角色发生了明显的变化，教师开始在学生学习的过程中扮演辅助性的角色，成为学生自主学习的促进者。混合式学习吸收了面对面学习及在线学习的优势，无论是教师还是学习者，都能从混合式学习中获得益处，教师可以在更大程度上激发学生的学习积极性，而学生则可以在学习中获得较多的学习经验。混合式学习环境给学习者提供了充分的自由，学习者可以根据自身的需要进行学习节奏及进度的调整，也可以自主选择课程与教师。在混合式学习的任意一种模式中，学生的学习需求都是被优先考虑的，同时学生也会获得较大的课程选择权，学生可以根据自己及教师的情况自由选择课程进行混合式学习。在这一过程中，教师要时刻关注学生的心理变化，根据不同学习阶段学生的心理特征，有针对性地开展教学活动。

2.重视深度混合

混合式学习并不是指将教学中的各大要素随意地混合，而是要在保证教学效果的前提下进行混合，要遵循一定的规律。

首先，混合式学习的学习活动并不局限于传统的课堂活动，它还包括在线活动。这种混合的范围非常大，所有的学习者都会涉及其中，这使学习者可以学习到别人高效率的学习方法，也可以找到适合自己参加的学习活动。

其次，传统课堂学习环境与在线学习环境相对独立，面对的都是不同的学习群体，而混合式学习则实现了两大群体的融合，这种融合对于任何一个群体来说都极具益处。传统课堂学生群体可以学习在线课堂学生群体的高效率，而在线课堂学生群体则可以学习传统课堂学生群体的认真态度。

最后，在线学习与面对面学习中的教师也实现了混合，以往单一课堂环境中的教师只能就课堂问题进行交流，对课下学习者的问题很难给予回答，而在线学习中的教师可以实时解决学习者遇到的问题。

这三种学习要素的混合并不是随意的混合，而是遵循其自身规律，在混合式学习实施的过程中，它以多种方式为基础，主要有翻转课堂、移动学习、在线学习等。这些方式为学习者提供了多种学习方式，有利于学习者找到适合自己的学习方式，从而提升学习效率与质量。

3.注重师生之间线上线下的交流和互动

混合式学习将面对面学习与在线学习的优势整合起来，实现了师生线上与线下的双线互动，在进一步增进师生感情的同时，也增加了学生学习的渠道。在任何学习中，教师与学生都是学习的两大主体，混合式学习也不例外，传统课堂中教师与学生的交流不多，这使教师很难接收到学生的学习反馈。而在混合式学习中，教师可以实时接收到学生的学习反馈，教师可根据学生的反馈制订适合学生的教学计划，从而保证不同学生的学习需求。

教师与学生可以利用信息技术与交互工具在在线学习平台上交流，在教学软件的帮助下，教学与学习活动不再受时间地点的限制，学生可以随时学习，节约了学习时间，也提高了学习效率。学生的问题并不是集中在课堂上，很多学习问题都是在课下进行自主学习的过程中产生的，而传统课堂教学无法将问题的解决延伸到课下，所以混合式学习就发挥了作用。教师利用各种学习软件与学生互动交流，不仅可以及时指导学生的学习，而且还能监督学生的学习过程，当发现学生遇到问题时可以给予适当的帮助。在不同的学习环境中，学生对教师的需求存在差异，所以，混合式学习兼顾了学生对教师线上、线下的需求，教师可以同时把握学生线上、线下的学习情况。

### （三）混合式教学的优势分析

美国教育学家杜威曾说过："一切教育都是通过个人参与人类的社会意识而进行的，这个过程几乎是从出生时就在无意识中开始了。它不断地发展个人的能力，熏染他的意识，形成他的习惯，锻炼他的思想，并激发他的感情和情绪。"我们可以将这句话理解为教育的最终目的是学生各种社会经验的增长，并让这些经验与他们共生共长。教师给学生传授知识，是给学生提供了一面了解世界的镜子，让他们学习前人认识世界的方式方法，进而建立自己认识世界的方法方式，认识知识内部的三维结构。也就是说，学生要掌握、理解、运用、迁移所学的知识，这是基于能力的学习。我们的社会在不断发展，但是人性是不变的，比如较强的理解能力、共情能力、团队协作能力、洞察能力、沟通能力、批判性思维能力等，这些都是人类应该具有的能力。因此，我们需要改变传统"以教师为中心"的想法，建立"以学生为中心"的教学体系，让学生通过参与课程学习来提升自身各方面的能力。

具体来看，学生的学习应该是基于能力的学习。我们在教授完一个教学内容后需要确定学生经过这段时间的学习是否对知识有所掌握，是否能够脱离课本内容完成独立分析。对于那些还没有完全理解概念的学生，如果教师没有帮助他们去理解相关内容就急匆匆进行下一节教学内容，很可能会导致其知识架构不牢固，学习上的漏洞越积越多，如此恶性循环，最终无法从学习中获得参与感和成就感而彻底放弃学习课程。因此，只有基于能力的学习，让学生确定自己已经理解并掌握知识点后，再进行之后的教学才能取得更好的学习效果。

同一个教师在同一个教室中所面对的学生因为个人经历、前期知识背景积累、性格、爱好和学习习惯等方面的不同，对同一个教学内容在理解花费时间上、理解程度上也是大相径庭的。如何因材施教，根据学生的个体需要给他们想学的内容，需要教师根据学生不同的学习进度调整学习的内容。在这个阶段，学生的学习目标和内容是相同的，但是学习进度会因人而异。学得快的学生可以提前学后面的内容，学得慢的学生可以等掌握相关内容了再继续往后学。对实体学校来说，这的确是巨大的挑战。因为学习目标相同，但教学方法不同的个性化学习在传统班级授课教学方式下是很难实现的。

混合式教学模式恰好是围绕"以学生为中心"的教学理念，它将基于能力培养的教学与个性化学习结合在一起。混合式教学的在线学习部分提供了便利的互动模块，让教师和学生之间能够通过文字、语音或者视频的方式跨越交流障碍，帮助教师更好地了解每位学生的个性差异，有助于教师更好地引导学生，发掘学生的潜力，调动学生的学习积极性。

同样，混合式教学中在线学习和课堂学习不断更替的学习场景，可以给学生带来差异化体验。传统的班级授课很容易让学生感到枯燥乏味，但当学生拥有更多的选择时，他们就能根据自身的情况选择更合适的时间地点和正确的工具，并会倾向于掌控自己的学习，更快地发现阻碍自己进步的原因，及时进行弥补与修正。这种差异化的体验不仅提高了学生的参与感与成就感，让学生具有强烈的求知欲与探索欲，而且锻炼了学生实现即时目标和终身学习所必需的思维能力、创新创造能力和自我调节能力。

混合式教学使教学工作从备课开始就变得更加具有目标性。比如，教师会考虑学生能从在线学习中学到什么程度？最后能有多少内容变成他们自己的东西？同时，在线教学软件提供的系统数据也可以帮助教师对学生的学习习惯和学习能力等有更深入的了解，然后可以再有针对性地调整教学内容或者方式，以满足学生需求。

此外，混合式教学为教师提供了调整个人教学能力的机会，也对教师的教学工作起到了监督作用。通过混合式教学，教师可以有更多的时间给正在"挣扎"的学生或比同龄人进步更快的学生提供有针对性的关注，而不是被迫把重心放在对大部分中等水平学生的教学上。当然，这对教师的教学能力也有了更高要求，教师必须在教学设计和授课过程中投入更多精力，如强化或者拓展课程内容，详细分析学生数据，并给出最佳教学方案。这种教学方式不仅使教师对学生的部分学习活动起到监督作用，同时，学生良好的学习效果也能够变相对教师不断提升个人教学能力起到监督作用。

## 二、"互联网＋"时代的混合式教学

在"互联网＋"的时代背景下，教育将经历两个层面的进阶。其一，教育思维方式、运行方式将发生翻天覆地的变化，诸如教师的教授方式方法、知识传播路径、学生学习工具的更新均向多元化及扁平化方向转变。其二，教育知识共性化，"互联网＋"打破了知识的禁锢，加速了全球知识库的形成，优质教育资源得到极大的流通与更新；降低教育成本，以相对较低的教育成本开展大范围的教育，促进人才的培养，建设学习型社会。"互联网＋"与混合式教学的融合是时代之必然。

### （一）"互联网＋"时代下混合式教学的特点

1996 年，美国《培训杂志》发表第一篇关于在线学习的文章，教育领域的相关人员开始将视线转移到在线教学与学习的研究，这为后续的混合式教学奠定了丰厚的理论基础。但是传统教学模式思维根深蒂固，加之人们对在线教学模式的认识不到位，因此混合式教学的发展并不理想，社会上的企业培训及学校的教学模式依然遵从传统教学。随着时间的推移，人们对传统教学与在线教学各自的优势及不足进行深刻反思，人们认识到"在线教学＋面授教学"能够结合二者的优势，同时弥补多方的不足。基于此，混合式教学模式进入人们的研究视野。人们专注的视野主要集中在混合式教学的定义探究、理论基础、模式建构及具体的实施流程方面。

1.线上线下混合

线上线下混合使线上网络教学与传统课堂教学实现真正的大一统，打破线上—线下存在的界限。这是混合式教学之混合的最表层含义。"互联网＋"将通过系列应用技术实现有形教学与无形教学混合式的复式教学。线上教学与线下教学是两种截然不同的教学形式，线上教学以互联网、新型技术、媒体为传播媒介，线下教学更加侧重于传统的教学。二者虽然是不同的教学方式，但是其追求的基本目标是一致的，那就是高效地完成教学活动，促进有效教学的发生。混合式教学以教学平台为起点，教师、家长、学生、教学资源等要素均被联结起来。如果线上学习与线下学习过程处于割裂状态，则混合式教学将会流于形式，达不到我们所期许的理想状态，会适得其反，增加教师与学生的负担。

2.教学理论混合

在教育学界尚不存在一种万能的、通用的、能适用于所有教师、学生教与学的教学理论，因此，我们采取多种教学理论对教育实践与教育规律进行指导与探索。现阶段，影响较大的教学理论包括行为主义教学理论、认知教学理论、情感教学理论及教育目标分类学等。每种教学理论都有其内在的优势及劣势，诸如行为主义与认知主义注重知识的传播与转换，即关注于"教"其本身，然则较少地关注学生"学"的方面；而建构主义关注教学设计，建构有利于学习发生的教学环境，在教师的教与学生的学两方面均衡发力；教师应依照不同阶段制定的目标而采用与该目标相关的教学理论，既有利于教师主导作用的发挥，又有利于发挥学生的认知主体作用。教学理论中间从来都不是彼此对立、分离的关系，它们之间包含着一定的重合部分及相互关联性。混合式教学的教学策略需要结合学生的实际学习情况、教学目标、教学情境等因素，这样才能发挥其最大化作用，教学策略是教师从观念领域过渡到操作领域、介于理论和方法之间的中介。

3.教学资源混合

教学资源混合可以从资源内容、资源呈现方式和资源优化与整合三方面进行分析。

（1）教学资源内容的混合

基于社会对于综合性人才的需求，学校更加重视对多样化、整合性人才的培养，文理互通、学科融合将是未来学科发展的趋势。混合式教学也包含对于教学资源内容的混合。学生接收到的信息不仅仅局限于某一门学科，还是发散且有条理的知识体系，更有利于在学习过程中触类旁通。

（2）教学资源呈现方式的混合

教学资源的呈现方式是多种多样的，资源的呈现方式应符合学生的认知规律，传统书本式的知识呈现方式有利于学生对于知识的系统性把握，一直以来，课本在课堂教学上发挥着不可替代的作用，缺点在于阻断知识的流通、知识过于静止、利用率相对较低；知识以文字的形式呈现，过于单一，不利于调动学生的积极性与主动性。我们不可能摒弃课本，只有与新型的资源呈现方式结合才能弥补其不足，这种新型的资源呈现方式即虚拟资源呈现。知识不以固定化的形态存在于课本上、黑板上，而是无处不在、无所不有，只有"传统＋新型"的混合式知识呈现方式才能满足学生对于各种资源的需求，实现其个性化发展。

（3）教学资源整体的优化与整合

当线下资源与线上资源汇聚，形成庞大的知识库，在满足知识数量与共享的需求之后，继而遇到教育资源的低质、重复、分散、无体系等问题，又会形成新的资源浪费。因此，教学资源的优化与整合具有一定必然性。

林志斌提出了三种程度的混合：轻度混合、中度混合、高度混合。轻度混合是仅仅在已有的教学活动的基础上，稍稍加入一些额外的混合元素；中度混合是用混合学习的教学活动去代替原有的教学方式；高度混合是从根本上，在教学设计和规划时，就用混合学习的模式来建构新型教学方式。

## （二）混合式教学的本质分析

混合式教学是以"关联、动态、合作、探究"为核心的新型教学模式，有着与面授教学与在线教学的本质区别，下面将对混合式教学的本质予以分析。

1.混合式教学是动态关联的耦合系统

混合式教学过程的各个存在要素组成相互关联、互为影响的耦合系统。教师与学生双方都具有自我组织教与学的意识与能力，师生秉持共同目标，同时在一定质态、一定数量的教学信息激发下，学习过程中产生的问题、障碍达成顺应、一致的过程，继而促进教学过程有序化。混合式教学中的在线教学部分和面授教学部分是优势互补关系，不存在谁替代谁的问题，它们具有共同的教学目标，即高效地完成教学活动。

2.混合式教学是在线教育的扩展与延伸

混合式教学不同于以往的在线教育、网络教学，我们可以把它理解为在线教育或传统教育的延伸或扩展。首先，混合式教学将传统的教学优势与在线教学优势相结合，弥补教学过程中的在线教学与传统教学过程的缺失。单一的在线教学中面临的最大问题就是教师与学生、学生与学生之间的互动交流缺失，因为教学过程中师生交往互动是贯穿于始终的，通过课堂、课下教师与学生的互动交往可以及时得到反馈信息，便于学生的询问、沟通、解疑、探究等系列活动的发生，该问题是网络教学进一步发展的最大障碍。另外学生的自控能力低、信息处理能力低、网络教学就等于课件教学等观念束缚也严重阻碍了在线教学的发展：从传统教学组织形式上来分析，资源相对单一，较难接触其他信息资源，在资源传播途径上稍显滞后。标准化模式也阻碍了学生的个性化发展，全体学生统一进度、统一教学内容严重阻碍了学生的个性化发展。基于两种教学模式的优势与弊端，我们看到，将两种方式有机结合是最利于学生学业、身心等多重发展的教学形式。

混合式教学模式是传统面授教学与在线教学的有机整合，对二者的优势与劣势进行摒弃与选择。混合式教学极大部分是面授教学、在线教学二者的混合，无论是教学空间、教学手段还是教学评价方式均是二者的折中部分，这样既避免了单纯在线教学的弊端，又扩展了教学途径。综合看来，与传统教学模式相比，混合式教学模式更加强调以学生为中心，主张引入问题情景，重视自主探究式的学习方式，鼓励学生主动的意义建构，最后采取多元的评价模式对学生进行多方面的评价。

3. 混合式教学以激发学习兴趣为关键

混合式教学以发掘学生对于课程的兴趣为主旨，激发其求知、探索、整合、创新等行为。教师在制作微课程、PPT、整合课程资源及设计教学活动的过程中，时刻以学生的兴趣为基点，考虑学生的个性特征与兴趣关注点，激发学生的创造力。所以，明确学生的学习需求、找准兴趣点才是混合式教学的根本任务。

### （三）"互联网＋"对于混合式教学的意义

"互联网＋"促进了信息的双向流动，解构又重构的教学模式与教育体系，将处于基础形态的传统教学与互联网融合起来，发展成"互联网＋教学"的高级形态，充分发挥互联网教学的优势，改善教学模式，从原来以教师为中心的教学模式转变为以学生为中心的互动教学模式。

"互联网＋"对于教学的影响触及三个层面：平台层面、教学活动层面、结果层面。在平台层面上，提供学生学习过程中必备的教学设备及平台，并予以一定的技术支持，实现时能学、处处能学，时能教、处处能教。

例如 Minerva 大学作为互联网大学，大数据的思维贯穿始终。充分引入互联网作为教育的突破口，面向全球挖掘数据，通过收集学生的使用数据进行分析、管理，发掘学生的潜能和可塑方向，为学生提供定制化的课程，继而进行不同侧重点的个性化教学。Minerva 大学分析了传统高等教育面临的一系列问题，如教学效率低下、教学过程枯燥无趣等，进行课程的调整与改善。首先，Minerva大学的每一门课程都是依据人类的行为动机、学习方法、记忆模式而独立设计的；其次，结合数据随时调整教学计划，培养现代需要的行业技能，这样使得教育与全球化的社会需求关联起来。

互联网教学作为重要的手段贯穿于教育的始终，互联网将全球的顶尖教学资源最大化，打破时空的界限，核心的师资资源得到解放，为教学赋予了新的定义，教学未必就是站在讲台上面对面的教学，教学未必就是学生坐在教师里听课；通过互联网技术平台亦可以进行在线教学，在家就能学习。同时，混合式教学仅仅是一种教学手段，不是唯一的教学手段，混合式教学的具体应用还需要教师、专家团队的进一步研究。

1. 打破信息不对称局面

当信息从教师传递到学生时，往往出现信息不对称的情况，继而影响教学的有效性。信息不对称的情况是由师生双方交流不畅引起的，可能由教师的指导方式不当、教学设备陈旧、学生接受知识的方式差异而引起。当数字化教学资源以零空间存储性、共享性带来的非消耗性、非竞争性等优势而存在时，数字化资源被贴上公共性的标签，数字时代的学习越来越不需要依赖特定的时间与空间，师生之间信息不对称的格局被逐渐打破，同时中西部地区、城乡之间乃至不同国家间的信息不对称现象也有所缓和。于学生——教师层面，学生不知而教师独知的"信息不对称"的教育格局正在被逐步打破，教师也不再是唯一的信息提供源。正因为如此，学生获取资源的多样化途径使得教师如果没有专业的知识基础和与时代接轨的新知识储备，就难以完成教育传播；于中西部城乡层面而言，信息不对称现象所造成的社会分化现象成为解决教育公平的桎梏，"互联网＋教育"将信息民主权力分配到绝大部分人手中，权力指向也涉及世界的任意角落，弥补中西方、城乡之间的数字鸿沟，均衡教育信息资源配置，将学生置于同等高度的网络世界中。

2. 激发教学的动态生成

互联网与教育的融合避免了纯在线教育"交往结构的非语言现象"的出现，也极大程度上转变了传统教育静止、单一、机械、与客观学习相背离的教学图景，互联网与教育的深度融合是传统教育的成长与发展，将过度一维化与平面化教学赋予多维性与动态性。教学的动态性体现于信息资源的流通、多元的价值传递、自主选择性、多向立体互动等方面；"互联网＋教育"的生成性体现于教学过程不仅仅停留在知识的传递，建立在知识传递基础上的知识创生亦是教育所追求的新生目标。

教学活动不仅是师生之间的施教与受教行为，更是一种信息资源的传递与流通。互联网是非定向的，教育也是师生、资源之间的胶结往来过程，"互联网＋教育"的模式也具有多态交错的新形态。我们处于纵横交错的信息网络体系中，学生、教师、资源及由三者自由组合而成的团体、组织都被视为网络体系中的一个节点，这些节点在独立存在的基础上自由选择重组，相互建立联结关系，使得教学过程多向、非线性地发展。换言之，互联网的融入转变了知识的出发点与传递方向，扩展了学习发生的环境与格局，为教育发生创设了崭新的形态。

3. 推动教师教学与技术的专业化发展

互联网与教育相结合一定程度上转变了教与学的方式，如何借助互联网教学成为构建教育网络体系中至关重要的一环。首先，互联网的平台建设、在线授课形式的研究、运行模式变化等都对教师的经验专业化技能提出更高的挑战，在一定程度上促进了教师教学与技术的双向发展。其次，教师角色与职责亦发生相应程度的转变，教师应扮演课程资源的开发者、引领学生积极选择的导向者、互联网技术的先行者、为学生创设良好学习体验的开拓者，种种角色交相辉映，需要教师依据具体的学习情景选择最佳的角色。教师作为教育新形态下的主力军需要予以各方面关照。

"互联网＋"大潮涌动，教育信息化大力推进，各地区大、中、小学都尝试混合式教学模式，以期运用技术的方式改变教学，然则，由于各种现实因素的限制，混合式教学还未大范围地普及开来，虽然翻转课堂、慕课微课、电子书包、电子白板等系列项目层出不穷，但是与一线教师教学还未真正融合。"互联网＋混合式"教学旨在通过互联网的技术路径，为教师教学带来教学方式多元化、教学资源丰富化等系列教学体验，让互联网真正融合到一线教师的教学过程中。在"互联网＋混合式"教学的转型期，综合的教育生态尚处于变动时期，这要求教师从自身的教学经验着手，选择具体的策略方法，在教学实践中找到线上与线下、课上与课下资源混合的新路径。

4. 打破在线教学与传统授课的单一桎梏

传统课堂教学是教师最为熟悉的一种教学形式，在有限的时间与空间内对学生施教，其最大优势在于能够在教师的指导下高效、快速地进行知识传递，教学更加形象化，通过培养学生竞争与合作意识，发挥情感因素在学习过程中的重要作用。然而课堂教学存在的不足之处也难以解决，在教学内容上，其呈现内容相对单一，教材是主要的知识呈现途径；在教学方法上过于整齐划一，"一刀切"的现象仍然存在，忽视学生个性化；在教学规模上，由于时间、空间的限制，教师教授的学生数量受限。凡此种种，皆值得进行进一步的反思。

网络在线教育借助网络的高信息传输速度、灵活多样的传播手段，为学生提供优质的学习资源；打破时空的限制，学生可以根据自身的实际情况与知识储备量自定步调学习，从被动接受者转变为学习的积极探索者。网络在线教育的弊端在于师生之间缺少面对面的交互，不利于情感交流，同时要求学生有较高的自我控制能力与学习能力。

基于"互联网＋"背景的混合式教学混合传统授课与在线教学两种形式，以其之长补其之短，采取二者的优势教学，从而达到更佳的教学效果。对于是否所有的课程都适合用混合式教学的方式来教这个问题，几乎所有教师都达成一致的观点。在一门课程开设混合式教学时，学生尚有足够的精力进行学习与交流，假设每个学生一学期要修 7~8 门课，大家都进行混合式教学，学生的精力显然不够，效果适得其反。我们并不仅仅是为了迎合混合式教学的大趋势而机械地教，不是所有的内容都适合混合式教学这种方法的，教师要根据授课内容选择合适的教学方法。在"互联网＋"大环境推动之下，教师与学生都需要适应数字化的节奏与模式，二者缺一不可。学生要提升学习效率，学会分配时间，进行高效学习，这是网络时代对学生提出的新要求。

## 三、基于"互联网＋"的高校商务英语混合教学模式的构建

基于"互联网＋"的商务英语混合教学模式的基本理念是：在商务英语教学中，商务英语课程中涉及的商务专业知识通过线上教学来输入，线下课堂教学主要用于学生语言输出，开展学生语言技能训练，培养学生的语言能力。基于此基本理念，商务英语混合教学模式的实施可具体分为四个部分：课前准备、线上教学、课堂教学、课后总结，具体如图 4-1 所示：

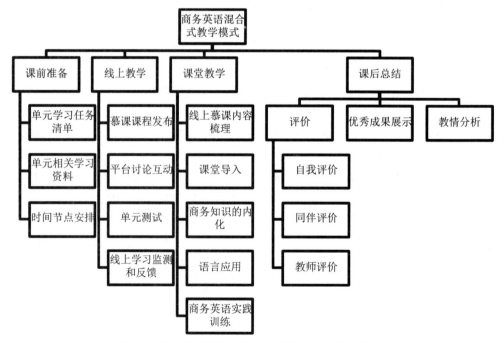

图 4-1　基于"互联网＋"的商务英语混合式教学设计模型

### （一）课前准备

课前，教师将每个单元的学习任务清单及相关的学习资料通过 QQ 群或超星学习通发布给学生，

并将各个学习内容应完成的时间节点告知学生。学习任务包括学习目标、学生应掌握的知识点、学生应完成的作业等，相关学习资料包括本单元课件、音频、视频、阅读材料、拓展材料等，使学生对本单元的学习内容有大概的了解，明确学习方向，事先做好时间规划，为本单元的学习做好充分的准备。另外，每单元学习结束后，老师可依据课前发布的学习任务清单检查学生的学习情况和完成度，学生也可以对照学习任务清单进行自查。

### （二）线上教学

线上教学是商务英语课程相关商务知识输入的主要方式，是混合教学模式中的重要一环。教师依托中国大学 MOOC 平台，挑选与本单元内容相匹配的慕课发布给学生，学生在慕课平台自主学习，在给定的时间段内学完本单元的慕课，掌握慕课中的专业词汇，理解慕课中讲解的专业术语，通过在线测试检验自己的学习结果。学生对线上自主学习过程中遇到的问题可以在线上随时向教师提问，教师可以进行线上答疑，也可以根据教学需要将问题留到课堂上让学生展开讨论。线上教学可以培养学生的自主学习能力，对学生的自律是个巨大的考验。教师可以通过慕课课程管理后台实时监控学生的学习进度，以杜绝少数学生偷懒的侥幸心理；也可以在慕课平台上就慕课内容的某些知识点发布提问或讨论，引导学生自觉参与到线上教学中来。这样，教师可以免去在课堂上花费大量时间解释某个专业术语之劳，而将时间和精力放在学生的语言技能训练上。在线上教学阶段，学生对相关商务专业知识已有一个初步理解，在随后的线下课堂上他们的学习效率将会大大提高，因此线上教学是线下课堂教学的有益补充，为线下课堂教学提前做好铺垫。而且，线上教学不受时间空间的限制，学生可以自主安排时间学习慕课，随时向老师提问。线上学完后，学生还可登录慕课平台，再次观看慕课，反复学习，加强理解。线上教学可以实现学生的个性化自主学习，方便学生课后复习，巩固知识。

### （三）课堂教学

混合教学模式中的线下课堂教学实质上是对线上教学的深化，是对学生在线上自主学习过程中吸收的商务专业知识进行应用并输出的阶段。线下课堂教学可以检验学生线上学习的实际效果，同时也是对学生前期线上输入的知识再加工的过程。

由于在线上学习阶段，学生吸收的是零散知识点，因此在课堂教学开始时，教师需将线上慕课内容进行梳理，使之条理化系统化，突出重点，帮助学生形成一个完整的知识体系。另外，教师可列出学生线上的提问，带领学生快速回顾慕课内容，加强记忆。教师将线上未解答的问题设计成课堂讨论问题，课堂教学从问题讨论环节开始正式进入正题。

1.课堂导入

学生在线上自主学习过程中会产生各种疑惑，对于简单的问题教师在线上教学阶段可以即时解答，对于综合性的问题教师可留到课堂上让学生进行讨论，各抒己见，深化学生对知识的理解。而且学生带着问题进入课堂，可以培养学生对知识的探索精神，提高学生的学习兴趣。教师可以将此环节作为课堂教学的切入点，带领学生逐步从知识的理解深入到知识的应用。

2.商务知识的内化

学生对商务知识的内化主要体现在其对商务英语语篇的准确理解上。学生通过前期线上学习已对相关商务专业知识有了一个消化吸收的过程，特别是专业词汇的掌握和专业术语、商务知识的理解，这是学生准确理解商务英语语篇的前提。学生不再纠结于某个词汇或某个术语的意思，商务英语语篇的理解不再受阻于商务专业知识的缺乏，而是基于学生自身的阅读能力。因此，混合教学模式可以更好地培养商务英语专业学生的阅读能力，只有帮助学生扫清由于商务知识匮乏而导致的阅读理解障碍，学生才能通过不断的语言技能训练取得较大的进步。在这个环节中，商务专业知识的理解是前提，培养学生的商务英语阅读理解能力是目的。该环节在前期线上学习的基础上进行再学习，促进知识的内化，是知识的深加工。

3. 语言应用

对英语学习者而言，对某个话题展开一段演讲是语言应用的常用方式。这种方式对学习商务英语的学生提出了更高的要求，因为商务英语相较于普通英语而言有其独特的语言特征。例如，对于policy 这样一个简单的单词，学生如果不知道其还有"保险单"的意思，就会造成理解障碍，更谈不上语言输出了。因此，商务英语专业的学生先要掌握商务词汇，然后才能应用商务词汇进行表达，这也是笔者认为在课堂教学之前需增加线上教学阶段输入商务专业知识的原因。该环节在前期线上学习和前面课堂环节的基础上进行知识的应用，是知识的输出。

4. 商务英语实践应用能力训练

商务英语是职业应用型英语，因此，商务英语教学应注重学生商务英语实践应用能力的训练。在课堂教学的最后，教师可以设置一些与本单元内容相关的情境，分配角色，让学生分组演练；或者将学生分成若干团队，每个团队分工协作完成某个项目。这个环节一方面让学生对工作场景有个初步体验，另一方面锻炼学生在工作场景中恰当得体地运用商务语言，是对商务英语专业学生综合能力的训练。

（四）课后总结

一个单元学习结束后，学生对照教师发布的任务清单检查自己任务的完成情况，并对本单元的学习进行小结，对自己的学习过程进行反思，发现自身的不足之处，为以后的学习提供参考。除了学生的自我评价以外，教师也可以组织学生开展同伴评价。对于需团队协作完成的任务，教师应鼓励学生对团队成员就任务的贡献度及在任务实施过程中的表现进行评价，让学生能够发现他人身上的优点和不足，从而对自我有更清晰的认知。教师只有深入地了解学生的所思所想，才能更好地引导学生，适时地调整方案，使教学得以有效地开展。

教师依据任务清单检查学生的完成情况，对学生线上学习和课堂学习情况进行反馈，对学生线上线下的表现进行点评，在网络学习平台展示优秀的学生成果，在班上分享学生中较好的学习方法和学习经验，供其他学生借鉴。教师还需对本单元的教学进行总结，发现混合教学模式值得推广的地方，关注过程中各个阶段的衔接和关联，从而使线上线下的学习相配合发挥最佳的效应；对于混合教学模式中出现的问题，找出症结所在，以便在以后的教学中更好地发扬其优点，弥补其不足，使新的教学模式更加完善。教师在学生中间也可以开展各种形式的调研，了解混合教学模式的实际应用效果，了解学生对混合教学模式的看法和建议，以便在以后的实际教学中进行调整，更好地满足学生的需求。总之，教师和学生要相互配合，使混合教学模式的优势最大化，促进其良性发展，最终提高教学质量。

商务英语混合教学模式中的线上教学与线下课堂教学相互融合、相互补充。线上教学是商务专业知识输入阶段，只有做好这个铺垫，线下课堂教学的效率才会大大提高；线下课堂教学是线上教学的深化，通过课堂上知识的深加工、知识的输出和学生综合能力训练，学生的商务英语运用能力才能得到长足进步。

在商务英语教学中，采用线上线下混合教学模式可以改进目前商务英语教学注重学生语言技能的训练而弱化商务专业知识输入的局面，逐步培养学生形成复合型知识结构和知识体系，从而提高商务英语教学质量，培养出既具有良好的语言能力，又具有扎实的商务专业知识的国际化复合型人才，使商务英语人才的培养真正适应市场需求。另外，教师不能把疫情时期的在线教学形式看成是短期的应急教学行为，而要真正转变教学理念，认识到教学方式的变革是大势所趋，基于"互联网+"的混合式教学将成为新常态。因此教师需不断学习，跟上技术革新的步伐，并将先进的技术应用到教学中去，提高教学质量。

# 第4节　基于"互联网+"的多模态商务英语教学模式构建

当今社会信息技术的飞速发展推动了多媒体和计算机网络等传播技术的发展，在很多的交际情景下，多模态形式在我们的生活中无处不在。随着多模态交际方式的广泛应用，国际语言学界于20世纪90年代兴起了多模态语篇分析，即运用视觉、听觉、触觉、嗅觉、味觉，通过文字、图像、音频、视频、动画等多种符号系统进行交际的现象。为了更好地培养社会需要的高素质、多元化、应用型和具有较高外语交际能力的人才，商务英语教学方法也进行了改革，教师在传统课堂书本教学的基础上，更多地运用多媒体技术进行教学以适应时代的要求。这是教学理念的一个转变，是多模态教学模式的表现。在商务英语课堂上，教师能够运用多媒体技术积极调动学生的感官以提高他们对信息的认知和识读能力，能够达到更好的教学效果。

## 一、多模态教学模式及理论基础

### （一）多模态教学模式

模态是指交流的渠道和媒介，包括语言、技术、图像、颜色、音乐等符号系统，其中3个以上感官进行的互动叫多模态，正常人之间的互动都是多模态的。多模态从20世纪90年代开始得到语言学家越来越多的关注，而"多模态教学"概念产生于现代信息技术高度发达的背景下。语言学家韩礼德的多模态话语分析理论自20世纪90年代发端以来，引起国内外学者的日益关注。该理论吸收了各种理论的合理内涵，如建构主义的任务型学习、行为主义的模仿和操练、认知主义的语言信息处理机制、二语习得理论的输入假设及交际理论的交互活动等。目前比较流行的研究是将该理论应用于各类语篇话语分析之中。

近年来，随着人类社会进入"互利网+"时代，校园网遍及各高校，多媒体与互联网对接，实现了广泛的信息互动和人机互动。借助这些资源，大学英语教学课堂一改传统的枯燥乏味，千篇一律，呈现出互动、平等、合作式的和谐气氛。在教学手段上，英语教师以多模态的教学方式选择有声有色的真实语篇材料并进行编辑处理，借助多媒体进行信息表达，通过触觉、听觉、视觉等感官跟外部环境进行互动，实现3种感官以上多模态互动。教师们通过多种模态间意义建构的方式实施丰富多彩的教学。

多模态英语教学模式作为一种借用多种符号内部资源互动来实现的意义整合，属于多模态话语范畴。此理论表明了多模态话语不仅包含语言符号，更多地体现了语言的功能，如概念功能、交际功能和语篇功能；同时也强调综合运用文字、图片、动画、声音等各种符号共同建立一个学习情境；这一模式与信息多元化和技术化的社会交流相契合，顺应和满足了学生在新的识读时代提高自己多元识读能力的要求。运用多模态话语分析理论，教师在教学过程中，促使学生树立多元化的认知理念，加深对不同的国际文化背景的理解，进一步提高多模态接受能力、跨文化交际能力和实践能力。

这样通过学生、教师、课程、环境等对学习过程的影响，学习的主动性、社会性和情境性的多模化理念在教师的教学和学生的学习过程中得到完美运用。

## （二）多模态与多媒体的关系

在当今大学英语教学中，多模态和多媒体教学常常联系在一起。但是，模态和媒体之间存在着既相互联系又相互区别的关系。在我们讨论多模态教学模式时，有必要对多模态与多媒体进行分析，一方面为我们设计计算机辅助教学课件和网络资源提供更加理性化的依据，另一方面各个概念的清晰化有助于教师在教学环节中正确调用不同媒介或模态来提高教学质量。

多媒体的英文表达是 Multimedia，是由 multi 和 media 两部分组成，顾名思义，我们可以把它理解成多种媒体的综合。媒体具有双重含义，第一是指信息储存的工具实体，比如磁带、光盘、磁盘等，这一类叫作媒质；第二是指信息传递的载体，比如文字、图像、声音、数字、颜色等，这一类叫作媒介。多模态的英文表达是 Multimodality，是由 multi 和 modality 两部分组成。从字面意义上看，多模态就是单模态复合而成的。"模态"是一个复杂的概念，福塞维尔给模态下了简单的定义，即模态是利用具体的感知过程可阐释的符号系统。换言之，模态与生命体的五个感官（视觉、听觉、触觉、嗅觉、味觉）联系起来，构建了与五个感官相对应的五种模态，即图画或视觉模态、音波或听觉模态、触觉模态、嗅觉模态和味觉模态。在日常交际中，这五种模态随处可见，且多种模态混合使用。由于对模态的分类很难做出穷尽的界定，福塞维尔把模态细致分类为图像符号、书面符号、口头符号、手势、声音、音乐、气味、味道、接触。多模态是各种生成意义的符号资源。顾曰国教授也提出了多模态互动，即模态指人类通过感官（如视觉、听觉等）跟外部环境（如人、机器、物件、动物等）之间互动的方式。用单个感官进行互动的叫单模态，用两个的叫双模态，三个或三个以上的叫多模态。

简言之，模态是可对比的和对立的符号系统，媒体是符号分布印迹的物质手段。例如，我们在感知客观世界时运用了五种感知模式，相对应的眼、耳、手、舌、鼻就是物质媒介。在英语课堂中，在黑板上写板书、用 PPT 讲授知识框架、用扩音器说话、用录放机播放听力资料，调动了学生的视觉、听觉模态，而黑板、电脑、扩音器、录放机就是表达信息的物理工具，就是信息传递的媒体。多模态和多媒体的关系可以描述为多元化信息内容和传播技术的关系，两者既有区别又有联系。

## （三）多模态教学研究的理论基础

随着多模态交际方式的普遍应用，外国语言学界兴起了多模态语篇分析，信息的传递不再是单一的文字模式，而是包含了音频、视频、立体动画等复杂的形态，这些现代化的多媒体手段对语义的表达起到了推动作用，使信息的传达更有效更生动。多模态语篇的研究大致可以分为两个方面，一方面是依托于韩礼德的系统功能语言学理论，特别是概念功能、人际功能和语篇功能这三大纯功能理论，研究了模态的协同作用，不同符号资源的互补关系及多模态语篇的功能。另一方面是基于认知语言学的多模态隐喻研究。根据系统功能语言学理论，多模态语篇分析吸取了以下观点：语言和语言以外的其他符号系统都是意义的原象，也是意义构建的资源，由多种符号系统构建的多模态话语同样也具有概念功能、人际功能和语篇功能。多模态话语也有两种表达形式，一种是语篇形式，一种是非语篇形式。话语范围、话语基调和话语方式对多模态语篇意义的识读具有重要的作用。

对基于多模态语篇分析理论的多模态教学，胡壮麟指出了克雷斯报道教室中的多模态信息传递的理论基础，从中吸取了这样的观点：所有的模态都具有表达意义的潜势，模态和意义具有社会的和文化的特殊性；在信息传递语境下，由语言本身构建的文字模态或是其他模态通常都是综合在一起，并同时存在、同时操作以达到不同模态之间的互动来表达意义。使用者常常由于要适应信息传递的需要对表达信息的模态进行改变，从而创造新的模态。比如，在口语表达训练中，可以通过播放视频信息的方式，让学生在看后口语复述出看到的视频话语，这样，调动学生的视觉模态变为听觉模态。结合系统功能语言学理论，克雷斯和范·列文构建的多模态语篇的社会符号学理论推动了多模态意义表达的研究。

对于教师的多模态教学与学生的多模态学习，吸取了朱永生提出的多模态话语的识别标准：第一个标准是看涉及的模态种类有多少，运用了一种模态就叫作单模态，比如学生在看黑板上的板书时，只用到了视觉模态；运用两种或两种以上的模态就叫作多模态。在当今多媒体教学中，运用多种模态的例子有很多，比如一些网络教学平台软件运用到了实际教学中，学生可以从电脑中看到教师的文字授课内容，听到教师授课的声音，也可以看到教师授课的具体影像，包括教师的手势语、面部表情等。第二个标准是看涉及的符号系统有多少。虽然一些语篇表达只涉及了一种模态，却包含了两种或两种以上的符号系统。比如，学生在看配有文字、插图、表格的书本时，只涉及了视觉模态，但书本上有文字又有图表，在听力课上听训练材料时，只用到了听觉模态，但是听力资料包含了文字、声音，还有配备的背景音乐，诸如这样的语篇都是多模态的。

## 二、将多模态模式应用于英语教学的思考

为适应时代发展的需要，学者们越来越多地对多模态教学模式进行探讨和研究。当今社会是多模态话语时代，因此教师在思考如何提高自身教学质量的同时，需要更多地注重多模态学习，运用多模态语篇分析知识来指导教学、改进教学方法。根据多模态教学模式，由于教授知识内容的模态不仅仅局限于言语模态，也包括非言语模态，教师在教学中应该注重运用多种模态来调动学生的感官，比如合理运用手势语，正确调用文字、图像、色彩、动画、音乐、空间布局等模态符号完成PPT课件制作，注意课堂话语围度、话语基调和话语方式等。多模态教学是对传统教学模式的补充和发展，从大学英语教学的角度来讲，多模态教学是英语教学方法的改进，也是英语教学改革的结果。大学英语教学包括了很多门课程，包括精读、泛读、听力、口语、语法等基础课程和其他专业英语课程。不同的课程有不同的课时，每门课程都因自身的特点而存在不同的教学目标，所以就需要教师能够因课施教，及时调整教学方法。根据不同的课程，教师就需要选用恰当的模态来组织教学，充分调动学生的学习兴趣和积极性。因此，多模态教学应讲究策略，以下是对多模态教学的几点思考：

第一，教师应根据不同的课程，分析课程特点。根据课堂观察，总结学生学习的特点，这就要求教师在教学中注重思考话语围度、话语基调和话语方式。话语围度指讲授知识的内容和深度。教师根据不同的教学课时和教学任务来掌握内容的深度或难度。话语基调是指教师的性格、爱好等，与此同时，教师还要结合教授对象的特点，如学习基础、接收知识的能力等，因课施教、因材施教，选择合适的教学模态和教学方法。话语方式是指教师根据不同的教学目标选择教学设施或教学环境。比如，讲授纯理论的课程可以采用课堂书面教学，使用口头讲解的形式，也可以选择在多媒体教室运用文字、背景、理论框架表格等模态制作PPT课件的方式；英语视听说课程选在语音室授课，选择模态和谐的多媒体教学资料提高学生的听力能力和口语表达能力。这一点不仅仅适用于多模态教学，在传统教学模式中也是有意义的。

第二，多模态的运用应该注重模态的选择，模态的合理调用也是值得思考的。教师在多模态教学模式下，不仅要了解不同模态对意义的构建，更要明确不同模态之间的协同作用。这样才能在调

用多种模态的时候做到合理准确，将教学效果推到最优化。现代教育技术能够打破传统课堂单一的书本授课模式，具有一定的趣味性，产生良好的吸引力，但是教学模态的选择不是任意的。尽管多模态的教学方法能够带来多元化的课堂，但是如果不讲究模态的选择，教学效果将会适得其反；如果不同模态之间的协同关系处理不得当，就会分散学生的注意力，影响学生的听课效果。在教学模态的选择中应该注意的是以一个主模态为主，其他模态协同主模态为辅的原则，同时也要注重模态选择的最优化和精简化。模态选择的总原则是：充分利用现代媒体技术，最大限度地充分表达讲话者的意义，取得最佳效果。

第三，英语教师多模态教学应该做到促进学生多模态学习。多模态教学模式的推广能够很好地培养学生对知识信息的识读能力。多模态教学就是在多媒体环境下，教师协同运用文字、图像、声音、手势语、身势语等多模态意义构建手段达到最优化最有效的意义表达效果，并指导学生利用多模态手段识读信息，进行意义构建，从而完成教学任务。教学内容可以分为语篇内容和非语篇内容，教材就属于语篇内容，而多媒体手段如图片、视频、音频等则属于非语篇内容。对语篇信息和非语篇信息的识读都具有多模态性。教师在多模态教学时，运用多媒体和网络资源，充分运用多模态知识获取信息，并在合理整合后通过课堂传递给学生。一个成功的多模态英语教学课堂能给师生带来多模态环境下的多元化互动，让学生在良好的感知环境中吸收信息，提高学习效果，提高记忆力，更重要的是能加强学生多模态识读能力和英语交际能力。这也打破了传统课堂很难互动的局限性，使多媒体教学变得更加丰富。学生在体验了多模态教学带来乐趣的同时，在业余时间自然就延伸到了基于网络教学平台的多模态自主学习。

第四，多模态网络教学平台与传统教学模式的结合。在20世纪初，美国的教育专家就提出了网络学习虽然能够很好地实现某些教育目标，但是不能代替传统的课堂教学。由于传统教学模式比较单一，所以，多模态教学因能够充分运用现代教育技术为教学创造模拟的真实情景而更具优势。各种媒体和模态之间的功能具有互补性，在大学英语课堂上利用录放机播放磁带，利用语音室播放影视片段，利用多媒体教室呈现带有文字、图片、色彩等模态的PPT课件等方式能够使教学达到最优化的效果。对于学生来说，离开了教师的指导，学生在多媒体网络技术的学习环境下可能达不到预期的学习效果。因此，教师在进行传统教学的同时，要培养学生对多模态信息的认知与解读能力，并积极加强对多模态网络教学平台的应用，积极参与网络课程的建设，使学生在课堂外也可以通过多模态网络教学平台得到教师的指导，促进师生间的多模态互动。

随着数字传播技术的发展和多模态识读时代的到来，商务英语课堂的多模态化受到了广泛关注。多模态教学是适应时代发展的产物，也是商务英语教学改革的必然结果。多模态教学模式要求英语教师合理调用不同模态，并处理好模态之间的协同关系，构建合理的教学模态。多模态教学对提高高校教师运用多媒体技术的能力和提高教学效果、培养学生多模态识读能力和英语交际能力是极有价值的。因此，将多模态理论运用到大学英语教学实践中是必要的且具有时代意义。

## 三、构建高校商务英语多模态英语教学模式

克拉申的语言输入理论认为，语言输入既不能大大超出学习者尽其所能达到的水平，使其产生畏难情绪，同时也不能使之太接近学习者的现有水平以至没有任何挑战。因此，在高校商务英语教学过程中，教学内容与学生已有的认知结构相匹配，依据学生的认知水平、接受能力等来安排相应的教学活动显得尤其重要。通过设置灵活和动态的多模态课程体系，实施创新的多模态教学手段、教学方法和授课方式、评估手段、师资培养，营造多模态、逼真的语言学习环境等来构建符合现阶

段高校商务英语教学的多模态模式，对解决高校商务英语教学过程中的"费时低效"问题，具有一定的现实意义。具体措施如下：

### （一）设置灵活和动态的多模态课程体系

一般来说，高校商务英语课程包括英语课程和专业课程的教学培养与实践。所以，高校商务英语既是学生学习的基本内容，同时也是他们学习专业知识、掌握专业技能的基础。因此，根据商务英语的特性，各高校应采用多模态优化课程设置，实行小班教学和分等级上课，使每名不同基础的学生都可以得到教师不同层次的关注和指导，在教学过程中实现视觉模态与听觉模态的良好协作，增加每个学生参与课堂的时间和深度，加深和扩大学生与教师和学生与学生的课堂语言交流。具体做法如下：学生入学之初，学院需组织英语基础水平入学考试，从听、说、读、写4个方面来测试学生，并根据学生的测试成绩及对其内在潜力的测试结果来分级别组建外语班级，组织学生进行积极有效的学习。此外，应保持教学的计划性与灵活性的统一，教师对整体的计划要不断地更新，如果教学材料难以满足学生的需要，应积极补充相应的教辅资料，扩充学生的知识面。再者，学习新的教学理念，促进学生养成学习知识的英语思维习惯。通过语言教学来启迪学生的思想和培养学生认识问题和解决问题的能力和习惯，并鼓励学生培养开放性和创造性思维。

### （二）探求开放式、创新的多模态教学手段、教学方法和授课方式

依据创新原则建立多模态教学手段、教学方法和授课方式来进行商务英语教学非常重要。以开放式的原则建立多模态教学手段，可以通过网络和数字资源在教学课堂中使用多媒体，利用幻灯片、投影仪等来创造一个声、图、色为一体的交互式教学环境，如建立英语学习资源平台，建立健全的雅思考试图书和题库资料；充分利用多媒体教室，教师授课使用投影仪、接入 Internet 计算机、DVD 机、无线话筒、音箱，放映从网上下载的最新时事；采用 PPT 文件的播放代替传统板书、通过播放短片来实现多模化资源的整合，帮助学生加深对知识的理解等。

以开放式的原则建立多模态教学方法，通过听觉、视觉、触觉等多种体验，为学生提供声、文、图环绕的交互式训练环境，实行参与式和体验式教学。具体如下：大班分成小班，教师和学生进行适时的课堂沟通，给学生提供更多参与课堂的机会，使英语语言更加交际化和工具化；运用体验式教学来加深学生对有关理论的理解；采用课堂教学与课外网络教学相结合的教学方式，给学生充分的自主权和自我展示的机会，开展合作讨论和自主学习。

选用教材和授课方式的多模态。基于高校商务英语教学效果不佳，教材难度过大，课堂气氛沉闷的实际情况，改变单一模态的教材选用，采用与学生的实际情况相符的教材，注重培养学生对英语国家文化背景、教育体系、社会知识等内容的了解；开展以学生为中心、小班化、互动讨论式授课，从而加速学生对语言知识多方面的掌握，提高商务英语教学的效率。

### （二）营造多模态的浸入式语言学习环境

营造良好的英语学习氛围是促进英语习得者语言有效输入的前提和英语教学的有力措施。我们可以利用图像、文字、声音、多媒体设备等符号资源来营造多模态英语教学的环境。如实物图像的张贴，电视电影作品或者歌曲，播放某个单词出现的特殊的视频或音频，来吸引学生的注意，从而加深记忆。同时构建专门的英语语言区域，通过举办邀请外教参加的英语沙龙或英语角活动来加深师生间的英语环境的有效沟通。此外，配备并提供英文书籍、报纸、期刊、杂志和英文歌曲及电影等资料室，装载英语学习软件，并定期发布各种英语学习方法的网站。甚至还可以组织留学生夏令营、各项英语类型的比赛或晚会等文体活动，通过各种途径来培养学生英语思维能力和语言运用

能力。

一些相关多模态的辅助措施如下：教师利用假期来督促学生掌握专业课的相关背景知识，或推荐相关的课外读物来补充专业方面的知识；学生通过采用多模态信息输入减少他们在专业课学习中的困难，并促进对新知识的理解和记忆；针对不同英语层次的学生进行因材施教，给存在困难的学生进行补课或单独辅导；教师通过做游戏、分析案例和作业来加深和巩固学生对课程理论的理解。

### （四）实施多样化的多模态师资培养

各个院校应根据教师自身的优势来优化师资队伍，进一步规范教师任职资格。如担任英语教学的教师除具备良好的专业素养和业务能力外，同时还需有参加雅思考试的经历，并且雅思成绩达到6.5分以上；配备出国留学归来的教师或国外合作大学互派的教师来担任专业课程的讲授等。此外，为提高教学质量，各高校可通过安排学习优秀教师参加经验交流会，开展岗前培训或教学督导跟踪指导来进一步建立和完善激励和约束机制。

为了巩固教师的业务能力，高校要利用假期组织教师进行雅思考试的培训，熟悉和了解雅思考试整个流程及考前新动态；或组织教师和学员到各个兄弟院校的国际学院进行考察和学习对方先进的办学理念和管理方法；分期分批选送外语教师或专业课教师到国外留学进修，引进高学历、海外留学背景的新教师；开设外教或海归专业人士或成功人士的讲座，加强与学生的交流与互动；参加办学的峰会或研讨会来共同研究课程教授方法、交流教学内容，进一步加强教师间的交流。

### （五）构建多模态评估手段

多模态评价体系是师生共同采用多模态评价模式对教师和学生的教、学成果进行自评、互评。传统教学评价模式无非就是期中考、期末考等单一的评价标准，在多模态评估体系中，多模态教学引入更多的指标和参数，在实践的过程中全方位地记录了学生的认知能力、创新能力、实践能力、团队合作能力等，为全面考察学生提供了依据。同时，通过学生多模态学习和运用信息与资源的程度及师生互动的密切程度，考核教师运用、选择、辨识、处理多模态信息的能力，记入教师的考核评价体系。

基于"互联网＋"的商务英语多模态教学模式，依托当前成熟的互联网技术，因势利导，打破传统课堂的局限，突出学生的主体地位，可以调动不同层次学生学习的积极性和主动性，提高教学质量，是"互联网＋"时代高校商务英语教学改革的必然选择。

# 第五章 "互联网+"时代高校商务英语的教学实践研究

## 第1节 "互联网+"时代的商务英语听力教学

在高校中，学生通过商务英语的学习，最终就是要具有听、说、读、写的能力，从而能够熟练使用英语。然而在实际的教学中，很多学生直到毕业也没能够熟练使用英语，这也成为高校商务英语专业培养人才的症结所在。大量的研究表明学生之所以在学习中遇到困难，还是与我们传统的教学方式有关。在我国传统的外语教学中，受应试教育和民族特点的影响，重视读写能力，对学生的听说能力缺乏必要的关注和培养。对于学习商务英语的学生来说，这些学生在走上工作岗位以后，大都会参与到商务活动中。商务活动的大部分内容就是沟通，沟通不仅靠文字，更多的是语言，是表达和听力。所以，对于高校的商务英语教学来说，应意识到目前存在的问题，并且针对这些问题改变教学思路，着重提高学生的听说技能，从而使得学生能够熟练地使用英语参与商务活动，高校的商务英语教学工作也将会取得更好的效果。

### 一、高校商务英语听力教学概述

#### （一）高校商务英语听力教学的重要意义

1. 听力技能是商务人才的基本技能

语言的传播主要是通过信息的传播和接收来实现的，在这个过程中，"听"和"说"是相互作用的两个方面。过去我国培养的商务英语人才中，大多数人才具有良好的读写能力，但是缺乏基本的听说能力。然而在实际的商务活动中，大量的业务洽谈过程中、会议交流中、电话沟通过程中都需要一定的听说能力。尤其是听力，具备了良好的听力，哪怕说的语言比较少，至少能够听懂对方表达的信息，从而可以用简单的语言来表达自身的态度，而且能够给对方留下谦逊、善于倾听的良好印象。

2. "听"是"说"的重要基础

在语言的教学中，"听"和"说"都是比较重要的技能，也是学习语言的目的，是为了表达和倾听。大量的语言教学证明，听力学习是表达学习的基础。甚至一些人做过教学实验，将学生放在陌生的语言环境中，一段时间以后，没有系统学习这门语言的学生，也能够掌握基本的交流技巧。这是因为在陌生的语言环境中，大量的语言信息通过"听"进入到了学生的意识里。久而久之，学生不但能够听得懂，也会表达得清楚。同时，听、说两种能力是相辅相成的，具备了较高的听力水平，英语的表达能力也将会随之逐步提升。在高校的商务英语教学中，重视听力的教学，使得学生具备良好的听力技能，有助于学生整体上提高英语水平。

### （二）目前高校商务英语听力教学存在的问题

#### 1.对语言背景知识缺乏了解

在实际的教学过程中会发现，一些学生掌握了基本的语法，也一直在练习听力，然而听力能力却得不到提高，很多内容仍然不能在短时间内掌握。究其原因，就是对于英语语言的背景知识和文化缺乏必要的了解。每一种语言都是在一定的文化中产生的，都有独特的表达习惯和表达方式。如果对于语言所存在的背景知识缺乏了解，那么对于语言中的很多特殊的表达，尤其是一些有来源的词语和表达就会听不懂，甚至是产生误解。在当前我国高校的商务英语教学中，很多教师已经意识到了语言背景知识和文化的重要性，然而在实际的教学过程中，对于这部分内容缺乏必要的重视。甚至很多高校的商务英语专业的教师自身对于商务活动的基本文化背景缺乏必要的了解，因此，对于学生的指导就更加无从谈起。

#### 2.学生基础知识薄弱

在语言的学习中，听力技能是一种语言综合能力的重要指标。在听、说、读、写四项基本能力中，读、写能力处于更为基础性的地位，如果读写存在问题，那么听说能力也自然得不到提高。语言的学习是循序渐进的过程，在这个过程中，读写能力的提高需要长期的学习和训练。很多学生读、写基本能力存在问题，没有打牢基础，听力的提高自然就受到了阻碍。显然，学生如果没有掌握基本的语法，或者词汇量不够，那么在听力训练的过程中，对于所听到的内容也就难以理解。在当前高校商务英语专业的学生中，由于基础薄弱而造成听力水平低的学生占了绝大多数。这也是目前高校商务英语专业学生面临的一个普遍性的问题。

#### 3.听力教学方式过于单一

在我国的外语教学过程中，无论是中学还是大学，对于听力部分的教学都是采用教师播放录音材料，学生通过听材料来理解或者做题的方式进行的。这种教学方式对于应试教育来说在短时内有一定的效果，学生结合题目可以选择出正确的答案，但是对于高校商务英语专业的学生来说，他们"听"的目的不是考试，而是能够在商务人际交往中通过"听"来获得准确的信息。所以，过去那种传统的听力教学方式显得过于单一，不能够从真正意义上提高学生的听力水平，不能够满足当前高校商务英语培养人才的需要，亟需进行改革和创新。

高校商务英语听力教学是一个循序渐进的长期过程，它受多方面的因素影响，不可能在短时间一蹴而就，需要付出长期的努力。当前，我国高校商务英语听力教学过程中存在很多的问题，这些问题既有传统教学方式遗留下来的弊端，也有教师自身素质不够和教学方式不当的问题，同时也与学生基础薄弱有关。但无论存在何种问题，只要抓住问题的核心，深入了解听力和语言学习的规律，结合科学的理论指导，结合创新的教学策略，商务英语听力教学就能够取得较好的效果。学生通过提高听力水平，也才能够促进语言综合能力的提升，从而能够满足社会对于商务英语人才的需要。

## 二、"互联网＋"时代的商务英语听力教学

### （一）"互联网＋"增强了商务英语听力教学的可行性

就中国教育的整个流程而言，阶段的英语教学是培养学生基本能力、学习兴趣的关键时期，因此它需要教师创新教学方法，优化教学模式，用有效的手段提高学生对英语学习的兴趣，提高学生对英语听、说、读、写的爱好程度。较之传统枯燥的讲解方法，"互联网＋"本身拥有直观性、多样性的特点，可以丰富课堂教学形式，提高学生的课堂参与度。当教师利用流动的画面、立体化的声响、多样化的听力素材来进行听力教学时，学生能感受到更加灵活的授课方式、更加丰富的英语知

识，其不仅能够随时保持对教学内容先进性的感知度，还能够拥有充分而独立的英语学习空间，享受到轻松而愉悦的学习氛围，让其原本陷入被动的学习状态得到根本性改变。

### （二）"互联网+"优化商务英语听力教学的路径

#### 1.加强学生的课外听力练习，帮助学生树立信心

对于大部分中国学生而言，英语听力学习本身存在着较大的难度，学生很容易在日常所进行的听力练习当中失去信心，进而自暴自弃，不再认真对待。因此，在商务英语听力教学中，教师要注重在平时培养学生的听力习惯，帮助其树立信心。比如，在每堂英语课上拿出一定比例的时间，进行听力练习。就内容而言，不必追求其与上课内容的一致性，可以梯度式呈现，从最为简单、最为基础的内容开始，一切以先帮学生树立信心为第一原则，让学生不要因一时找不到诀窍、摸不着头脑就产生不良情绪。比如，一开始教师可以选择较为简单的画面式英语，让学生可以根据画面内容对听力练习进行一定程度上的内容补充。当学生对英语的语音语调产生一定的敏感度时，教师就可以逐渐增加难度，并开始向英语学习的课程及后期的应试内容靠拢。

#### 2.激发学生的学习兴趣，提升课堂教学效率

语言文字类学习本身就是一个极为枯燥和复杂的过程，再加上中国本身的母语环境和英语的隔离性，导致学生在日常生活中很少有机会使用英语，而且也很难在潜移默化中培养起对英语学习的兴趣。鉴于这一点，在进行英语听力教学时，要综合运用图片、影像及音乐等多方面元素，将立体而生动的课堂内容呈现在学生面前，让其从枯燥的文字桎梏中解放出来，充分锻炼其听、说、看等多种能力，让其在色彩丰富、表达生动的"互联网+"当中产生对英语学习的兴趣。例如，笔者在讲解有关互联网或者其他娱乐性质的英语课文内容时，会选择一些英文电影片段作为本堂课程的引子，激发学生对本堂课的兴趣，从而收到事半功倍的效果。

#### 3.全方位、多角度引入听力素材，营造良好的英语学习语境

随着网络技术的不断发展，各类英语听力软件、听力素材充斥着网络，让人眼花缭乱的同时，也提醒教师必须注重对英语听力教学素材的选择。相对于小众化的素材与软件，最好选择那些拥有一定知名度，并且广受好评的软件与素材。因为其不仅能够保障内容的准确性，同时其内置的多媒体素材拥有足够的清晰度，其英语发音、口语表达的准确性也毋庸置疑。学生长期在这种软件和素材的影响下，等于置身在最纯正的英语环境之中，对于提升其英语听力能力是非常有帮助的。而且这样的听力软件和素材涉猎范围很广，不仅包括教学内容，还包括一定的衍生文化内容，能让学生在进行听力学习时间接掌握一定的英语国家的社会背景及语言习惯知识。

#### 4.加强听力训练，培养听力技巧

当学生的英语听力能力达到一定程度时，教师就要开始注重应试策略的传授，培养学生在听力过程中的听力技巧，培养学生抓住重点词句、提炼关键信息的能力。关于这一点，笔者认为可以利用多媒体课件，让学生在进行听力测试之前，浏览题干，画出题干中的关键词句，或者在播放听力素材时，遇到关键性内容，可以反复播放，或者事先暂停，提醒学生注意某些关键词或者关键语句，让学生带着一种颇为重视的心态，集中精力，去仔细聆听接下来的内容。此外，教师还可以利用多媒体课件，将不同类型的听力题目进行总结，并系统总结出应对不同题目的解题方法，帮助学生在心理上有所应对，以免因为过于紧张，导致其在面对真正的测试时无法进入状态、顺利地解答题目。

当前，高校商务英语听力教学本身面临着高校学生基础较为薄弱及信心不足等问题，因此对于教师而言，如何利用有效的教学手段，培养学生对英语听力学习的兴趣，增强其自信心就显得尤为

重要。在这个过程中，教师可以充分利用"互联网＋"，将多样化的教学资源和教学手段引入课堂，让学生在充满现实感的多媒体影像当中感知到学习英语的乐趣，让其对英语产生跃跃欲试的听说欲望。当然，必须要说明的是，"互联网＋"并不是一劳永逸的教学手段，而且教师在应用的过程中还要注意有选择性、有针对性地引入和利用，避免让学生将过多的情感投入到对多媒体的新鲜感和有趣性上，而忽视了课堂教学本身。

# 第 2 节 "互联网＋"时代的商务英语口语教学

随着科学技术的发展与教育改革的不断进步，中国在国际上逐渐取得了重要地位，因此，中国对外联系更加密切频繁，这就不可避免地需要用商务英语口语进行交流。英语作为重要的沟通语言，人们必须对其教学予以重视。

## 一、商务英语口语教学的特点

商务英语口语教学和普通的英语口语教学不同。最重要的是，商务英语口语有三个重要的特点：实效性、实用性和复合性。这门课程的教学内容涉及日常商务活动，且与社会发展、市场竞争和社会动态息息相关。同时，商务英语口语有着较高的实践性和应用性，能够在实际的商务活动中学以致用。商务英语口语的学习可以给学生更多的发展机会，让他们可以去外国参加贸易实习及担当商务翻译等多种角色。通过与社会实践的结合，学生应该对商务英语所学的内容有全面的理解。除此之外，商务英语口语教学有着复合性的特点，因为它不单纯是用口语交流，还融合了其他相关专业的教学，如商务谈判、国际贸易、市场营销、跨文化交际等，对学生的实际素养要求较高。

## 二、商务英语口语的重要性

随着中国与其他国家之间的密切交流与往来，英语的地位也逐渐上升，为人们所重视。国际联系与贸易的加强，导致我国英语人才紧缺，必须加强对商务英语口语教学的重视，以确保中国与其他国家贸易往来交流的准确性，这是商务英语口语重要性最基本的表现，具体从以下两个方面进行分析：

### （一）利于国家进步与发展

随着经济全球化的发展，我国在商务贸易中与很多国家都有着沟通与往来，使用英语的人数也越来越多，逐渐提高了商务英语的国际地位。商务英语的使用有利于国与国之间的相互沟通和交流，增进彼此合作，促进国家的进步与发展，尤其是外国企业在中国大量落成，也使商务英语人才的需求量逐步增加，因此，一些能力突出的口语人才被引进跨国企业。虽然商务英语只是英语专业的一个分支，但随着全球化步伐的加快，中国也以前所未有的深度和广度参与到经济全球化的进程，这就要求我们培养越来越多的"具有较强的英语语言技能＋一定的商务专业知识"的复合型、应用型人才，因此，强化商务英语口语的训练与教学是非常必要的。

### （二）利于职业需求选取

商务英语口语的发展是当今社会发展的需要，也是当今职业需求所在。从行业上来看，商务英语除了在传统的贸易、物流、旅游等行业发挥重要作用外，也在热门创新产业发展方面发挥了巨大作用。为了更好地适应社会交往与职场生活，更应该加强商务英语口语的学习。商务英语口语不仅是理论基础课程，同样也集合了多种应用性、实践性、技能性的商务实践活动，因此，在学习过程中，学生不仅能够提高英语交流能力，同时也可以获得日常的交际与沟通能力，这些能力的提升对于大学生步入社会谋求职业发展都十分重要。除此之外，商务英语教学还能提升大学生的生活理念与社会管理理念，尤其可以提升大学生的文化素养与工作态度，全面提高大学生的综合素质，有利于大学生步入社会寻求职业发展。此外，学习商务英语口语可以提高大学生多种思维能力，帮助大学生处理商务活动过程当中遇到的各种问题，学会从多种角度思考问题，以更快的速度融入实际交流交往中。

## 三、商务英语口语教学现状

### （一）教材的局限性

首先，目前教学中普遍采用的教材为外贸英语会话类的口语教材，教材内容有些单一，而商务英语口语涉及的范围又十分丰富，不仅包括贸易类，还包括金融、营销、管理、物流、旅游等多方面内容。因此，单纯使用外贸英语教材不符合我国当前经济发展的实际情况。

其次，教材的内容比较陈旧。由于我国社会经济发展迅速，部分教材没有来得及重新编订。随着新课标改革的不断深入，教育教学方法也要不断进行创新，而相关教材却没有及时整改，教材的内容跟不上时代的发展步伐，对商务知识和英语口语表达没有进行及时的更新优化。教材的著作者大多是国内的专家，在语言表达上并不十分准确，缺乏更多全新的材料和案例，其中也会偶有一些语法错误，这削弱了教材的适用性。

再次，很多外国专家也编写了相关的商务英语教材，其中对商务口语部分的论述过于简略，并未专门针对商务英语口语进行注解，口语部分只是粗略地进行了讲解，缺乏系统性和连贯性，不能够适应当今商务活动中的英语交流。

### （二）教学模式的局限性

在教学方法上，教师仍然采用单一的"填鸭式"教学，将商务知识与英语学习分开，使学生无法将商务知识与英语知识结合起来，无法用地道的英语表达自己的商务专业知识。在整个教学过程中，学生是被动接受的，他们的主观能动性和积极性没有得到真正的调动。多数学生不认为自己日后肯定会从事商务方面工作，觉得工作太过于遥远；再加上商业知识学习起来很困难，它离日常生活不是很近，因此学生对商务英语课程有一种抗拒心理。在教学中，教师调动学生的积极性有难度，这使得商务英语口语课无形中成为与普通英语口语课相差无几的传统英语专业课。

### （三）考试制度不完善

受考试制度的影响，当今商务英语口语课的特点并不是体现得十分明显，往往忽视了交流的作用，只注重分数的提升，同时教材内容及教师自身的素养等也影响了学生英语能力的提高。学生在进入大学后，重要的就是进行英语四六级考试，而忽视了对实际英语的使用与交流能力的提升。同样，大学商务英语教学中缺乏口语交流的氛围，学生练习口语的机会很少，英语教材内容也显单一，没有根据社会发展现状而与时俱进，添加讲解新内容。大学商务英语口语教学忽略了国际性的交流，也缺少练习口语的机会。

### （四）文化差异的影响

中西方文化背景的不同导致思维上的差异。体现在英语交流过程当中，由于双方的价值观念不同，学生在学习商务英语口语过程中出现了一定的沟通困难。中国人主要以发散性思维为主，而西方人的思维是直线形的；中国人注重整体的概括与表达能力，西方人则更注重个体的需要，强调逻辑性的综合能力；中国人同西方人进行口语交流时，主要是具体阐述事件的内容，而西方人则会注重阐述事件本身的结果；中国人注重集体性的思想，而西方人注重个人的作用与感受，这些差异在商务英语口语中表现得非常明显，进而导致沟通中出现失误。

### （五）课程设置的局限性

商务英语口语不仅包括商务英语知识，也融合了其他基础学科的内容，对学生综合能力的要求不亚于其他学科。而就当今的教学现状来看，商务英语口语课程只面向商务英语专业的学生，而在课程设置时，往往将商务知识课程和英语完全地孤立开来。在大多数高校，商务专业课程都会请商学院的老师来讲，且课堂上用中文讲授；而在口语课中涉及商务术语时，口语教师认为是商务专业实践课所涉及的内容，因此对术语本身的含义不进行英语讲解，客观上商务知识和英语技能脱节，使学生很难将英语语言表达和商务内涵相联系，也不能将商务知识与英语技能结合起来，从而无法有效地转化为自己的实际技能，不利于英语能力的提升。

商务英语口语并不是单纯地注重口语能力的锻炼，还应该培养学生试听两种能力，既培养学生听英语的敏锐感，又提升学生的观察能力。总之，应全面培养学生的综合素质，确保学生通过学习商务英语口语能够得心应手地进行交流。对于商务英语口语这门学科来说，最重要的就是给予更多的练习：听大量的音频文章，做大量的口语练习，这样才能信手拈来，将口语和视听结合，也就是实现语言的输出与输入，二者相辅相成，保证学生加深理解学习的内容。

### （六）师资力量的局限性

在教学过程当中必须注重教师素质的提升及专业技能的培养，确保教师的引导作用。商务英语口语这门学科要求教师必须有着优秀的英语语言基本功，能够用语音、语调纯正的口语与学生交流，确保学生不会获得差异化的口语内容。商务英语口语教师不仅要了解英语专业，也要了解商务英语专业，同时还要兼具跨文化交际方面的经验和能力。在课堂讲解时，也需要教学技巧，如果没有坚实的商务英语知识基础，就会导致在讲解时含糊不清，学生也会费解。因此，商务英语口语教师要具备跨学科、跨专业、复合型的综合素质。

### （七）练习程度的局限性

口语最重要的就是练习，不断纠正发音。英语最注重的就是听、说、读、写四方面，在商务英语口语的交流过程中，需要明确帮助学生进行口语的正确练习，在不断的练习当中查漏补缺，弥补口语的不足。在进行口语教学过程中，教师要做到情境讲解，表情自然，真情流露，学生才会从根本上愿意用英语沟通，激发起英语交流的主动性和积极性。同时，还必须给予学生足够的机会练习发音，确保发音的准确性，真情实感地表述英语，这不仅可以拓展学生的英语思维，也能够提高学生的整体英语素养和商务英语口语能力。

## 四、"互联网＋"时代的商务英语口语教学

### （一）"互联网＋"时代的商务英语口语文化教学内容改进

"互联网＋"对于商务英语口语文化教学内容的改进，可以体现在时效性、新异性和交融性上。

互联网平台可及时更新和改进文化教学内容。改进英语口语文化内容的时效性，固定板块渗透式的即兴分享，学生快速查找资料实现分享，使用互联网便捷性开展文化专题教育。传统口语只能讲授和开专题讲座，"互联网＋"可通过网络渗透文化，展现英语国家生活、工作、商贸活动的场景。可取材特定主题开展专题讲座，讨论西方国家社交和生活。互联网平台的准确高效，可实现课堂的监督、考勤、签到、互动交流、提交作业功能。利用互联网帮助学生提高听说能力，效果显著。

在"互联网+"背景下，如翼课网智能化平台有强大同步作业板块功能，通过网络布置作业，多次反复对比跟读练习学生不易听懂的句式，学生听说能力提高效果好。

互联网平台从新异性上改进文化内容，更符合学生特点。学生初步具备了一定的口语能力。口语教学打造个人优势，模拟会议的英语交流和简单的口语练习情境，还可紧跟时政，结合国际动态与局势，如贯穿国家领导人更替、贸易战等话题，渗透历史政治文化，有助于增加口语交流的深度。

"互联网+"能促进表达与交融的有效性，这明显体现在口语课堂上。作为语言表达交流形式，大量的交流与对话，使学生语言和思维特点得以展现，灵活运用口语词汇。文化要渗透语言，让学生体会和了解西方文化，思辨理性，融合中西文化达到文化宣传的目的。

**（二）"互联网+"时代的商务英语口语教学形式改进**

英语口语学习三大特征：交互性、实践性和环境性。成功的口语学习离不开习得环境，互联网帮助建立理想平台，促进学生与教师、学生间、学生与教学内容及学生与网络的协作与交流，使认知主体的学生突破时空限制，发挥合作性、主动性，促进认知发展。商务英语口语关系到经贸活动、商务谈判等内容，用音视频和图片呈现，创造真实情景，让学生自由表达、发挥，运用口语时，对以前英语口语知识复习巩固。例如讲授购物的对话，可用"互联网+"视频和商场图片的形式展示，以购物为主题，让学生自行设计对话。扮演服务员和顾客角色感受氛围，实现内容与情景连接。互联网平台提供了改善时间维度的空间，不局限有限课堂，课外学习帮助学生纠音。互联网平台能增进碎片化学习，有助于课前准备、课后反馈，以达到口语教学效果。

"互联网+"对商务英语口语教学的影响可通过空间促进角色转变。互联网平台打破了空间上的局限。外籍教师数量有限，可通过直播平台或视频等引入优质资源和师资。互联网可实现"翻转课堂"模式，教学主体发生变化，教师是引导者和设计者，不再是主体。还可以利用微课学生在线学习等方式拓展知识面。用微课录制发音、语法知识，再将视频传至班级QQ群，学生随时学习，课前预习，课后巩固，利用互联网探究和讨论，及时反馈，微课视频效果较好。互联网平台的大数据形式能精准匹配教学资源。

"互联网+"拓展了学习空间。口语学习应是渗透式、长期的过程。在汉语环境下，学生用英语口语的机会少。"互联网+"提供了多样灵活形式的丰富资源，具有"互联网+口语"平台优势。此种模式的利用，让学生不受地点约束，利用互联网终端学习，为新课程英语口语提供有效的教学策略。

英语学习与口语训练并非一朝一夕之事。高校学生由于英文基础存在一定的不足更需要教师进行精准化教学以提升其口语水平。在"互联网+"背景下，各类教育资源也层出不穷，为学生学习英语提供了更多的可能性。面对高校商务英语口语教学的艰巨任务，教师应当合理利用已有的互联网教学资源，通过相关的英文教学平台为学生提供更加丰富的学习资料，以获得更优质的教学成果，与学生之间实现教学相长，努力探索并创新口语教学课程方案。对于学生而言，口语能力的培养是不断积累、不断训练的过程，增强口语水平、提升交际能力是迈向社会的时代要求，需要学生加大提升自主学习英文的意识，促进自身英语口语能力提高。

# 第3节　"互联网+"时代的商务英语阅读教学

商务英语阅读是一种特殊的阅读，它的研究对象应该是在这一特定语言环境下所使用的专门用途英语，它不应是基础英语阅读的简单延伸。商务英语的教学不同于以传授语言知识为主的基础英语课，也不同于以传授专业知识为目的的专业课，而应是"语言＋信息"的综合式的课程，强调融英语学习和商务知识学习于一体。一方面，要重视加强英语阅读能力与良好阅读习惯的培养，从而提高英语理解能力和实际运用能力；另一方面，要重视商务知识和技能的学习与训练，即以语言为载体，以阅读为手段，把核心的商务内容放在其中，通过引导学生阅读商务文体的语篇实现其对商务知识的掌握。学习本课程可以使得学生语言能力和获取商务信息的能力相互促进和提高，归结为学生商务交际能力的提高。

## 一、商务英语阅读教学中存在的问题

商务英语阅读具有特殊性，在实际的学习及教学过程中，存在着不少的问题。现从教师和学生两个方面加以分析。

### （一）教师方面

#### 1.专业人才师资缺乏

担任商务英语阅读课的教师大都是学语言出身，他们大多拥有良好的英语语言功底，英语水平较高，但是对商务知识的了解不是很透彻。许多教师从学校毕业后直接走上教学岗位，没有相关的商务背景或者商务活动工作经历，同时缺乏针对相关任课教师的专业知识培训活动，他们在讲授商务英语时，只能是现学现教，许多内容流于照本宣科，缺乏对知识内容的深入透彻讲解，这在很大程度上影响了学生对于知识的理解与掌握。另外也有一类教师是经济学出身，他们通常有一定的经济贸易理论基础及实用知识，但英语语言水平不是很高，同时也缺少实际工作经验。总体来讲，商务英语授课教师在专业知识与实践方面的欠缺是影响商务英语教学效果的一个重要的制约因素。由于缺少专业人才师资，这门课程的师资力量配备比较随意，师资在低水平徘徊，很大程度上妨碍了教学效果的提升。

#### 2.教学方法不当

目前的商务英语阅读课的教学方法单一、陈旧，没有突出以学生为主体的作用，无法激起学生的参与热情和阅读兴趣，从而无法使学生形成良好的阅读习惯。在很多学校中，由于对阅读课的不重视，老师对阅读的教学研究不够，很难形成行之有效、科学合理的教学方法，于是学生的阅读能力也很难提高。

很多教师在实际的教学过程中重语言轻商务知识，他们往往花费大量的时间讲解词汇句子等语言知识，而忽视阅读策略与良好阅读习惯的培养及商务知识的传授和商务信息的整体把握。这就造成了学习过程中学生只见树木不见森林的局面。

### （二）学生方面

#### 1.不良的阅读习惯

良好的阅读习惯是提高阅读速度和阅读理解能力的先决条件。然而，在实际的教学过程中发现许多学生存在着诸多不正确的阅读习惯。如：指读，即学生阅读时习惯用手、笔等指着阅读内容，视线随着手指或笔尖的移动而移动；有声阅读，学生在阅读时发出声音；回读，是指读者在阅读中，重新阅读刚刚读过的内容或反复寻找先前读过的信息而不能继续读下去以获得完整的意思；译读，即一边读，一边在心里有意或无意地把英语译成汉语，然后进行理解；过分依赖词典，有些学生在阅读过程中经常见生词就停下来查阅词典，不会根据上下文语境来猜测词的意思。这些不良的阅读习惯一方面影响阅读的速度和阅读的思路，另一方面极大地影响了对所读文本的连贯性理解。

2.词汇问题的困扰

商务英语阅读过程中往往会出现很多外贸经济等方面的专业术语或半术语，一些常见词汇意思也可能发生改变。在教学中学生常常会反映文章生词太多，理解有困难，而在阅读过程中经常查阅词典也很容易使学生丧失阅读兴趣。

3.商务背景知识的匮乏

阅读不仅靠读者的语言知识，还取决于读者怎样把一篇文章所表达的内容与自己的知识联系起来。学生阅读能力低不仅仅是词汇量少等纯语言问题，也受非语言因素如背景知识匮乏的制约。商务英语阅读内容相当广泛，涉及经济、商业、金融、商业文化、市场营销、信息技能、旅游等各个领域，对材料所涉及的相关知识学生大多并没有太多的了解与学习，这就造成了实际阅读过程中的理解困难。

## 二、"互联网+"时代的高校商务英语阅读教学改革

传统的"翻译讲授型"教学模式在商务英语阅读教学中的应用也存在一定的缺陷，并且教学效果也不理想。互联网在教学资源优化配置中起了极大的作用，因此催生了翻转课堂、慕课、微课等新型网络教学模式并冲击了传统教学模式。在顺应"互联网+"的时代背景发展趋势下，改变传统课堂，立足以"教师主导，学生主体"的理念来优化教学，提高学生的语言综合素养和学习能力，商务英语阅读课程教学亟需改革，导入新的教学模式。

### （一）"互联网+"背景下的商务英语阅读教学内容

商务英语阅读课由大量的英语文章构成，内容繁杂，由于课时有限，教师要完成诸多的教学内容非常困难。所以在教学内容的选择上，教师应根据学生的实际情况，对教学内容进行改革，确定哪些内容为学生课堂阅读内容，哪些内容可不涉及以供学生课后作为补充性阅读及网络资源自主学习，以保证学生在掌握阅读技巧的同时能够更高效地把握主题学习，并参与到动态交互课堂中。

依托互联网技术，以网络教学平台为辅助，通过建设网络课程学习班级，在课前和课后为学生提供商务背景知识、阅读技巧、课后拓展性知识、网络测试等内容，能够帮助学生更好地进入线下课堂学习和巩固知识。具体操作如下：

教师课前安排学生完成网络平台上的背景知识预热、阅读技巧学习，并限时阅读指定的篇章，完成既定练习。在课堂教学中教师给出阅读篇章的总体框架、体裁分析，并对重难点进行梳理。学生进行独立思考和内化教师所讲内容，教师对学生在阅读中遇到的问题进行逐一答疑。最后以小组为单位进行全班集体讨论，实现生生互动与师生互动相结合，在学生互相解答问题的同时，教师需把控方向，最后解答学生不能解答的问题，进行最后课堂总结。课后安排学生完成网络平台的测试题，进行拓展性知识的补充学习。

### （二）"互联网+"背景下的商务英语阅读教学方法改革

传统的商务英语阅读教学模式容易形成满堂灌的课堂，以教师为中心，学生记录听课笔记，无法完全激发学生对阅读篇章的思考，将"互联网+"融入教学方法中，它将有效结合任务驱动式教学法、启发式教学法、交互式教学法、研讨式教学法与探究式教学法。

教师利用网络教学平台和多媒体信息化手段为学生在课前和课后提供阅读篇章商务背景知识、阅读技巧、课外知识拓展等的输入。在课前任务驱动下，学生可独立对教师上传的学习资源进行内化吸收，并引发思考，能总结收获，提出新的问题。课堂中，教师就重难点知识进行讲解，留有一定时间让学生内化总结，并最后将讨论环节设置为全班针对某阅读篇章的集体讨论，通过师生互动

和生生互动来避免教学模式的单一化，使其变得多元化和多维化，从而启发学生的思辨能力，开阔学生视野，提高学生的发散思维能力，教师也能获得最有效的学生反馈。

### （三）"互联网+"背景下商务英语阅读教学的评估方式

"互联网+"背景下的商务英语阅读课程将改变以往终结性评价模式，重视过程性评价，引入"过程性评价+终结性评价"的融合评估方式，即将平时的课堂评价、学生的课外作业完成情况与期末评价结合起来。对于学习商务英语的学生来说，既要夯实英语基础知识和技能，又要学习相关商务背景知识，面对双向学习目标，不同学生个体都有一定的压力。作为商务英语专业教师，应帮助学生逐一突破问题，提高学生学习的积极性，而对过程性评价的重视将有效引导学生注重平时学习的积淀，不再仅仅关注最终的卷面成绩。

平时的课堂评价包括学生的自我内化总结、独立思考过程和课堂讨论等情况。课外在网络教学平台给学生布置补充性阅读、网络测试题，检测学生对所授阅读技巧的实操情况。期末评价为统一组织的有关基础知识和实际运用能力的闭卷考试，其所占比重安排为：平时课堂评价（40%）+课外作业（10%）+期末评价（50%），这种评估方式把学生的知识学习和能力评价结合起来，将强化学生的学习动机。

## 三、对于"互联网+"融入商务英语阅读教学的思考

### （一）变传统静态课堂为动态交互式课堂

将"互联网+"融入商务英语阅读教学，改变了单一的"讲授型"教学模式，使传统、静态的商务英语阅读课堂转变为动态的交互式课堂，使学生在电脑端的网络平台或移动端的学习App里获得课前的知识预热和课后的知识巩固和拓展，并在课堂中通过教师授课、独立思考内化、集体讨论答疑三个环节来更深层次地理解阅读篇章的主题和商务知识，并从语言现象发掘更深层的问题，同时加深对阅读技巧选择的思考。

### （二）过程性评价培养创新思维与探究能力

将"互联网+"融入商务英语阅读教学，能培养学生的创新思维能力和探究性学习能力。激发学生的创新思维能力，让学生通过电脑、平板或手机完成课前知识的预热，积极参与课堂讨论，发挥学生的主观能动性和团队合作精神，课后在网络平台或App进一步检测并巩固所学知识，获取拓展性知识，使学生对自身学习获得自我反馈，教师获得即时的教学反馈。

同时，学生通过线上互动合作学习小组也可以克服孤独感，提高学生的自信和交往能力。课堂学习和线上互助合作小组学习是一种互相促进互为补充的理想学习模式。线上互助学习，大家可以搜索对于课堂教学有帮助的音频、视频及各种背景资料，在同一个微信聊天群里，这些资源可以实现跨越时间限制和空间限制的共享。在课堂学习的有限时间里，学生无法完成深刻搜索和充足的准备工作，所以课堂交流容易表现得缺乏深度和广度。课前充足的准备工作避免了重复劳动，学习效率得到大大提高。有了课下线上微信、QQ、邮件群里的互动，大家减少了陌生感，课堂交流时不会紧张，这样有利于高效率的输出和清晰的表达。大家有话可说，也敢于讨论，敢于争辩。

### （三）有效提升师生双方课堂积极性

基于传统的教学模式，教师倾向于按部就班地将教学重点放在教材上，完成教学计划，而学生所接收到的知识也局限于教材，在课堂上阅读的内容有限。这种教学手段忽视了阅读课激励学生多阅读，主动获取知识和扩大阅读面的目标。互联网承载的海量数据可以对商务英语阅读教学课程教

材进行有效的完善。网络平台有大量优秀阅读资源，如果老师筛选后通过互联网平台发送给学生课前预习使用可以很好地解决课堂内容单一的问题。补充阅读内容可以提升教材的时效性。我们的教材往往花大力气耗费数年得以出版，内容上往往和比较新的内容脱节，很难吸引学生的注意力，如果借助网络平台推出新的时效性很强的文章可以极大地吸引学生的注意力，让他们发挥主观能动性自觉自愿投入大量时间和精力自主学习，提升学生的阅读积极性，也提高了教师的积极性和工作效率。

总之，"互联网＋"作为商务英语阅读教学改革的"新思路"，将有效促进课堂师生互动与生生互动，融过程性评价与终结性评价为一体，将静态课堂教学转变为动态交互式课堂教学，并使课堂教学向课内外一体化转变，它的推广应用需要广大一线商务英语教师的共同努力，并值得后续学者们继续深入研究与探讨。

# 第4节 "互联网＋"时代的商务英语写作教学

互联网＋"是互联网思维进一步实践的成果，推动经济形态不断发生演变，从而带动社会经济实体的生命力，为改革、创新、发展提供广阔的网络平台。"互联网＋"是利用信息通信技术及互联网平台，让互联网与传统行业进行深度融合，创造新的发展生态。随着硬件的高速革新和软件的高度智能化，教育正发生着一场革命。在这场教育革命之下，高校商务英语写作的教学也亟待改革。

## 一、高校商务英语写作教学存在的问题

商务英语写作作为高校商务英语的主干课程之一，是以英语书面语进行商务沟通以达到各种商务目的的一种表达手段，是以文章为信息传播的载体，以推动经济发展为其应有目标的社会实践活动。商务英语写作是一门实践性、实用性很强的课程。懂得商务知识是进行商务写作的基本要求，同时又需要融商务知识、英语写作和商务写作技巧于一体，缺一不可。与普通英语写作相比，商务英语写作在写作目的、内容、方法、题材、语体、格式等各个方面都体现了其独有的特点。也正因如此，商务英语写作课程的教学具有特殊性。它的前序课程包括基础英语写作和商务英语，学生在掌握了基本的商务知识和写作知识的基础上，通过一系列写作方法的学习和商务场景的操练，以达到本门课程的学习目的。商务文本的写作过程是一个解决问题的过程，它要求教师提前设置商务场景、提出需要解决的问题，学生通过酝酿组织写作思路、配合写作技巧、注重写作格式，设身处地地将商务问题以书面写作的方式有效地解决。理论的阐述并不难，实践起来并不简单。商务英语写作教学长期以来都存在着一系列的问题和困境。一线的教师们也在做着一系列的努力，然而大多数情况下，教学效果并不明显。教师煞费苦心，可学生依旧怨声载道。针对这种情况，当前需要对商务英语写作教学的弊端进行彻底的分析研究，从而找出有效的解决办法。

### （一）教学定位模糊

高校商务英语写作教学能够高效率开展的保证是教学定位清晰，教师和学生都要明确该门课程的教学目的。商务文本在商务沟通中有重要作用，商务英语写作教学的重要性不言而喻。商务英语写作课程有着较强的实用性，要求学生能够凭借自身的商务知识和写作经验准确流利地书写商务文本，并通过文本来传递信息。但是，高校教师和学生普遍没有认识到这一点，教师设计的教学活动与学生的学习需求相脱节，往往过于侧重理论教学，学生在学习中得到的实践训练机会少，学生对背诵范文感到兴趣索然，学生的学习兴趣不高，学习态度过于敷衍。长此以往，商务英语写作教学

的实效性将会大大削弱。

## （二）教学内容混乱

在商务英语写作教学中，教学内容涵盖的范围越广泛，知识之间的关联性越强，这无疑会让学生的印象越深刻，让学生对商务知识的理解也越透彻，学生在应用商务知识来写作时也会愈发得心应手。可是高校商务英语写作课程运用的教材包含的写作题材较少，且商务知识大多比较陈旧，与新时期商务英语文本的写作要求严重不符，正是因为高校在教材选择上不够科学，致使学生不能够深入透彻地把握商务知识，很难将其准确地应用到所书写的文本之中，写作能力也处于较低水平，这给商务英语写作教学增加了一定的难度，高校商务英语写作课程的设置价值也无法充分地体现出来。

## （三）教学方法陈旧

教师在商务英语写作教学中所使用的教学方法得当与否将直接影响到学生的学习积极性，对于教学氛围的营造更是有着显著的影响。有些教师的教学观念仍然停留在灌输式教学阶段，不关心学生的真实想法和学习需求，反复地向学生讲解商务英语词汇和语法，却鲜于与学生进行沟通和交流，也很少运用现代化的教学手段，沉闷的课堂气氛让学生昏昏欲睡，学生对商务英语写作课程产生了厌倦感，他们觉得这门课程不是十分的重要，无需投入过多的时间和精力来学习，殊不知这种错误的认知让学生的商务英语写作能力迟迟得不到提高，继而造成了恶性循环，给高校商务英语写作教学的长效开展带来了负面的影响。

# 二、"互联网＋"时代商务英语写作教学的改革

随着我国经济的高速发展，多媒体技术的实时更新，大数据时代的来临，信息化及微资源的应用已经成为不可逆转的趋势。微资源包括微课资源、慕课资源（MOOC）、微视频资源、视频公开课资源等。微资源的应用在课程组织形式上的表现之一就是翻转课堂。2011年12月，翻转课堂教学模式开始引入我国。现在越来越多的学校实践翻转课堂教学模式，取得了一定的成效。翻转课堂不受学时的限制，教学模式不受限制，师生互动、交流、探讨更加灵活多样，而且教师能关注到学生的个体差异，给予单独指导。

建构主义学习理论认为，知识是学习者在一定的情境下，借助其他人的帮助，利用必要的学习资料，通过意义建构的方式而获得的。它强调学生是学习的主体，是知识的主动建构者。将信息技术和网络技术应用于商务英语写作教学，把翻转课堂与职场环境的创设结合起来，能极大地调动学生的学习积极性和主动性，给商务英语写作教学注入新的活力。在商务英语写作的过程中应将微资源应用与职场情境的创设、任务驱动相结合。应用网络上的微课视频、各种公开课、Flash动画及英语写作APP等来创设职场环境，营造商务工作场景，让商务英语写作课堂生动化、职场化。写前人机互动、储备知识；写中写后生生互动、师生互动，内化知识，形成素质。

## （一）写前储备知识

课前知识的储备主要包括相关的商务知识，商务条款、法规，企业资讯，商务英语写作范例及最新的商务词汇，务求新鲜、务实、紧跟时代。这个环节可以由以下多种方式达成。

1.利用网络资源。教师课前进入多个MOOC网站，搜寻商务英语写作该项目的相关资料，提供网络资料库资源供学生学习参考。相关资源网站有：网易公开课、好大学在线（CN MOOC）、学堂在线、慕课网、MOOC学院、淘课网、教头网、ewant、edx等网站，这样可以减轻教师的工作量，

也可吸引学生的兴趣。

2.微课制作。在网站上找不到适合的教学资源时,教师就要针对该项目的主题精心设计微课视频。这种方式的优点在于更切合学生的实际,并能加入时事热点,吸引学生兴趣,补充热点词汇,如在介绍邀请函的制作时恰逢习近平主席对英国进行国事访问,在制作微课视频的时候,就加入了习主席携夫人出访的相关视频资料,补充了英国的文化背景、着装礼仪、餐桌礼仪及相关的表达用法,既吸引了学生的兴趣,帮助学生体验了跨文化交际,又拓展了跨文化交际的知识。同时,又导入了邀请函的制作要点、格式体裁。

3.学生自主学习。"互联网+"时代00后学生从小接触电脑、智能手机及网络,能够进行移动学习及自主学习。教师可在课前把教学任务项目化、把学生小组化,让学生根据项目内容,制作相应课件,提供相应题材的小视频,然后进行展示。在这个过程中学生参与度较高,在准备过程中学生就是在学习真实的商务活动、语言材料。网络的交流为学生提供了真实自然的交际情景,刺激他们用英语进行文字、口头交际的愿望,从而活学活用。比如在投诉信的教学中,学生创设工作情景,模拟11.11网购出现质量问题进行的投诉、索赔、理赔等一系列工作,写作相应的商务信函。

写前的知识储备,既要有词汇、写作格式、写作技巧、写作特点的积累,又要有相关的语言知识、沟通知识及文化知识的掌握。互联网为学生提供了真实的职场环境,教学内容接近真实语料,而且不受学时限制,学生可以反复观看,深化了解,层次较差的学生可以较好地掌握理论知识。这样不仅提高了教学效率,而且优化了教学效果。

### (二)写中自主移动学习与小组协作相结合

1.创设职场环境。模拟职场环境是连接知识与实践最行之有效的方法。学生在写作过程中进入角色,模拟商务流程,模拟企业的商务活动,进行仿真训练,加深了对知识的理解。通过实践,学生深入了解及熟练各个商务环节,毕业后能零距离适应工作。

2.利用电脑、互联网、移动设备进行自主移动学习。学生利用英语写作辅助软件,如:"易改英语写作辅助软件""英语作文批改软件"等对自己的作品进行反复提交、修改、反馈。这两个软件能对英语文章进行拼写校正,检查语法,还为文章润色,对于提高写作质量有很大的帮助。学生展示出来的作品是比较成熟和完善的,这也有利于学生克服写作焦虑、体验成功,从而增强学习信心,促使学生爱上写作。

3.小组协助。写作软件可以对学生习作的语法、拼写进行检查甚至修改,但是无法对习作的格式、特点进行反馈。这个时候,小组协助的作用就体现出来了。学生可以在动笔之前也可以在动笔之后甚至是在写作的过程中进行讨论,对存在的疑惑、各自的学习情况进行讨论,也可以对各自的习作进行交流、探讨。这个过程可以是面对面的,也可以通过互联网,通过多种网络沟通平台展开。小组协助是一种非常有效的提高小组成员写作能力的方式,而且培养和发展了学生的团队协助精神。

### (三)写后师生互动

1.课堂讲评、内化知识。

学生的习作完成之后,就进入了课堂教学、师生互动环节。各组代表用多媒体手段展示各组作品,进行提问和讨论,并综合评价,反馈各组的表现、长处和不足。教师通过学生小组协作反馈的意见,对学生的习作进行展示、纠错演示、交流探讨、评价,并传授新知识(技能),对学生普遍存在的知识盲点进行讲解、梳理。学生通过前两轮准备及自主移动学习对自己存在的不足及需要解决的问题已经心里有底,在这个过程当中学生学会独立思考,成为知识的"发现者",并为自己的"发现"而满足，产生自豪感，发挥更大的主观能动性。

通过教师的点评、讲解，学生理清所学知识的要点、层次、语言、文体等，内化成自己的知识体系，准确把握职场工作要点，拓展相关商务知识，提高写作能力。

2.课后实践、拓展知识。

教师把学生的成功习作上传到学生群，让学生课后交流学习。布置拓展任务，以项目小组化形式，让学生通过互联网，移动自主学习，拓展同一主题相关知识。学生经过一轮的写作操练、修改，逐渐拓展了思维能力、工作能力，提高了各种职场工作水平，而且有助于培养学生的自主自觉学习习惯。

在整个教学过程中，教师不再起主导作用，而是组织者、指导者、促进者和帮助者及监督者。教师要注意加强对学生自主学习的监控，避免学生出现自制力差、沉迷于网络的情况，建立有效的评价机制。

"以学生为中心"的"互联网＋"教学模式中，学生成为教学过程的主体。学生的学习不再局限于课本的内容，不再是单纯的学生，而是融入工作内容的准职场工作人员，网络媒体为学生创设了一个工作场景，让学生提前适应职场，成为学生主动学习、探索的手段。

"互联网＋"充分发挥互联网在社会资源配置中的优化和集成作用，不仅将互联网的创新成果深度融合于经济、社会领域之中，提升了社会有形的创新力和生产力，而且在教育领域提升了无形的创造力。"互联网＋"已经改造影响了多个行业，教育业也是其中很重要的一部分。在教学中，教师应针对商务英语写作的教学特点，充分利用多媒体技术，开拓创新，积极实践翻转课堂，通过创设全方位的工作场景，避免抽象性和枯燥性，充分发挥学生的学习主体作用。教无定法，商务英语写作的教学模式还有很多种，在教学中应灵活运用，充分发挥学生的主体作用，调动学生的学习积极性和主动性，提高学习能力及实践能力，让学生能零距离接触工作任务。

# 第六章 "互联网＋"时代高校商务英语的教学评价研究

## 第1节 教学评价概述

教学评价是日常教学过程中不可或缺的重要环节，是教师了解教学过程、调控教和学的行为、提高教学质量的重要手段，下面我们就对教学评价的定义、体系结构和功能等进行简要阐述。

### 一、教学评价的界定和理解

教学评价是以教学目标为依据，按照科学的标准，运用一切有效的技术手段，对教学过程及结果进行测量，并给予价值判断的过程。教学评价是对教学工作质量所作的测量、分析和评定，它包括对学生学业成绩的评价，对教师教学质量的评价和进行课程评价等。

#### （一）教学评价的对象、范围和地位

随着时间的推移，教学评价从早期以学生学习结果为对象，逐渐扩大了应用的范围。现代教学评价以教育的全领域为对象，已成为整个教学系统不可分割的有机组成部分。从宏观到中观、微观，各种教学现象都可以作为评价对象，而且不仅是教学结果，教学计划、教学活动和教学过程也可以作为教学评价的对象，这就意味着现代教学评价已经成为现代教学中不可缺少的一部分。因此，必须正确认识评价在整个教学系统中的重要地位，必须明确每项评价的具体对象。

#### （二）教学评价的目的和作用

这涉及评价的指导思想和教育观等基本理论问题。教学评价是为了鉴定、考核，还是为了推动、改进；是为了选拔、淘汰，还是为了教学、发展？这是两种不同的教育观和评价观。过去传统的教学评价偏重于鉴定、筛选的功能，其目的是为"应试教育"服务，而现代教学评价则强调评价的反馈、矫正功能，即调控功能，其目的是诊断评价对象的现状，以便发现问题，使教育、教学工作不断改进、不断完善、不断适合教育对象的需要，为促进学习者全面发展和提高教学质量服务。

由此可见，教学评价的目的在于：为教学决策提供信息和依据，为改进教学服务的过程、为不断完善和改进教学过程、为提高教学质量服务。

#### （三）教学评价的依据

价值判断是教学评价的本质特征，是教学评价的核心。根据什么进行价值判断？如何进行判断？这就是价值判断的实质和关键。必须有一个衡量和判断的客观依据和标准，也就是教学的价值目标和标准问题。它涉及什么是价值、教学价值、教学价值观的问题。我们应当根据马克思主义价值观和社会主义现代化建设的需要，根据人才成长发展的规律，确立我们的教学价值观和价值取向，确定教学评价的价值目标和标准。从这个意义上说，教学方针、政策和教学目标就是我们的教学价

值观的集中体现，我们应当以教学方针和教学目标为依据确定评价的目标和标准。根据评价目标、指导思想，价值判断的内涵应包含获取多方面信息、分析解释和综合判断三个方面，从而得到判断结果。

### （四）教学评价的手段

教学评价是运用科学的方法和手段，对教学现象及其效果进行测定的价值判断活动。教学评价的科学性在很大程度上取决于方法和手段的科学性。离开了科学的评价方法和手段，就不能称之为现代教学评价。

## 二、教学评价体系的结构

### （一）价值目标和标准

是指根据社会政治经济的客观需要和人的发展规律的要求设计或制定的教学目标、培养目标和课程标准，以及根据这些目标设计的评价指标、标准等。具体来说，也就是实施教学评价所依据的评价标准体系。

### （二）组织机构和人员

是指实施评价的组织机构、领导人员和评价者。一定的评价任务要求设置与之相适应的组织机构和人员，或领导小组和负责评价的人员。目前我国教学评价的实施，还没有专门组织机构和负责评价的专业人员。从评价方针的需要看，建立评价制度和设置专门机构是必要的，但就学校内部而言，一般由有关教师、班主任、学生家长参加学校内部评价，同时也吸收被评价者以自我评价的形式参加。

### （三）评价方法和技术

是指实施教学评价的技术和方法、基本技能和能力，其中包括各种搜集评价信息的方法和技术、统计处理评价信息的方法和技术及进行综合分析判断的方法和技术等。

### （四）评价对象与评价人员的心理调控

是指参与教学评价的主体与客体双方在评价过程中所表现的动机、需要和人际关系等心理状态，它直接影响评价过程、评价程序的顺利进行，影响评价任务的完成，因此对评价主体与客体的心理调控具有重大的意义和作用。只有通过各种调控取得及时的有针对性的有效控制，才能保证评价的效果，达到评价的目的。

## 三、教学评价的意义

评价功能是教学评价系统结构的内在机制，是构成评价系统的各个要素的组成形式在运动状态下所发挥的功效，是评价系统内部所固有的一种潜在能量。这种潜能只有在评价实践中才能表现或释放出来，这种功能的外在表现就是作用。根据这一理解，一般认为教学评价有以下几种意义：

### （一）教学评价是教学管理的重要组成部分

教学管理的各个环节都需要评价。没有评价的管理是一个不完整的管理系统，无反馈机制，这是一种不科学、不健全的管理。有评价的管理，能及时反馈信息，及时发现问题、解决问题，这是一种闭合回路的管理系统，是一种科学的管理。因此，可以说，没有评价就没有科学管理，缺少评价，任何管理都是不健全、不科学的。

## （二）教学评价是深化教学改革的重要措施

要进行一项教学改革，首先要进行改革方案的可行性评价；在改革进程中，必须加强形成性评价；在某一改革告一段落时必须进行终结性评价。只有这样才能避免盲目性，确保教学改革沿着健康的轨道发展。

## （三）教学评价是全面提高教学质量的重要手段

通过教学评价，可以获得学校各项教学工作的有效性及学生各方面发展情况的反馈信息，及时总结成绩，纠正偏差，使教育教学工作持续、全面地保持良好状态，从而有效地促进学校教育和教学质量的提高。

# 四、教学评价的功能

## （一）导向功能

教学评价具有指引方向的功能。评价目标、指标体系、评价标准，就好像引导航行的"指航灯"，评价标准所肯定的内容，就成为有价值的、值得追求的东西；评价标准所否定的内容，则会成为人们所舍弃、回避的东西。评价目标、指标体系，可以为学校指明办学方向，为教师与学生指明教与学的奋斗目标。

评价的导向功能是客观存在的，不以人的意志为转移，它对教育目的的实现和方针的贯彻有相当强的制约和保证作用。教学评价是根据教学目标进行的，它通过对现状与目标之间的距离的判断，能有效地促进被评对象不断接近预定的目标。所以，教学评价具有导向功能。

## （二）监督检查功能

教学评价还具有监督检查功能。社会各界要了解、考察教育的发展状况，教育行政领导部门要对学校工作进行指导与管理，学校本身要对师生的教学活动进行调节和控制，教师要对学生的学习进行监督和帮助，都需要具有检查监督功能的形式和手段，即教学评价。利用评价的这个功能，我们可以全面地掌握教育的各种情况，敏锐地发现问题并及时加以解决，对任务完成数量与质量进行控制，为促进、提高教育活动的有效性提供科学的依据。

## （三）激励功能

教学评价会激发被评者争先的欲望和情绪，从而创造出一种正式或非正式的竞争环境。在教育与教学管理中，根据工作的特点和活动的规律性，我们可以有意识地利用评价来强化评价对象间的竞争情绪，这样，不仅能起到激励先进、鞭策后进的作用，还可以使评价者预先设定的行为目标得以实现。

## （四）筛选择优功能

在实际教学工作中，经常要对教学的对象进行筛选择优。这就需要对众多的对象根据一个标准来衡量和判断，也就是要对他们进行科学的教学评价。过去，我们往往凭经验或少数人的意见办事，结果是不准确的，甚至产生了一些失误，这对被评对象是不公平的。

## （五）诊断改进功能

通过教学评价，可以发现教学过程中存在的问题和不足，然后针对这些薄弱环节提出改进的措施，这就是教学评价的诊断与改进功能。例如，通过对教育管理或教学活动的每个环节、每一步骤、每一要素的正确性、适应性进行分析和研究，我们就能判断出学校管理、教师教学或学生学习的薄弱环节或存在的问题，为有效地指导和改进其工作提供可靠的依据，从而达到直接促进教学发展和提高的目的。对于教育实际工作者来说，这才是最有实际意义的。

# 第2节 商务英语教学评价体系

衡量商务英语的教学是否符合或达到预定的教学目标，必须对其实施的条件、过程和结果进行评价。因此，研究商务英语教学评价体系具有重要的理论与实践意义。下面就从商务英语教学评价的意义特点、方法等方面，探索针对商务英语教学特征的教学评价体系与方法。

## 一、商务英语教学评价的内涵

根据前文对于教学评价的分析研究，可以得知，商务英语教学评价体系就是指依照商务英语教学的目的、要求和教学的原则及其价值标准而建立起来的对商务英语学习者的发展变化及构成其变化的诸种因素所进行的价值判断的一系列的方法、标准和规定。

商务英语教学评价至少涉及三个层面，从学习者层面来说，评价是指对学习者的整个学习过程的考察和测量，是对学习者在一段时间内所获取的知识和完成学习任务能力的考察和测量。从课程层面来看，评价是通过系统分析，对课程教学满足预期需要的程度，也即课程的教学质量和效果进行的考察和测量。从教师层面来说，评价是教师在教学过程中收集、综合和分析信息的过程，是教师了解学习者的学习需要和学习进展状况，决定和调整教学方法与手段，以提高课堂效率，实现课程教学目标的重要手段。

商务英语教学评价包括以测试为主的终结性评价和以观察学习者实作和案卷评价为主的形成性评价和以互动为导向的动态评价等多种类型和方式。

## 二、商务英语教学评价的意义

商务英语从英语脱胎而来，与商务交叉而形成，与传统的英语教学有较大不同，因此，其教学评价体系也与一般的英语教学评价体系有所不同，需要建立新的评价体系来检测、反映和评估商务英语教学的整体情况。建立商务英语教学评价体系是保证商务英语教学顺利实施的必要条件和基本保证。其意义如下：

第一，从宏观上来讲，当前我国商务英语教育处于发展阶段，如何办好商务英语教学还在进一步探索之中，尽快制定商务英语教学评价体系，对指导和促进商务英语教学尽快形成特色，无疑具有重要的反馈作用并对其未来发展有导向意义。

第二，商务英语教学评价体系能够确定商务英语教学目标在学习者身上的实现情况。商务英语教学是一个改变学习者的过程。商务英语的每一个教育目标、教育方案，都应该能够促进学习者的某些变化。商务英语教学评价可以确定学习者的实际发展情况，并做出更精细的分析，了解学习者哪些方面的发展达到预期目标，哪些地方未达到预期目标。教师可以根据这些分析，发现未达到目标的地方并进行弥补，从而防止学习者发展过程中的不足和缺陷。商务英语教学评价有助于教师因材施教，通过了解学习者的原有基础、现实水平的发展趋势，教师可以在坚持商务英语教育目标的情况下，对学习者提出具有针对性的不同要求，使学习者都能得到充分的发展。从学习者方面来说，通过商务英语教学评价，学习者也可以更加全面地认识自己，积极地进行自我调整，从而保证商务英语学习目标的有效实现。

第三，商务英语的教育教学有许多地方仍需要教师不断地探索，而教学评价体系能够为教师的正确施教提供反馈信息。商务英语教学是对学习者的不断施教的过程，在这个过程中，教师可以一边施教，一边改进和完善，以尽量减少失误，尽快和最近地达到商务英语教学目标。也就是说，商务英语教学评价可以提供确定、必要、准确的信息，为教师改进和完善商务英语教育教学提供依据。

第四，商务英语教学评价为优化教育的构成因素提出具有针对性的建议。商务英语教学评价不仅包括对教育对象、教育过程的评价，发现问题，还能够反映出与商务英语教学活动相关的教学计划、课程方案、教材、办学条件等各种教学构成要素的情况，对这些要素的改进和形成都发挥着积极的作用。换言之，商务英语教学评价能够使教师发现很多相关教学条件和教学构成要素的问题，从而进行修正和改进，并注意优化商务英语各种教育条件和要素，以取得最终的教育最优化的效果。

第五，商务英语教学评价对商务英语教学的施教方和受评方都具有导向和激励的作用。在评价过程中，被评价者不管是学习者，还是教师都会致力于满足评价标准的要求，评价标准就是受评者的努力方向，促进受评者不断努力以接近标准。同时，商务英语教学评价能够激励受评者，激发起成就动机，促使他们追求好的评价结果，创造更大的成就。

第六，商务英语教学评价有利于管理和监督办学质量，是提高商务英语教育管理水平的重要举措。商务英语教学评价具有多种功能，是实现教育管理科学化、现代化、制度化的有效机制。随着商务英语教育的不断发展，教育管理中的一些新情况、新问题也日渐增多，需要有效地运用科学、合理的教学评价体系开展商务英语教育工作。同时，通过鉴定教学方案或个体对象等在商务英语某些方面或整体水平的优良程度，衡量其是否达到了应有的标准，是否实现了其目的和任务，科学、公正、合理的评价所区分的等级，有助于商务英语教育决策和教育实施的科学化，对商务英语教育教学的建设与发展具有重要的促进和推动作用。

### 三、商务英语教学评价体系的原则

商务英语教学有其特有的特点与目标，根据教学评价理论及商务英语教学特征、教学目标，其教学评价应遵循以下原则：

#### （一）科学化原则

科学化原则是教学评价的普适性原则。商务英语教学评价的科学化是指商务英语教学评价必须按照客观规律进行，包括评价方案的制定、评价体系的建立和评价的实施。在评价中，科学化原则要求有正确的评价指导思想、正确的评价指标体系和具体的评价标准、正确的评价方法和技术，科学的态度和科学的精神。首先，评价体系中的指标既要反映商务英语教学人才培养的内部规律，又要符合其适应经济发展、社会需要的外部规律。体现在商务英语教学评价指标的确立与分解上，层次与等级的划分等都要根据教育科学和教学评价理论的基本原理，反映并遵循商务英语教学规律，商务英语管理规律和高校商务英语教学原则。如高校商务英语教学的人才培养的知识规格划分为语言知识、商务知识、跨文化知识、人文社科知识、跨学科知识，其能力培养规格分为语言应用能力、跨文化交际能力、商务实践能力、思辨与创新能力、自主学习能力。那么，在设计商务英语教育评估时就应针对上述规格选择和设计评价类型和评价方法。其次，商务英语教学评价的科学性体现在其评价方法与技术上。商务英语评价方法与技术是指在获取信息时所采用的检测手段，如采用将定性评价与定量评价相结合的方法，就更能体现其科学性。总之，商务英语教学评价的科学性强调科学地使用一种或几种教学评价方法，真实地、准确地、有效地反映受评者的真实水平与真实能力。同时科学性要求评价要结合实际情况，选用评价方法的技术操作性要强。

### （二）多样化原则

商务英语教学层次、类型的多样化及其交叉性、应用性的特点决定了进行评价时要体现多层次、多规格、内容多样化的原则。不同的商务英语教学对象应有不同的要求，应针对不同的层次，如本科层次、专科层次、校外培训等，建立不同的评价。即使同样层次的教育对象，由于学校背景、地域发展、人才培养目标有差异，也不能使用整齐划一的评价方法与模式。多样化还体现在采用商务英语评价方法的多样化。以高校商务英语人才培养为例，我们知道，作为交叉性、复合型人才进行培养，商务英语需要培养学习者的多种知识与多种能力，对于不同的知识与能力的考查，需要采用不同的教学评价方法，或综合多种评价方法进行测量。应将形成性评价与终结性评价相结合，定性评价与定量评价相结合，等级评定与分数评定相结合，他评与自评相结合，综合性评价和单项评价相结合，以综合性评价为主。再者，随着教学评价研究的不断发展，各种新的、更加以人为本、综合考察学习者能力的教学评价方法不断涌现。应将最先进的教学评价手段应用于商务英语教学评价中，以取得更加有效的评价效果。

### （三）真实性原则

商务英语教学评价的真实性是指通过提供给学习者与现实生活中相关领域类似的真实性的任务，让每个学习者充分运用相关知识、技能、态度及智慧，展现其理解水平和对已有知识的驾驭能力。根据巴克曼和帕尔默的语言测试理论，语言测试的真实性是指受试者在测试中使用目标语完成测试任务与其在现实生活中使用语言交际活动的相似程度，也就是语言测试与语言交际一致程度。商务英语教学评价真实性具体体现在：①商务英语受评者教学评价中完成任务的真实性，如在测试或评价中完成的外贸合同与现实商务活动中的一致性程度较高；②商务英语受试者与实际工作的角色具有相关性；③商务英语的情境真实性源于测试或评价中的情境模拟，受评者在真实情境中的互动；④测试或评价材料真实性指测试材料或评价资料与商务活动中需要处理的材料相似或一致。

### （四）过程化原则

商务英语教学评价的过程化原则是指教学评价在学习者的知识、技能与态度等形成过程中，对学习者学习进展进行监控、评价与判断，为教师和学习者提供反馈，同时将收集到的信息用来调节教学活动过程，以便更好地形成适合于教学对象特点的教学手段与教学方法，提高教学质量，确保教学目标的实现。商务英语教学评价的过程化能及时地获取教学情况的反馈信息，适时的过程化评价通过诊断教育方案和计划、教育过程与活动中存在的问题，为正在进行的教育活动提供反馈信息，以提高实践中正在进行的活动的质量的评价。在这一过程中，它主要检查学习者的进步情况，为师生提供连续性的有关教学情况的成功和失败的反馈信息，以利于师生不断加强成功之处，纠正失误之处，以达到改进教和学的目的，而不以区分评价对象的优良程度为目的，不重视对被评对象进行分等鉴定。再者，过程化强调主体多元化，评价者除了教师外，学习者也参与评价，使学习者由被动的评价客体变为积极主动的主体，有利于培养学习者的主动性和积极性。

### （五）动态化的原则

商务英语教学评价的动态化原则是指商务英语教学评价关注学习者的全面发展，促进教师素质的提高，注重改进教学实践，其核心是跨越多个时间观察、评估学习者的进步与发展情形，从而了解学习者的动态发展历程与能力变化的特点和潜能。商务英语教学培养国际商务领域的用英语进行商务沟通与交流的人才，培养全面发展的、综合能力和综合素质高的人才。因此，其教学评价应注重调动学习者潜能的发挥，促进学习者持续发展的能力。动态化评价注重诊断、激励、调控和改进功能，重视学习者的主体地位并强调学习者参与评价。动态化原则下的商务英语教学评价是一种综合性的评价，内容不仅包括学习者的学业成绩，也包括综合素质和能力的发展，其着眼点是倡导以学习者为本，关注过程，善于反思，适合学习者的不断、持续的全面发展及综合素质的提高。

## 四、商务英语教学评价的方法

### （一）商务英语教学终结性评价

终结性评价又称为结果评价，是指在某一教学活动完成以后，对教学活动的最后成果做出相应的价值判断，以便为做出各种决策或决议提供教学上的依据。终结性评价是在教育活动发生后的关于教育效果的判断，它指在一段学习之后，为了解学习者的成绩和对知识等的掌握情况而展开的评价。此种评价形式更为固定，属于分等鉴定，与了解学习者的整体情况、评定学习者的发展水平相关。它侧重定量分析，其评价者主体是教师。终结性评价是对一个学段、一个学科教学的教育质量的评价，其目的是对学习者阶段性学习的质量做出结论性评价，给学习者下结论或者分等。具体教学中，成绩报告单等就是终结性评估的一种。这种评估具有客观简便，易于实行的特点，因此，在教学评价的实际进行中普遍受到人们的重视，终结性评价主要注重学习结果，常采用正式考试的形式。

终结性评价的主要形式是测试或者说标准化的考试。测试与语言教学关系密切，是课堂教学的自然延伸，与语言教学是相互联系和相互影响的有机整体。休斯曾就语言教学与测试的问题指出，教学与测试是一对"伙伴关系"，两者相互关联、相互影响。一方面测试既为教学服务，也直接影响教学内容和教学方法，对教学产生一定的反拨作用，这种反拨作用可能有益于教学，也可能妨碍教学。另一方面，教学实践又为测试提供宝贵信息。布朗在研究课程体系时，提出了课程体系的需求分析、课程目标、测试、教学材料、教学与评估六个环节，而测试就是其体系的一个重要组成部分。他还进一步指出，一个好的考试可以使课程的各个环节衔接紧密，使其更具有目的性和连贯性。同时，测试也可以用来改变学生与教师的期望。

理查德也提出了语言课程开发应包括需求分析、目的语目标、大纲设计、教学方法测试与评估五个方面，同样也将测试作为课程体系的重要内容，强调测试的重要性。他认为，测试在开发课程中占中心地位，是需求分析和评估的重要组成部分，在很大程度上影响教学设计与实施。因此，可以说语言测试是语言教学的有机组成部分，是衡量语言教学效果和质量的重要手段之一，对教学具有重要的作用。

商务英语教学是要培养学习者运用英语进行国际商务活动的能力，它具有普通语言教学的特征，因此，商务英语终结性语言测试是商务英语教学评价方法之一。然而，商务英语教育还具有专门用途英语教学的一切特征。教学既要重视语言基本技能训练，还要将重点放在商务环境上，因而，商务英语教学与普通英语教学在教学大纲、教学方法、课程设置等方面都具有差异性，对于检验其教学质量的商务英语测试也应有不同。目前，我国商务英语测试一直沿用传统语言测试的模式，以识别性试题为主，以测试学习者的语言知识为目的，而未将语言情境、社会文化环境、语篇及语言特定的功能结合起来，测试与考试脱离，不能有效地检验出学生的商务英语应用能力。因此，改良传统语言测试模式，探索体现商务英语的测试设计原则与方法十分必要。

商务英语具有专门用途英语的基本特征。专门用途英语具有四个基本特征：需求上满足特定的学习者，内容上与特定专业和职业相关，词汇、句法和语篇适合于特定的职业或专业，与普通英语形成鲜明的对照。作为专门用途英语的一种特殊种类，商务英语学习不仅包括基本商务英语听说读写译能力，而且还包括了学习者学会如何在商务领域做事的内容。基于上述专门用途英语和商务英语这两大主要特征，可以确定商务英语测试的基本特点：

首先，商务英语测试具有行业针对性特征。商务英语的教学目标是培养学习者在国际商务领域中使用英语、参加国际商务活动、完成国际商务特定任务的能力。因此，商务英语测试行业针对性十分明显，学习者通过商务英语的学习和测试，获得商务英语的应用能力。第二，商务英语测试具有真实性特征。语言测试的真实性要求受试者在测试中使用的语音与实际交际中使用的语言相一致。第三，商务英语测试具有综合性的特征。商务英语是语言与经济、管理、商法相交叉的涉及较广泛领域的学科，其教学内容涉及语言知识、商务知识和商务技能的学习，而学习者将来是要在国际商务工作中用英语从事国际商务活动，其综合素质和能力的培养也十分重要。教学中，应培养学习者的批判性、创新性和思维能力。反映在测试中，其内容就要具有综合行动特征，能够检测学习者的思维能力和创新能力等，促进其综合素质的提高。

商务英语测试是一种特殊种类的语言测试，它既具有语言测试特征，还具有专门用途英语测试特征及自身的特点。商务英语测试设计应在语言测试理论指导下，注重测试的效度、信度、实用性和难易度，根据商务英语测试的特征，围绕着商务英语的具体教学内容和目的进行。

第一步，明确商务英语测试知识和能力的范围，确定商务英语的专业程度与语言能力，也就是关于测什么的问题。语言考试的第一项任务就是界定这一行业的语言能力。因此，对商务英语的语言能力的界定应参照国际商务英语人才培养目标所确定的知识和能力结构，以及根据此目标所确定的教学计划和课程大纲。根据人才培养目标，再根据各个学校自己设定的商务英语教学标准，分析人才所需能力的各项要素，包括知识、能力、技能、素质，也包括商务英语语言能力、商务实践能力、综合商务英语能力等。

第二步，在确定了测试知识和能力范围之后，应界定具体能力要素及所对应的内容，也即学习的内容分类是什么？选择学习的内容标准是什么？如何安排学习的内容顺序？这就需要对商务英语的真实使用情况进行分析，也即进行需求分析，这是商务英语测试设计的重要一环。再者，还应对测试的目的进行分析。测试的效度是指考试达到预定目的的程度，只有分析考试的目的，明确测试的类型（目前分为水平测试、成绩测试、分班测试和诊断测试），才能提高试卷的效度。其次，分析受试者的因素，了解受试者的知识背景、语言水平等情况，可以使试题难易度适中。另外，还要了解国际商务行业的需求和变化等情况，适时将国际商务发展的新内容反映到考试内容中。与此同时，还需考虑商务英语特有的语言特征和体裁样式，以及使用的范围，考虑对商务英语语言技能不同程度的要求，以及需要掌握何种交际策略来完成何种交际任务等情况。

第三步，确定真实性和有用性。测试的真实性与有用性是语言测试质量的控制和评估模式，而真实性和交互性是构成有用性的重要特征。真实性与构想效度有关，交互性与受试者的个人特征及类型有关。

语言测试的真实性指目标语言使用任务特征与测试任务特征的一致程度，通过测试所要预测的被试者在将来工作中为达到一定目的在特定场合用所学语言所进行的一系列活动，测试任务指能够考察、预测、判断被试者在将来工作中目标语言使用能力的最佳测试方式。徐强认为，语言测试的真实性具体来说是被测试者所接受到的语言就是平时在生活中听到和看到的语言；被测试者在测试中要完成的任务就是被测试者在现实生活中可能要解决的事情；对被测试者的行为评估标准是被测试者在多大程度上完成了任务，是否达到了交际的目的。真实性与交互性紧密联系，表现在受试者与测试任务之间的互动，在完成测试任务中受试者个人特征参与的程度与类型。与语言测试最有关的个人特征主要有语言能力、策略能力、话题知识和情感图式，交互程度愈强，试题的真实性程度就愈高。

有用性是商务英语测试的指导原则，在设计商务英语测试时，应将测试的真实性与交互性相结合，实现测试的有用性。商务英语测试的真实性应体现在测试语言输入的真实性，测试任务的真实性，测试情境的真实性等方面。通过提高语言测试的真实性与交互性，可以提高测试的信度，从而测出受试者的真实水平。

第四步，在上述测试原则指导下，可根据商务英语不同测试内容与目标，选择不同测试题型。

（1）商务英语是一门交叉性学科，其内容涵盖国际贸易、物流、金融、管理、商法、广告、营销等多领域。这些领域的文本包括了许多专业词汇和半专业词汇。熟练掌握这些术语和半专业词汇的英汉双语对应表达非常重要，也是学习者学习商务英语的难点之一。针对这个内容的测试，可采用写出英汉、汉英商务术语的对应词的方式。

（2）商务英语教学内容还涉及学习者对国际商务各领域中许多定义和概念的掌握。对这部分内容可采取术语和定义搭配的形式进行检测，给出一些术语，再给出这些术语定义，将秩序打乱，让学习者再重新将术语与解释配对，以此来检测学习者对术语的理解程度。

（3）对国际商务背景和知识理解的测试，检测学习者对商务阅读能力和对知识背景的掌握程度，可采用的方法有多种，常见的题型有：

结合短文的意义对下列各句进行正误判断，即先提供一篇文章，然后根据文章的关键意思设计几个陈述，学习者读完文章后再对所提供的陈述做出正误判断。

在4个选项中选出正确的一项来回答短文的问题或完成短文后的句子，即先提供几篇短文，每篇短文后提供5个左右的问题，每个问题后提供4个选项，其中只有1个选项是答案。

完形填空。完形测试题型较多，在一篇短文中空出若干处，不作任何提示，要求学习者填上这篇短文的空白处。或者在一篇短文中空出若干处，每个空处留有字母提示，要求学习者填上这篇短文的空白处；或在一篇短文中空出若干个空处，并给每个空处提供4个选项，让学习者选择正确的1项（答案）来完成这篇完形短文，以此来考查学习者对语言知识、商务知识与背景的理解和阅读技巧的掌握。为了能准确测量出学习者对文章的理解和语言水平，避免在这类识别性考试中学习者有可能靠应试技巧完成测试，如猜测正确答案、排除无意义的干扰、避免选择两个意义接近的选项等，使"分数人工地提高"，这部分内容也可以改为阅读短文后的回答问题的形式。通过对关于短文的问题的回答，真正检测出学习者对文章的理解和知识的掌握。

错误辨认。与普通英语不同的是，商务英语中有一些特殊的表达和习惯，对学习者这类内容的检测可用错误辨认形式及错误辨认并纠正的形式来完成。如找出下列句子中4个画线部分中的一个错误或不妥之处，并加以改正。

为考查学习者商务英语的综合运用能力，也可采用不同的翻译方式。翻译测试也是一种综合性的测试，它不仅能考查学习者语法、词汇等方面的知识，还能考查受试者的组织、分析、推理、表述等能力，翻译测试是一种高效度的测试项目。在商务英语测试中，翻译测试主要采用句子翻译和短文翻译的形式。句子翻译，就是提供若干个英语句子，要求应试者翻译成汉语，或提供若干个汉语句子，要求应试者翻译成英语。短文翻译，即给出一篇英语短文，要求应试者译为中文，或者给出一篇汉语短文，要求应试者翻译成英语。

商务英语教学最终要培养的是学习者用英语语言进行国际商务活动的应用能力，比如听说能力，写作能力等，而对有关语言知识（如语音知识、词汇知识、语法知识等）的掌握必须最终体现于商务实际应用能力上，题型的选择应能反映学习者的应用能力，并强化和促进这种能力的培养。

语言在交际中才有生命。人们在使用语言过程中才真正学会使用语言。同样，只有在交际性的测试中才能更好地考查出学习者对语言的使用能力。为检测学习者的商务英语运用能力和综合商务能力，在输出型技能的项目，即在写作和口语测试中，可以设计能够检测学习者在情景、社会文化、情感、功能等因素制约下的对语言的综合运用的试题类型。

从写作测试的内容来分析，写作测试可以涉及单词的拼写、标点用法、字母大小写；单句写作，这个内容在一定意义上讲是测试语法、句型转换及词汇用法；连句成篇，即提供一篇短文，将各句之间的逻辑关系打乱，要求应试者发现其中的逻辑关系，然后再连成一篇短文；文体考查，即测试受试者对正式文体和非正式文体的掌握情况。写作试题中，可采用控制型的写作方式，来考查学生的综合能力。具体题型如下：根据国际商务篇章，类型多种多样的情况，①要求应试者完成填写商务表格、书写商务信件、商务报告等写作；②情景作文，设置一个国际商务具体场合，要求应试者结合情景进行写作；③关键词作文，即提供题目，然后再提供表述这个题目的关键词，要求应试者分析关键词之间的逻辑关系，结合标题的提示，写一篇作文；④命题作文，只提供一个题目，让应试者根据商务知识，写出规定的作文。

在测试学习者的商务英语口语能力时，设计具有交互性的任务，学习者真正参与交际，而不是背诵或复述。提供给学习者几种供选择的商务英语交际场景，给应试者一定的准备时间（如10分钟），再根据具体情景，采用得体的语言，以恰当的身份、地位、话题、来由、目的等，与主考人或其他考生交谈。商务英语口头交际任务是双向的，甚至是多向的，考官在与学习者的交互活动中获得学习者语言使用情况的证据，这种形式能够更准确地反映出学习者在国际商务背景下的语言实际运用能力。

商务英语教育终结性评价是整合课程、教学与测验的评价方式，一般是由教师在教学过程中，以实际内容为基础编写而成的评价，它能够对课堂教学的达成结果进行恰当的评价，也是教学活动结束后为判断其效果而进行的评价。一个单元、一个模块或一个学期的教学结束后对最终结果所进行的评价，都是终结性评价。

商务英语终结性教学评价除了这种基于课程和课堂的非标准化测试，还有一些标准化的商务英语水平考试也可以属于商务英语终结性评价范畴。这些考试包括英国剑桥商务英语等级考试，分为初、中、高级，以及全国商务英语四级考试等。这些官方考试都能够以结果的形式，对受试者的商务英语水平进行检测、鉴别和分别等级。

### （二）商务英语教学形成性评价

商务英语终结性评价方法虽然能够测量学习者的最终结果，具有事后验证的性质，但它对被评估者本身的改进、完善作用不大，也无法体现某些不可比的因素，容易出现与事实不同的虚假现象。同时，由于终结性评估的客观标准是预先设定的目标，也容易因目标的难以检测或不够实事求是而影响终结性评估的可靠性。

相对于传统的终结性评价，形成性评价是指对学习者日常学习过程中的表现、所取得的成绩及所反映出的情感、态度、策略等方面的发展做出的评价，是教学评价的另一个有效途径。形成性评价注重对学习者知识技能"形成"的过程和进展情况进行监督与评价，它贯穿在学习者学习的整个过程，为教师与学习者提供反馈，以便调整教学内容，改进教学方法，满足学习者需求，提高教学质量与效果。因此，形成性评价是有效学习的必要成分，它提供给教师和学习者及时有益的反馈信息，促进教学目标的实现。终结性评价侧重定量分析，而形成性评价更侧重性状的描述，它们分别强调了教学评价的另一个侧面。形成性评价是在学习者的知识、技能、与态度等形成过程中，对学习者的学习进展进行监控、评价与判断，将评价中收集到的信息用来调节教学活动过程，以便更好地形成适合于教学对象特点的教学手段与教学方法，提高教学质量，确保教学目标的实现。如在具体的教学实践中，一个单元结束时，可以相应地做一次教学情况测验，以检查学习者的学习进展情况，及时发现并调整教学中的某些不适的环节，对学习者进行及时的指导。形成性评价使学习者从被动接受评价转变成为评价的主体和积极参与者。

形成性教学评价目的是激励学习者学习，帮助学习者有效调控自己的学习过程，使学习者获得成就感，增强自信心，培养合作精神。形成性评价的优势首先是它能及时地获取教学情况的反馈信息，适时形成性评价通过诊断教育方案和计划、教育过程与活动中存在的问题，为正在进行的教育活动提供反馈信息，以提高实践中正在进行活动的质量的评价。第二，形成性评价不以区分评价对象的优良程度为目的，不重视对被评对象进行分等鉴定。它主要检查学习者的进步情况，为师生提供连续性的有关教学情况的成功和失败的反馈信息，以利于师生不断加强成功之处，纠正失误之处，以达到改进教和学的目的。再者，形成性评价主体多元化，评价者除了教师外，学习者也参与评价，学习者由被动的评价客体变为积极主动的主体，有利于培养学习者的主动性和积极性。形成性评价具有及时探寻影响教学质量及目标实现的原因以便于适时采取措施予以纠正的特点，其教学意义及管理作用是显而易见的。

形成性评价具有评价主体多元化、评价内容多样化、评价形式多元化等特征。评价主体多元化强调学习者的主动参与，使学习者由被动评价的客体变为积极评价的主体，加强评价者与被评价者之间的互动，鼓励学习者自我评价和与同学间的互相评价，促使他们对自己的学习过程、方法进行回顾、反思，从而提高学习的主动性与积极性。评价内容多样化强调形成性评价的内容是全方位的，评价的是学习者学习的全过程、学习内容及所反映出的情感、态度、学习策略等方面。不仅注重评价学习者对知识的掌握情况，包括学习者日常学习过程的表现、所取得的成绩，同时还十分重视对学习者的学习态度、学习策略及情感因素等方面的评价。

商务英语教育形成性评价重视通过教师对学习者的课堂表现进行观察做出评价，可采用多种方式方法，如课堂讨论、学习者日记、作业与小测验、调查问卷及访谈等对学习者进行评估，体现以人为本，充分发挥学习者在学习中的主体地位。形成性评价是商务英语教育教学重要的评价方式，其形式多种多样。具体实施中，可以采用以下评价工具：

（1）课堂观察

观察是评价教学行为和技巧的基本方式。它是指教师通过观察学习者的课堂行为而进行的一种教学评价活动。商务英语应用性和实践性强，可在课堂上对商务英语的听、说、读、写、译基本技能的实践内容及大量的商务技能内容进行观察。教师对学习者的实践的操练与训练的经历进行观察，观察可以以日常记录、评估表或评价表的方式进行。通过观察，教师可以了解到学习者学会了什么，哪些学习策略对学习者有帮助，哪些教学策略最有效，学习者更喜欢的活动与材料等信息。

一般，英语教师的课堂观察有四个步骤：

首先，确定为什么要进行课堂观察，是评价学生的成就，进行个别指导，依据学习者成就来调整教学，还是评价本课、本单元教学的有效性。

其次，确定哪些从观察中获得的结果可以服务于上述目的。如：学习者的语言使用、学习习惯、学习策略、对所教材料和活动的反应及课堂互动等。

再次，制定能够获得理想观察信息的观察方法。①确定观察的对象，是一个学习者，还是一组学习者；②确定观察的频率，是一次，还是多次；③确定在课上什么时候、什么场合下观察。

最后，选择具体的方法记录观察结果，是采用事件记录法、评价项目单还是等第量表。事件记录是指教师对所观察到的重要个体学生事件和表现的记录。评价项目单是指教师依据公认的或事先设定的标准来评价学生是否达到要求；等第量表是指在两个标准连续体上进行选择。

这四个步骤同样也是商务英语教师对学习者课堂观察的操作依据和参照。在具体观察中，要充分注意商务英语教学的特征、观察的目的，更注重评价学习者的实际语言应用能力。因此，教师观察的侧重点应放在学习者对语言的实际运用能力和课堂互动上，具体观察方法可更多采用事件记录和评价项目单等方法。

（2）访谈／座谈

形成性评价中的访谈／座谈就是师生之间就学业展开对话或讨论。商务英语访谈评价方法可以在教师与单个学习者之间进行，也可以在教师与一组或一群学习者之间进行，也可以是教师与全班同学之间的谈论。师生间的访谈、座谈或讨论有利于对学习者个人成就和需求做出正确和积极的评估。其访谈内容可以包括：

①你喜欢这个商务英语学习项目吗？

②你喜欢这个学习项目的哪些方面？

③你学这个项目有困难吗？困难在哪里？你想怎样克服困难？

④你认为你在商务英语学习的哪方面做得比较好？

⑤本次学习有哪些进步？请说明进步的方面和原因。

⑥商务英语课外阅读中，当你碰到不懂的地方时，怎么解决问题？当你写不出想要表达的商务英语内容时怎么办？

以此类推的有关课程学习的针对教师"教"与学习者"学"的种种问题。学习者对这些问题的回答可以使教师知道学习者学习策略的使用情况，以及哪些策略能够促进学习者的学习，并了解学习者的需求，对教学做出适时的调整。同时，教师可以发现学习者对他们自己进步的感觉和看法。访谈可以在课堂中随时进行，访谈可穿插到每课的教案里。在商务英语教学中，一般应在一个单元内容结束时，教师与学习者进行一次较为正式的访谈，教师与学习者共同获得反馈，促进教与学的改进与提高。

（3）学习者自评／互评

学习者自我评估和同学间的相互评估能够展示学习者认识、判断和鉴别能力，在商务英语教学评价中意义很大。学习者自我评价是指教学中学习者依据评价原理，对照一定的评价标准，主动对自己的学习进行评价。评价内容主要包括：学习动机、学习态度、学习策略、学习行为和学习效果。自我评价注重学习者个体的参与，而参与评价会让学习者产生不同程度的压力，由此进行自觉的内省与反思，使其认真总结前期行为并思考下一步计划，这将促进学习者的自律学习，培养反思—总结—自我促进的良好学习习惯。从某种意义上来说，学习者自我评价是在不断接受自我监控能力的培训，从而促进自主学习。自我评价为学习者提供了一个不断反思、不断提高和不断自我完善的机会，以至最终得到全面正确的评价。实验证实，那些能通常给自己确定目标，并进行自我评价、自我奖赏的学习者在学习活动中比那些不能做出这样安排的学习者更富有成效。

商务英语学习者互相评价是在教学过程中，以划定的学习小组为单位，依据评价标准同伴之间对学习条件、过程及效果所作的评价。可以让几个学习者评一个学习者，每一个学习者对被评价的学习者的学习行为写出评语，指出优点并提出改进建议。被评的学习者根据同学和教师的评价写一个总结，确定自己的改进目标。学习者通过互评活动，既加强了同伴之间的沟通，也有机会检查自己和他人的学习情况，从而更明确自己今后学习的目标。在这一过程中，学习者学会相互信任，学会诚实、公平地对待自己和他人，从而提升了学习者的团队意识和合作精神意识及综合素质。

实施商务英语教学自评和互评时，可由教师先制定好评价表，让学习者按照标准进行打分，或由学习者与教师一起制定具体的各项评估标准，制定优秀的商务英语写作、商务英语口语、商务英语翻译等实际语言应用能力等的构成要素。如：商务英语写作学习者不仅要了解语言知识和表达的模式，更重要的是要学习表达什么，如何表达，表达的成效如何等，因此其评价标准应包括下列因素：

①能够在写前进行构思；

②语言表达准确，包括能够写出完整的句子；

③能准确运用标点符号等写作一般技巧；

④能够自如地使用商务英语术语；

⑤能够正确使用商务英语的习惯表达；

⑥能够把要传达的意义清楚得体地表达出来；

⑦能够准确运用商务英语各类文体格式规范。

然后，由学习者按照标准单独或与他人合作完成评价过程。评价过程是系统化的，同时又是个人化的。学习者在这个过程中，检查自己和他人的学业成绩，从而对自己的学习目标有一个更明确的概念。

自评和互评以学习者为中心，让学习者有系统地评价自己学习各方面的表现。让学生参与评估，不仅使学习者了解国际商务英语学习要求、目标和真正了解自己的学习进展、现有的水平和存在的问题，并设定奋斗的目标，还可以培养其正确评价自己和他人的能力。同时，开展学习者之间互评能鼓励学习者自学，增强责任意识，培养同学之间的互助合作精神。商务英语教学中的形成性评价注重对学习过程的评估，采用的评估手段广泛、多样，可以在很大程度上改变"一次考试成败定终身"和"以考分定优劣"的不公平评价方式给学习者带来的负面影响，提高学习者学习的自信心和自控力，从而达到最佳学习效果。

商务英语中的形成性评价手段形式多种多样，给学习者提供了参与整个学习过程的机会，课堂上充满了多向的互动，即学习者与教师、学习者与学习者，学习者与自己，学习者与学习任务之间的互动。而多向互动为培养学习者在国际商务环境下运用英语的交际能力提供了有利氛围。许多形成性评价的方法依靠小组合作实践才能完成，它不仅有利于学习者掌握完整的知识和概念，而且有利于发展学习者合作沟通的能力。多元化的形成性评价手段提供了学习者自我建构知识的弹性空间，学习者可对自己的学习负责，增进了学习者对教学的参与程度，激发创造和自我评价的动机，有利于发展学习者的批判性思维能力、问题解决能力及创造能力，有效提升商务英语学习者的综合素质。

### （三）商务英语档案袋评价

档案袋评价是近年西方兴起的一种注重学习者学业发展和进步的新型教学评价方法。档案袋，又称成长记录袋，是指用于显示有关学生学习成就或持续进步信息的一连串表现、作品、评价结果及其他相关记录和资料的汇集。档案袋的内容选择与评判标准的确定由教育者和学习者共同参与，还包括了学习者自我反思的内容。档案袋评价是通过档案袋的制作过程和最终结果分析，对学生的发展状况进行评价，这种评价注重通过有目的地收集学生作品，展现学生的努力、进步与成就，使学生体验到自身的进步和成功的愉悦。

档案袋的内容应包括一段时期内与学习者学习有关的全部资料，这些资料能显示学习者的学习态度、努力程度、学习者的发展与进步。收集的内容包括学习者的作业、小论文、小测验、音频、视频等凡是能够反映学习者学业进步与成果的内容。学习者档案将评价与学习过程紧密结合，通过建立自己的学习档案，学习者可以不断回顾自己档案中的内容，研究自己所采用的学习策略，并不断改进，从而摸索出适合自己的学习方式。档案袋评价法具有内容的目的性、多样性和学习者自主性和发展性等特点。

档案袋评价是商务英语教学评价的又一个有效形式，有利于学习者评价功能的多元化。档案袋评价有许多优势：

首先，档案袋评价通过档案袋的制作过程和最终结果的分析，对学习者的发展状况进行评价。这种评价注重通过有目的地收集学习者作品，展现学习者的努力、进步与成就，使学习者体验到自身的进步和成功的愉悦，具有较好激励功能。学习者档案袋中材料的收集与处理，更多地需要学习者在教师指导下进行自我反思、自我评价。正是在这一过程中，学习者的自我认识能力、自我判断能力和自我调控能力获得显著提高。

第二，档案袋评价有利于形成并反映出学习者的发展与进步。评价内容不仅仅考查商务英语知识和技能，还要综合考查学习者情感、态度、价值观、创新意识等方面的进步与变化。商务英语教育档案袋评价在注重学习者的智育成绩的同时，注重对学习者政治与思想品德素质、心理素质、身体素质等综合素质的全面评价，更重视对学习者运用所学知识分析、解决实际问题能力、创新能力和实践技能的评价。商务英语是跨学科专业，这种评价对培养学习者的专业知识和跨学科知识及商务英语综合能力与综合素质都有巨大的促进作用。换言之，商务英语档案袋评价以学习者的发展为导向，注重评价的目的是促进学习者全面、更好地发展，主张建立以个体为主的评价标准，突出正确的鼓励性评价。

第三，档案袋评价评价主体是学习者、教师、同学、家长等，有助于学习者主体的自主化。传统的评价模式由教育者实施，学习者是被动接受评价的对象，学习者对教育者发出的指令被动地执行，不利于学习者心理的正常发展。而在档案袋评价中，学习者亲自参与评价，从而有利于学习者主观能动性的发挥及创新精神、创新能力的培养。同时，在这一过程中，教师能够准确地发现问题，发挥评价的调节、激励、改进、教育功能。在档案袋评价中，学习者成为选择档案袋的内容的参与者，甚至是决策者，从而也就拥有了判断自己学习质量和进步的机会。学习者档案袋的建立过程体现了收集、选择和反思的过程，即信息收集的过程是学习者体验学习的过程，信息选择的过程是学习者展示自己能力的过程，反思过程是学习者自我了解的过程。通过这一过程，学习者对自己在国际商务环境下的语言运用能力及自己的综合素质与能力的增强产生强烈的自豪感和自信心，建立对未来职业的信念和信心，从而会自觉地把握进步，体验成功，逐渐培养自主学习的习惯和能力，掌握反思学习的技能及决策技能。

商务英语学习档案的收集可采用六个步骤：收集、反思、评估、精选学习作品、思考和评价。学习者通过建立自己的学习档案，对自己的学习成绩有一个正确的态度和评价。同时，学习者在这一时期内有机会不断回顾自己档案中的内容，不断改进自己的学习，从而摸索出适合自己的学习方式。

**（四）商务英语教学档案袋评价法的实施策略**

1. 课程、教学和评价相结合

课程、教学与评价的互动统一。商务英语课程教学评价是课程发展的重要组成部分，是对教师和学习者在课程实施中的条件、过程和结果展开的评价。认清课程、教学与评价的关系，不仅是认识上的问题，也是实践上的需要。现代教育观认为教育的课程、教学与评价之间相互联系，它们相互统筹、渗透、融合与相互建构。动态性课程评价则认为：课程发展是由课程（设计），课程实施（教学）和课程评价构成的一个相互依存、相互影响、相互支持、相互制约的系统运作循环互动流程。因此，商务英语教学档案袋评价应将课程、教学和评价相互结合、融为一体，使课程、教学与评价相互作用、相互促进。评价是辅助课程实施、教学的手段，评价应贯穿于课程及教学的全过程，应将评价有效地在课程实施中与教学融为一体。同时，课程组织实施及教学活动要敏感地从评价中获取信息，不断评价，及时改进教育措施，而评价的目的是改进课程和教学，使其更符合商务英语教育教学规律。

2. 结果评价与过程评价相结合

商务英语教学既是商务英语语言技能训练过程，同时也是综合商务英语能力（商务英语沟通与交流能力）及综合素质培养的过程。要以结果评价来反馈学习者的学习，更要关注学习的过程，以形成性评价来诊断、激励学习者的学习。终结性评价是在一个学期或一个学年结束后对学习者表现情况所进行的较全面的考核，形成性评价借助的主要手段为经常性检查、日常观察等。终结性评价、形成性评价、教学活动过程不同阶段上采用的不同类型的评价形式，三者相辅相成，相互结合。商务英语教学档案袋评价方式不仅关注学习者发展结果的终结性评价，更重视学习者发展过程的评价，把终结性评价、形成性评价结合起来，使学习者发展变化的过程成为其评价内容的重要组成部分。档案袋评价方式使学习者真正参与到评价中来，从而使评价能触及学习者的内心深处，使对学习者的评价过程变成教育和指导的过程，变成不断促进商务英语学习者发展的重要载体和手段。

3. "量化"评价与"质化"评价结合

量化的评价是对那些能够直接量化的、并且确实存在量化途径的评价指标进行量化的评价方式。如学习者考试成绩、平均分、及格率等就是用数量统计的方法，最终以数字的形式展现出来的。量化评价强调数量计算，以教育测量为基础，把复杂的教育现象和课程现象简化为数量，进而从数量的分析与比较中推断评价对象的成效。特别是它有客观化、标准化、精确化、量化、简便化等特征，在很大程度上满足了以选拔、鉴别为主要目的的教育需求。质化的评价强调质的评价，是以人文主义为认识论基础，受"实践理性"和"解放理性"支配，力图通过自然的调查，全面充分地提示和描述评价对象的各种特质。

质化的评价与量化的评价在评价的取向、评价的情景、评价的过程、资料的收集、评价者的角色和评价的追求上特点各异，各有优势，档案袋评价方式可以将量化与质化相结合，做到质的评价与量的评价的整合，既有量化的准确性、客观性及标准化，又能体现质化的评价主体具有多维度、功能多元化及评价的动态性和开放性。

4. 单一认知与多元认知评价相结合

评价内容从对商务英语学习者单一的商务英语技能评价扩展为对学习者商务英语综合能力、综合素质的多元评价。档案袋评价要求对学习者评价从单纯重视认知评价或商务英语技能转向对学习者思想品德、学业成就、身体和心理素质等综合素质方面的全面、综合评价。商务英语教学强调培养全面发展、综合素质高的人才，不仅要求学习者具有较强的商务英语沟通与交流能力，而且要求学习者具有很高的情商能力，即不仅要培养学习者会"做事"，更要会"做人"，这样才能成功从事国际商务领域的工作，通过全方位的评价，才能全面了解商务英语学习者的成长、发展情况，才能对学习者进行科学、有效的指导，进而促使学习者得到全面的发展。这要求在学习者档案袋评价中，所收集的材料是全面的、多元的，除了商务英语方面的内容，还应包括商务英语综合素质提升的资料等。所关注的评价点要超越认知范畴，走向认知、情意等的综合，既要关注学习者的学习成绩，也要重视学习者的思想品德及多方面潜能的发展。评价不再仅仅是选拔学习者，而是促进商务英语学习者身心的全面发展，有利于强化学习者在学习中的情感因素，有利于发展学习者的自主意识和自我潜能，使每个学习者都具有自信心和可持续发展的能力。

5. 自我评价、小组评价和教师评价等相结合

在实施档案袋评价中，应注意教师的评价、学习者的自我评价及学习者之间互相评价相结合的原则。构建自我评价、小组评价、教师评价等多方参与的多方评价主体的评价体系，可以改变传统评价中教师为唯一评价主体、学习者处于被动地位的评价，充分发挥教师、学习者各自的评价功能，营造更为和谐、客观的评价环境，从而激发学习者的学习动机，提升学习者的学习主动性和自主性。

在档案袋评价中，教师的任务是提出要求和给予指导，增强学习者与教师间的合作与交流。教师评价是教师根据学习者收集的资料给予学习者的反馈。教师要在评价中成为主导者和示范者，应灵活运用口头表达或书面交流、面向个人或面向全体等形式，对学习者的表现情况、存在问题等进行及时反馈，使学习者能获得有效的信息，使学习者领会和掌握评价标准、评价形式和评价方法。

学习者本人是建立学习档案的主要参与者，自我评价是学习者基于原有的自我认识，依据自身认可的评价指标和准则，对自身整体或某方面技能或素质的发展所做出的认识和判断，这也是商务英语教育"自主发展观"的重要体现。运用自我评价可以使学习者充分体验成长的喜悦，发展健全的自我意识，促使其积极、主动地学习，从而最终促进其商务英语综合能力的发展和提高。自我评价本身既是主体性教育的一个环节，对前期的评价能进行有效的总结，同时，使学习者产生继续进行评价活动的期望与信心。学习者评价是一个连续性的过程。

小组评价中学习者不仅可以反思自己在小组中的行为，也可以评价小组其他同学的行为表现。为此，商务英语教师应加强对小组评价的指引和导向，渗透民主意识，营造评价的民主氛围，规范小组的评价行为，提高小组评价的有效度，确保小组评价公正、客观、有效、有序地进行。

商务英语档案袋评价的目的不在于证明，而在于学习者和教师的发展和改进，在档案袋评价的过程中，商务英语学习者和商务英语教师获得学习与教育教学的共同成长和进步。

# 第3节 基于"互联网＋"的高校
# 商务英语多元化评价体系构建

传统的教学评价多是终结性评价，即在学期末以标准化试题为手段为学生在该学期的学习结果定性，虽然有其优点，但也存在很多问题：

在评价理念上只突出甄别和评定等级，缺乏激励机制，不能让不同层次的学生都形成学习的良性循环。评价手段过于单一，过度重视传统的终结性评价，对形成性评价内容、目标和标准都没有明确规定；重视教师评价而忽视学生自评和互评；重视传统的评价方式而忽视现代化的评价方式。

在评价内容上，单一地评价学生所掌握的基础知识，较少重视评价学生的综合能力和素质。在评价方法上很少涉及对学生的评判性、创造性思维能力的判断，也很少考虑学生的情感、学习态度、学习策略、跨文化交际等智能因素。因此，为有效改进大学英语教学中存在的这些问题，教师及相关管理者需要制订与完善科学的高校商务英语教学评价指标及体系。

目前传统的教学评价体系多以课堂学科知识为核心或唯一评价内容，以量化的考试成绩为主要评价标准，忽视或轻视了对于学生创新意识、实践能力、心理素质及学习品质等方面的考查。

高等教育大众化、信息化、网络化，这对高校商务英语教学提出了全新要求。这不仅仅是教学模式的变革，更重要的是评价理念、评价方法及评价实施过程的变革。目前，高校商务英语课程中的一个突出问题是评价体系的不合理、不完善和不科学。将多元智能理论应用在教学实践中，为教育教学改革提供了一种全新的视角。实践证明，构建基于多元智能理论的评价体系对提高教学效果及学生各方面能力具有积极的现实意义。商务英语教学改革，在强调教学手段和教学活动转变的同时，还直接指出现行大学英语教学评估体系存在不足，把科学的教学评估摆在了前所未有的高度，呼吁从测试教学向评估教学转变。在实际教学中，既强调教育公平又要体现教育效率，这已成为当前教育改革的一个难点。从教学评价的角度来审视这一问题，多元智能评价观为我们提供了一个可行的切入点，即真正把提高学生各方面能力作为教育培养的根本目标，又可以适应社会发展对教学评价提出的新要求，以多元智能理论为基础的评价观为教学评价提供了一种新的思路，网络环境为构建多元智能评价模式提供了极为有利的条件。

## 一、理论基础

多元评价的教学理论最初是由美国哈佛大学心理学家霍华德·加德纳提出来的，这一概念以他提出的全新的人类智能结构理论——多元智能理论为基础。他认为，人的智力，包含语言智能、数理逻辑智能、音乐智能、空间智能、身体运动智能、人际交往智能、自我认识智能和自然观察智能八项智能，是彼此相对独立、以多元方式存在的。多元智能理论的本质承认人的智力是多元的，多维度地表现出来的。这就要求我们在教学中根据课程性质、教学要求、对象和内容采取灵活多样的评价方式，以自由的教学情境为基础重视不同学生在认知和思维上的差异，强调以学生为中心，鼓励学生发挥主观能动性，培养学生的多元智能，实现对学生知识、能力、素质等各个方面的多方位评价，以促进科学的教学改革方式的形成，以提供改进教学的信息，并最终保证学生全方位的发展。

建构主义理论也对多元评价的教学理论产生了重大影响，建构主义认为，学生不是外部刺激的被动接受者而应该是知识意义的主动建构者；教师不是知识的灌输者应该是学生主动建构知识意义的帮助者。学生应自我监督、自我测试、自我反思以检查了解自己建构新知识的过程及成效，从而随时改进学习策略，达到最终的学习目标。所以在教学中，教学评价的主体应该是学生，包括学生的自我评价和互评，使学生积极参与到学习过程中来，而不仅仅是教师的评价。评价不仅仅是学生学习的结果，而且要全方位地评价学生的学习过程。

## 二、"互联网+"时代多元评价体系的构建原则

无论是现代教育理论还是"互联网+"时代高校商务英语教学本身的特点，都要求高校商务英语教学评价应该是一个多元、平衡、动态的评价体系，这样一个评价体系的构建应该遵循如下原则：

### （一）形成性评价与总结性评价相结合

目前多数高校在实际操作中所采取的评价大多是总结性评价。有的教师提出新的评价体系应以

形成性评价为主。其实，教学评价并没有固定的模式，关于形成性评价与总结性评价所占的权重问题应该本着符合本校的实际情况，促进教学质量提高的原则而确定。

### （二）定性评价与定量评价相结合

测试和量化打分是传统教学评价中常用的方法，在形成性评价中，有一部分内容是很难量化的，比如：学习表现、情感态度、学习策略等，对于这部分内容的评价宜采取定性评价的确定。

### （三）评价主体多元化

评价主体的多元化包括学生的自我评价、教师对学生的评价、学生互评和网络系统的评价。关于学生的自我评价，主要是看学生进行自我评价的态度和评价的及时性；教师对学生的评价分为可量化的内容和激励性的内容两部分：课堂表现、第二课堂活动表现、学期测试是可以量化的，对学生的口头评价、书面评语等则主要涉及学生的情感态度、学习策略等，起的是警醒、建议或激励的作用。对于学生互评，教师要制订出评价标准，严格控制，规范操作，避免流于形式，否则会起到助长拉帮结伙、搞人际关系等不良作风的消极作用；网络系统的评价具有客观性、高效性的优点。教师必须熟练掌握网络教学管理平台的操作，事先设定好系统评价的内容和权重。

### （四）评价内容多元化

评价内容的多元化包括对学生智力因素的评价和非智力因素的评价。对智力因素的评价主要包括英语知识、英语应用能力、商务知识和跨文化交际能力；对非智力因素的评价主要包括情感态度、学习策略和意志品格。以往的教学评价片面注重对学生学习效果的评价，特别是对教材知识掌握程度的评价，忽视对商务英语实际应用能力的评价，更忽视对学生情感态度、学习策略和意志品格的评价。

### （五）评价形式多元化

评价内容的多元化必然要求评价形式的多元化。形成性评价可以采取随堂测试、单元测试，计算机辅助的口语测试、听力测试，第二课堂英语竞赛，商务英语演出等方式对学生进行英语知识、应用能力、跨文化交际能力的评价；采取电子档案式自我评价，教师口头、书面评语，教师对学生的阶段性建议等形式评价学生的情感态度、学习策略和意志品格。对于学生的非智力性因素的评价也可以采用定性的方法纳入量化的范围。总结性评价一般通过期中和期末两次考试进行，主要注意的问题是考试内容的设计要体现对学生基础知识和综合应用能力的全面考核。

### （六）评价手段智能化

即实施计算机辅助评价。计算机辅助评价是科学的评价理念与现代教育技术相结合的产物，在实际的教学应用中就是利用商务英语网络化教学平台的评价功能模块，设置评价的内容及权重，自动统计每一次评价的结果，自动生成结果，并导出 Excel 表格。智能化评价系统可以大幅度增加形成性评价的可操作性，减轻教师们的工作量。

### （七）评价的可操作性

理论上的论述不等于实际的操作。理论上的论述只是为实际操作提供了若干可能性。理论上看起来再合理的评价模式离开了人的操作都只是一纸空文，高校商务英语教学评价体系的建构不在于表面看起来形式多么花哨和新颖，而在于它的实际功效。在实际教学中，到底采用什么样的教学评价模式归根结底要依据本校的实际情况，本着促进商务英语教学质量提高和符合教师的接受能力的原则而定。

### 三、基于"互联网+"的商务英语教学评价体系的改进机制

基于"互联网+"的高校商务英语评价体系的改进应包括如下方面:

#### (一)搭建基于课堂活动的师生交流平台

按照人本主义教育家的理论,在教学中,师生关系应该是主体与主体的关系,而不是主体与客体的关系;是平等的、朋友式的,而非隶属的、领导式的。这一点在教学评价体系中更为重要。教师应充分信任学生能够认识自己的潜能及不足,尊重学生的个人评价及学生对教师给定评价的反馈信息。

在信息技术的支持下,通过数据库的建设,学习网站可以记录学生每一次的学习情况,开展师生间就学习情况的交流,即评价—反馈—再评价—再反馈,按照需要反复进行。通过交互性的评价与反馈,教师可以了解学生的内心及教学需求。

基于课堂活动的师生交流平台除具有交互的特点以外,同时具有即时性,并贯穿于每一个网络教学环节,即交互系统延伸至学习系统和拓展系统的每一个模块,建立起三大系统的有机融合。例如,在课程教学的演示中,每一页幻灯片除了知识点的介绍、讲解外,同时包含师生即时交流平台的链接。在即时交流窗口下,学生可以就学习主题向教师提问,可以以截图的方式提交学习进展情况,可以接收教师的评价,可以对教师的评价做出反馈;教师通过远程监控,可以了解学生在线登录后学习的实时情况,对学生进行指导、评价、接收学生对评价的反馈信息。再如,在线测试模块中,除提供习题、参考答案、答案讲解、答疑留言板外,还可包含即时在线答疑链接。在即时交流窗口下,学生可以和教师进行探讨,也可发起和在线学习的学生之间的讨论。针对可能出现的普遍性或共性的问题,系统可提前设定相同的自动即时回复。

#### (二)建立学习活动的动态监控评价系统

学习是一个动态过程,本文提出的学习动态监控评价系统是基于档案袋评价理论而进行构建的。档案袋评价是指在某过程中为达到某个目的所收集的相关资料的有组织地呈现。电子学习档案袋可对学生在线自主学习过程进行记录。电子学习档案袋可包括如下内容:教师和学习者一起设计的总体和阶段目标、即时交流窗口的评价及答疑聊天记录、自测成绩记录、上传的书面作业、上传的非网络环境学习行为及获奖情况等。

电子学习档案袋的建立由教师与学生共同完成,每个电子档案只能为教师及该生本人进行管理。电子学习档案袋展示了学生在学习过程中所取得的进步和成绩。通过这一过程,学生增强了自豪感和自信心,也可以帮助教师观察学生所采用的学习策略。例如,我们可以根据商务英语课程的性质,设计网络学习活动记录的电子清单,要求学生注册学习账号,登录账号后,电脑根据后台所设定的评价标准自动记录学习过程中电子清单上所列的项目,动态发生成长值的变化,即时提供给指定人群。电子清单以登录的学生姓名和登录时间命名,在退出登录的时候,自动保存进电子学习档案袋。教师根据课程需要设计电子清单的考查项目(学习态度、交流活跃程度、提问活跃程度、进步程度、综合表现等)及考核等级,并且综合学生的情况,设定后台评价标准。

#### (三)根据实际情况设定不同的评价标准

不同的评价标准主要指来自不同的评价者的评价。基于"互联网+"的在线自主学习,为学生提供了大量的语言实践机会,同时也拓宽了评价者的范围。学生们通过浏览网页搜索课程相关问题,选择涉及语言各个方面的实践练习。例如,鼓励学生在网络环境下,利用所学知识和英语能力,在

线回答别人提出的关于词汇、句子或是语篇的英汉、汉英翻译问题。关于翻译文本的质量，提问者会给出评价，学生也可参考其他人的相关回答，进行自我评价。同时，学生也可将答题的网页提供给自己的教师进行评价。教师可根据实际情况，确定各种评价所占的比例。

"互联网＋"赋予了商务英语教学评价活动新的特色，使评价活动更及时、更客观、更有效地促进教学活动的开展。但同时我们也要清楚地意识到，网络交流不能取代当面的指导，特别是师生间眼神和肢体语言的交流。网络环境下，教学评价体系中的情感因素缺失问题，是我们今后应该关注的研究方向之一。

## 四、基于"互联网＋"的多元评价体系的具体内容

教学评价对于教学的促进作用是毋庸置疑的。基于多元智能理论，我们建立基于"互联网＋"的商务英语多元评价体系，以进一步全面有效地衡量教学效果，主要包括：对学生的学习过程进行形成性评价，根据学生的智能水平进行分层次评价，对学生的语言进步程度进行发展性评价。

### （一）形成性评价

在评价内容上，教师首先通过调查问卷等多种途径鉴别学生的智能优势，并根据学生现有的英语水平，在教学中将人际交往、自我认知、视觉空间等智能融入英语课堂教学环节中，设计出涉及不同智能的教学体验任务，并根据学生各种任务的完成情况对学生的学习过程进行全面评价，将学生的课前预习情况、课堂参与情况、课后任务完成情况、网上自学记录及在各种教学活动中的表现纳入评价范围，对其学习过程进行记录，并及时反馈。在教学中对于学生的优势智能给予及时关注并进行适当鼓励，帮助学生树立自主学习的自信心，从而产生语言学习的动力。在评价主体上，该评价方式将改变教师作为评价者的主体地位，评价的权利会适当转移到学生自己手中，从而充分发挥学生的主体作用，减少学生在教学评价环节上的压力，使学生成为评价的参与者和反思者。在评价方式上，实施学生自评、互评与教师评价相结合的方法，以增强学生的评价积极性，以评促学。

### （二）分层次评价

教师根据学生的商务英语实际水平对其进行分组，在课堂教学中进行分层教学，在网上给不同层次的学生布置不同的任务和作业。充分考虑学生语言智能实际水平的高低，实行因材施教，对于不同水平的学生给予不同难度的体验式教学任务，教学后根据各组学生的智能水平设计相应难度的评价试卷对其进行测试评价。

### （三）发展性评价

将学生在每学期商务英语学习过程中取得的过程性测试结果进行整理，同时参考其每学期期末的终结性成绩及其在四、六级考试中的成绩加以对比，对学生在不同学习阶段语言学习的进步程度进行评价。

## 五、构建多元评价体系的意义

### （一）利用多元评价体系的激励机制，充分调动学生的积极性

加德纳认为，每个人身上都存在多种智能，学生之间不存在智力高低的差别，只存在智力类型的差别。每一个学生都有自己的发展潜力，我们根据学生不同强项和弱项的智能制定多元化的评价标准。这样的标准会使所有学生都能体验到成功的快乐，从而树立自信心。同时根据评价的激励机制，教师总是以一种可接受的、非防御性的语气，通过积极反馈，通过表扬、鼓励等来增强学生信心；通过给出建议，使学生意识到自己需要改进的方向，从而达到理想的评价效果。

## （二）教学评价内容更加充实，极大地发展了学生的个性

多元智能理论告诉我们，每种智能在我们的日常生活和工作中都发挥着独特的作用。我们重视多元智能的影响并且把它纳入对学生的评价体系之中。这样的评价方式对以往传统的评价体系是个很好的补充，这样对学生的评价才会更加全面。对学生的评价只是基于他们对基本概念、基础知识的理解和应用是不全面的，我们还应关注他们在交往、竞争与合作意识等方面所表现出来的能力及态度、情感、价值感等。

## （三）重视自评、互评的作用，构成多元评价主体

多元智能理论强调以人为本，强调评价的实效，强调促进发展。以多元智能理论为指导，师生能够相互理解和信任，在这样的基础之上我们能够形成以教师和学生为主体的多元评价体系，同时我们将学生自评与小组内部成员互评结合起来，这样，各类评价主体之间增强了互动，评价信息来源更丰富、评价结果更真实，也有利于促进学生合作能力的发展。

评价体系是高校商务英语教学的一个不可或缺的环节，多元评价体系作为崭新的评价模式，显示了越来越多的优势和吸引力。但构建完善的大学商务英语课程评价体系不是一朝一夕的事情，它会随着商务英语教学发展和教师理念的更新而不断完善，真正做到"以评促教，以评促学"。

# 第七章 "互联网＋"时代高校商务英语的师资建设

## 第1节 高校商务英语教学师资现状分析

随着我国对外商务交往与合作的日益频繁，商务英语教育在我国高校和社会教育体系中逐步发展起来。全国至今已有众多高校开设了商务英语专业，但目前商务英语专业人才的需求缺口仍然巨大。单纯英语专业毕业生的需求微乎其微，大多数英语专业本科毕业生从事着与经贸相关的工作。我国商务英语专业教师的素质与实际需求相去甚远，他们绝大多数是从事专业英语教学和公共英语教学的纯学术型教师，其学术构成的主体基本上源于英语语言文学及相关人文专业，只有极少数教师具有商务经历。因此，目前我国商务英语专业教师对学生未来的就业岗位缺乏了解，很难与学生建立起一种模拟商务环境下的生动活泼的语言课堂教学环境。商务英语专业教师自身素质的欠缺是制约商务英语专业教学质量提高的瓶颈，建设一支复合型的商务英语专业教师队伍关系到商务英语专业人才培养的成效。

### 一、商务英语教师发展现状

2006年，教育部启动了商务英语本科专业设立的论证议程；2007年，对外经济贸易大学首次获批开始试办商务英语本科专业；2012年，商务英语成为全国范围内招生的本科专业。到目前为止，全国已经有很多高校开设商务英语专业，专业覆盖率很高，涵盖了所有类型和层次的高校。商务英语是一门以应用语言学为主导、以多学科知识为基础的应用型交叉学科，其培养目标是能够在国际商务活动中能以英语作为工具、按照商务惯例和程序进行商业交流的专业人士。这就对商务英语专业教师的综合素质提出了更高的要求。商务英语学科的发展在很大程度上取决于商务英语教师的职业素质、学术研究方向和研究成果。商务英语专业教师要培养出复合型人才，首先其自身应该是复合型教师。商务英语专业教师应该是国际商务的某个学科的专业人才，并在教学中能够把商务学科知识和英语语言训练有机地结合起来。

我国对外经济贸易活动的不断扩大及经济全球化的浪潮推动了国内商务英语的蓬勃发展。由于商务英语是一个新兴的交叉学科，集语言与专业知识于一体，这就决定了对商务英语教师的要求更高。然而，我国目前商务英语专业的英语语言类教师大都毕业于纯语言专业，精通英语语言，但不懂商务，尽管可以使用英语授课，但涉及商务领域的内容只能照本宣科，表现为教学局限于从书本到黑板，针对性不强，实操性欠佳。不仅教师对此感到困惑，这同时也制约了该学科的发展。所以，了解当前商务英语教师的职业发展现状和发展需求是推进教师队伍建设的前提和基础，是商务英语学科建设和发展的当务之急。

人才的培养离不开教师的教育与教学，决定商务英语专业教育质量的关键因素在于教师的能力和素质。毋庸置疑，商务英语教师首先必须具备普通高校教师应有的能力和素质，即具有良好的师德和师风、掌握教育学、心理学等教育基础理论知识，具备丰富的教学方法及系统的专业知识，具有较强的教育教学能力和一定的教学经验及有一定的科研能力等。同时，商务英语专业的人才培养目标定位和商务英语教学的跨学科性等特点，决定了商务英语教师需要具备较强的商务操作技能、掌握行业实践经验，以及根据市场需求开展应用研究，针对商务英语核心就业岗位群开发课程、指导学生实习实训。可见，商务英语教师不仅要具有扎实的英语和商务学科理论知识，更要具备商务实践技能、课程开发和指导学生实习实训的能力。

在我国，商务英语学科起步较晚，学科发展的相对滞后性制约了对于高校的商务英语教师发展的研究。目前，高校的商务英语师资力量堪忧。具体来说，一部分商务英语专业教师源于普通英语教师的转型，他们英语语言功底扎实，教法娴熟，但缺乏相关行业背景知识和企业一线工作经验，且未受过系统的商务知识培训，对学生的专业学习和就业岗位缺乏全面了解，难以在商务实践教学中对学生进行较好的示范和指导。一部分教师源于国际商务和国际贸易专业老师的转型，他们有着丰富的商务理论知识和一定的商务实践技能，但他们缺乏良好的英语语言知识和能力，即语言输入的理论和方法功底不够，同样也不能很好地进行商务英语专业教学工作。

我国商务英语学科体系建立也比较晚，没有专业的师资队伍建设体制和机构，大多数商务英语专业教师有不同的专业背景。商务英语教师中，大多数教师属于英语专业，只有少数教师属于经贸专业，不同专业背景的商务英语教师入职后，学校往往会安排经验丰富的商务英语专业教师指导他们的教学和实践，但诸多因素导致新老教师沟通效果欠佳，大多数年轻教师的教学全凭自己摸索，教学实施效果欠佳。因此，商务英语教师专业化面临一个重要难题，如何建立针对新专业老师的"传""帮""带"有效机制，帮助年轻教师熟悉并掌握商务英语专业教学的规律和特点。

当前，商务英语专业教师往往比较重视中英双语商务沟通能力的培养。在专业教学活动中，重视相关学科知识的贯通；在对教材和教参的利用上喜欢选择灵活性较强但又能把握专业知识的重点和难点的系列教材和参考书；在课堂讲解时，注重知识的实践性和信息性。对于商务英语教师自身的综合素质，专业教师则更看重商务知识的把握和双语能力的培养；对于专业教学组织形式，商务英语教师根据商务英语的特点，选择师生互动参与讨论或案例分析及教师一人精讲，学生参与互动，这符合商务英语专业的教学规律；就商务英语专业教学水平而言，专业教师更喜欢用指导学生商务实践水平和专业教学质量两个标准来衡量自己的专业水准。

随着中国对外经济贸易的愈加频繁，市场对商务英语人才的需求越来越多，要求也越来越高。通过对高校商务英语专业学生就业率和市场满意度的调查能够发现，只有一部分大学生从事了所学的商务英语专业工作，而且市场满意度并不高，究其原因在于，大学生的商务英语实践能力差，语言能力和商务技能不能有效配合，不能灵活应对工作需求。很多大学毕业生反映自己在校学习期间，一方面由于过分重视理论知识的学习，而忽视了实践技能的锻炼，另一方面只注重了语言技能的强化，而忽视了商务技能的学习与强化，从而导致在应对工作需求时显得非常吃力。因此，高校商务英语专业教师需要充分明确市场对商务英语人才的能力需求，明确商务英语学科的学习内容和学习重点，科学指导学生能力发展。毫无疑问，高校商务英语教师在大学生商务英语综合技能发展过程中起着至关重要的作用，加强高校商务英语教师师资队伍建设，构建"双师型"教师队伍是推动大学生商务英语能力发展的重要举措。因此，高校需要采取一系列有效措施加强商务英语"双师型"教师建设，为社会培养更多实用性的应用型商务英语人才，提高市场满意度。

经过30多年的对外开放和对内发展，中国已经迅速融入了世界经济全球化进程当中，逐渐发展成为世界第二大经济体。在这一进程中，商务英语遇到了难得的发展机遇，商务英语学科的建立是商务英语主动适应中国经济国际化对高层次外语人才需要的外部标志。现实证明大学通用英语的学习已经无法继续满足经济全球化对语言的需求，商务英语能力成为国家发展不可或缺的核心竞争力之一。传统英语专业正处于转型之际，有着朝着多元化发展的趋势。商务部和教育部最近几年公布的人才需求信息显示：我国对外语能力较强、商务知识丰富的经贸人才需求旺盛，特别是对国际贸易、国际商务谈判等国际商务人才需求强烈。因此，高校商务英语教师需要具备扎实的专业技能，兼具语言技能和商务技能，准确把握市场对人才的需求导向，以大学生商务英语能力的全面发展为目的，不断健全和完善课堂教学策略，促进大学生商务英语技能的全面发展。培养复合应用型、竞争力强的商务英语专门人才以满足中国经济国际化的需要成为我国高等教育肩负的重要使命。

## 二、专业教师发展过程中遇到的问题和挑战

我国的商务英语教学发展很快，绝大多数大专院校开设了商务英语专业或商务英语方向。不过，商务英语专业建设仍存在许多问题亟待解决。有些高校的商务英语师资队伍令人担忧，教学质量不高。这种问题的出现在很大程度上源于目前绝大部分院校的商务英语教师都是由传统的英语语言文学教师转型而来，缺乏必要的商务背景知识和实践从业经验。

### （一）遇到的主要问题

通过对商务英语专业教师发展现状的分析，发现商务英语教师遇到的问题主要体现在以下几个方面：

1. 商务专业知识的缺乏

高校商务英语教师首先是一名教师，他必须具备一个普通教师应有的师德师风、教学组织和管理能力等，作为一名外语语言教师，他必须要掌握听、说、读、写、译五项基本能力，丰富的英语语言基础知识和掌握多元化的商务英语教学法。而作为商务英语教师，他还应该具备区别于其他英语教师的特色，主要指商务方面的专长和商务实践能力。

商务英语教学既是语言教学，又是技能教学。课内教师教给学生商务英语方面的知识，需要辅以大量的包括管理、贸易、法律、金融、财会等方面的商务知识和商务技能的讲解，内容涉及的知识面较广。此外，指导学生开展仿真模拟训练，对教师的综合能力要求较高，具有挑战性。而实际教学中很多教师存在上述二者之间的不平衡。众所周知，大多数的商务英语教师是英语专业毕业生，所学的是语言文学专业，他们驾驭语言的能力强。由于教学需要，他们才开始从事商务英语教学，虽然有相当一部分高学历的年轻教师，但其教龄相对较短，教学经验欠缺，职称以初中级居多。他们对扩充专业知识投入了很多的精力，但仍有不少教师对商务专业知识感到困惑，表现出对商务英语专业知识的教学信心不足。在教学过程中，有的教师对教学中涉及的专业知识采取回避的态度。究其原因可能是大多数教师是半路出家，未经过正规系统培训，实践经验和专业知识相对匮乏，难以给学生以良好的示范和指导，因此存在着专业知识讲解不透彻、缺乏准确性的不足。

商务英语教师主要是普通高校的英语语言文学专业的毕业生，只有少部分教师本科是学习英语专业的，研究生攻读经济学相关专业。这类纯语言出身的英语教师英语语言功底很深，英语教学法娴熟，但是缺乏国际商务背景，他们在商务方面的知识与能力较为贫乏，所以在上课讲解过程中缺乏对商务知识的敏感性，而且国际商务英语教学中存在很多隐性知识，如果上课过程中缺乏商务背景知识、行业操作惯例和程序的讲解，就不会真正意义上启发学生从商务活动的角度去思考问题。商务背景知识的不足和长期英语课讲授的习惯，使得不少商务英语教师面对商务问题时，无法深入

浅出地给学生解释商务知识，这样势必影响教学效果。

商务英语教师的能力要素构成与传统意义上外语专业教师的能力要素构成不尽相同。商务英语专业的学科特点决定了商务英语教师不仅要具备较高英语知识和技能水平，同时还需要具备商科类专业知识、跨文化交际能力和商务实践能力。纯语言出身的教师很难将商务英语学习置于真正的商务背景环境中。虽然通过自身学习和短期的培训能片面地了解商务背景知识，但这类教师缺乏相关企业工作经验和行业背景知识，对商务跨文化交际和对学生未来就业岗位也缺乏实践，因此也无法在商务英语实践中给学生以良好的示范和指导。但现实是这类英语教师是我国目前商务英语师资队伍的主要力量。

2. 商务实践能力的欠缺

商务英语教师作为英语和商务知识的传播者和技能的传授者，其实践能力的高低直接影响到学生商务实践能力的培养。目前受到高校商务英语学科发展和制度的制约，商务英语专业教师的实践能力普遍低下。多数商务英语教师缺乏话语权，习惯按照学校制定的专业课堂理论教学，学校也缺乏有效的激励考评机制和体系来激励商务英语教师的专业实践。另外，商务英语教师缺乏入企事业实践的热情，由于商务英语专业招生人数不断增加，商务英语专业教师数量缺乏，这导致专业教师必须承担满负荷的教学任务。因此，商务英语专业教师在学期中不可能抽出时间到企业锻炼，只能利用寒暑假下企业实践，由于时间紧促，基本上实践就成了走过场。另外，国家没有制定相关法规和规章制度来要求高校教师应该达到的技能标准和一定时期内培训提高的要求。因此增强教师实践能力提升的内驱力停留在学校层面上，由于学校的财力、人力和物力有限，加之各高校对商务英语专业重视程度不够，导致商务英语专业教师下企业难。最后，企业接收商务英语专业教师实践热情不高，一是外贸企业相对较少，二是外贸企业单位规模有限，三是企业不太欢迎短期的商务英语教师实践，所以老师的一线企业实践大多都通过好友亲戚关系才能实现，且效果欠佳。

商务英语教师实践教学能力不仅是高校商务英语双师型教师队伍建设的重要内容，而且还是提升专业教师职业教育能力的重要保障。对于商务英语教师而言，"双师型"教师的定义不是"双证书"型或者"双职称"型教师，而是"双能力"型的教师，即商务英语教师既能胜任英语语言技能教学，又能掌握相当的商务知识和一定的企事业单位工作实践经验，并能捕捉外贸行业领域的最新动态去指导商务英语专业学生实践和就业。

3. 教师发展目标不明确

绝大部分院校的商务英语教师都是由传统的英语教师转型而来，商务英语教师面对身份转型，缺少自我身份建构的主观能动性，对自己新身份的认知还很模糊，定位不准确，发展目标不明确，出现了专业身份迷失和身份认同危机，有些甚至陷入原有专业身份丧失和新专业身份重构的困境。

跨学科的交叉培养是商务英语师资培养的关键和核心，这就需要高校管理者和教育主管部门能高瞻远瞩，审时度势，以开放的眼光来扶植和管理商务英语专业教师向跨学科、复合型方向发展。高校应建立尊重知识、尊重人才的机制和模式；构筑团队的共同愿望，形成持久发展的凝聚力；学院还应培养学习型组织，鼓励专业教师通过一定的平台和方式加强交流，如思想交流、教学交流、科研学术交流等，使教师能在教学工作中得到乐趣和持久发展的动力与创新意识。认真整合院系和专业教研室等组织，统筹安排好可以利用的各种资源。在此基础上，教务处、人事处和商务英语院系通力合作，根据工作需要和教师个人特长及兴趣，帮助专业教师认清自我，明确发展目标和努力方向，制定出操作性强的具体措施。教务处和商务英语系部还应积极发挥教研室主任和骨干教师的作用，积极引导年轻教师走上教学、教改和科研学术的轨道上。这样，商务英语师资队伍培养就有了基础和平台，就能培养出适应社会期望和促进专业发展的商务英语专业教师。

### 4.教学投入和科研投入的矛盾

商务英语专业教师对自己的整体教学方法并不十分满意，主要表现在教学方法不灵活，现代化教学手段运用不够，有部分教师对目前的教学方法存在困惑。另一个困惑是虽然教师对更新教学方法和手段、提高教学质量均有认同感，但是一个不争的事实就是科研在教师的职业发展中所占比重很大。由于面临评定职称的压力，教师十分重视科研工作，并为此投入了相当多的时间和精力，教师对科研发展需求强烈。然而，在实际工作过程中，教师认为自己的角色仍旧在课堂，自己是学生知识的主要来源和课堂活动的组织者，只有少数教师认为自己的角色是此学科的研究者。这种矛盾的心态反映出现阶段商务英语教师科研压力过大，教学的同时也面临着科研工作的困扰。

众所周知，在教师专业技术职称评定中，学校主要还是依靠科研成果的量化结果测评教师的业务能力和水平，而缺乏对教师实践能力的评价，所以导致教师重科研、轻实践的倾向，给教师专业技术能力和教学能力的提升造成了极大的负面影响。

### 5.教师的培养保障机制有待完善

教师对发展成为复合型商务英语教师的期待较高，并愿意为此参加培训。但是教师在职业发展之路上往往没有充足的时间和精力，究其原因主要还是我国高校商务英语教师数量仍然不足，承担的教学任务繁重。同时也反映出教师发展需求和教学负担之间的矛盾。即使上述矛盾存在，但大部分的教师仍然倾向于英语教师专业化，而不是引进商务专门人才。从另一个侧面也看出商务英语教师存在明显的职业危机意识，这恰恰说明目前教师的职业发展需求十分强烈。此外，教师所在学校对教师的培训力度不够，无法为其提供职业发展的体制保障，远不能满足推进"双师型"教师队伍建设和教学上的需要。

我国的商务英语教师专业化受到商务英语学科体系发展和制度发展等许多因素的制约，进展缓慢且效果欠佳。《中华人民共和国教师法》虽然从法律上确定了教师是履行教育教学职责的专业人员，但对照职业专业化标准来看，商务英语教师专业化水平还不高，商务英语教师专业化面临诸多困难。首先，商务英语专业规模化扩张与教师队伍数量不足、质量不高的矛盾；其次，商务英语教师商务知识不足，不能满足商务英语专业教学发展的需要，也难以在科研上有所建树；另外，商务英语"双师型"教师比例偏低，难以指导学生的专业实践教学；最后，商务英语教师进修方式不够灵活，专业教师素质内涵有待提高，商务英语专业发展任重道远。

商务英语专业教师专业化需要连续性的改革与建设，因此它需要一定的保障机制。具体如下：

一是需要政策上的支持，即国家和地方教育行政部门要出台具体的商务英语教师培养、选拔、评价及继续教育方面的相关政策，将商务英语教师同普通高校英语教师区分开来，制定商务英语教师专业化规范。

二是需要物质上的支持。高校要为商务英语教师的行业企业实践行为提供充足的时间和资金保障。比如设立商务英语专业教学实践奖、教育技术奖等奖励措施，调动商务英语教师参加教育教学改革的积极性；设立商务英语"双师型"教师建设专项资金，聘请兼职的行业和企业专家承担商务英语教师的实践教学指导工作，增强商务英语教师队伍的专业实践性。

三是需要精神上的支持。学校要重视商务英语教师专业化，制定相关政策来保护和支持专业教师的发展。商务英语院系要积极推动商务英语教师开展实践性的专业教学改革活动，充分认识商务英语教学活动的重要性；关心商务英语教师的需求，倾听其专业化过程中的领悟和心声，激励其不断探索、反思和实践。

### （二）面临的挑战

**1. 来自国家与行业发展的挑战**

首先是国家需求对商务英语教师发展提出挑战。2015 年，中国大陆企业海外并购交易数量和金额双双创下历史新高。海外并购的首选目的地是发达经济体，同时越来越关注亚洲的机会，"一带一路"倡议将有力推动企业对沿线国家的投资、企业并购、工程承包和贸易。对外开放的新形势亟需大批复合型英语人才，合格的跨国经营管理人才、国际投资管理人才和国际经济法律人才实属凤毛麟角。如何培养国家亟需的复合型和应用型外语人才成为摆在广大商务英语教师面前的迫切任务。

其次是行业和企业的需求对商务英语教师发展提出挑战。根据《中国企业"走出去"语言服务蓝皮书》的统计预测，外语将成为高需求、高增长型的新兴现代服务业。外语服务具有每年百亿级的市场前景，拉动 GDP 和就业，"走出去"企业呼唤外语行业主动提供服务、提前出海，企业需要具有创新精神的国际化、专业化、信息化外语人才。因此，商务英语专业应该树立英语人才国际化培养目标：以文化对外传播为导向的国际化，以技术、产能、资本输出为导向的国际化，以移动互联信息化为导向的国际化。

**2. 来自师资队伍建设的挑战**

商务英语教师队伍不能有效满足学科专业快速发展的需求。2016 年"全国高等学校商务英语专业教学协作组"委托湖南大学课题组对全国商务英语师资状况进行调研，结果显示商务英语教师队伍的现状不容乐观。从年龄来看，绝大多数商务英语教师比较年轻，集中在 25～40 岁（75%）；商务英语教龄短，从事商务英语教学不到 5 年的教师占半数以上，商务英语教龄 10 年以上教师的比例不到 20%。从职称来看，商务英语教师的职称较低，讲师职称占 56%，教授职称仅约占 5%。从学位来看，商务英语教师的最高学位以硕士为主，占 70% 左右，博士学位教师较少。商务英语教师的本科专业方向主要是语言学（30%）、文学（23%）、商务英语（17%），而翻译（5%）和商科（7%）较少；研究生教育阶段的硕士专业方向以语言学（30%）、翻译（18%）、文学（17%）居多，博士专业方向以商务英语（17%）、商科（16%）居多。此外，部分教师的本科专业包括旅游管理、工程设计、英语教育、国际贸易等，硕士研究生阶段专业包括国际贸易、教育学、国际经济法、法律、政治学等，博士研究生阶段专业包括管理、国民经济等，教师的学科背景比较混杂。从工作时间分配来看，商务英语教师深造和实践的时间较少，备课和上课的时间较多，教学负担沉重。从授课课时来看，教师较多承担语言技能课和商务专业课教学，一般为 10～15 课时；跨文化交际课和商务英语实践课课时较少，平均不足 0.5 课时。从教师专业发展活动来看，未参加任何专业发展活动的教师占大多数。相对而言，教师参加较多的专业发展活动是会议、教学研讨会和科研项目，而企业实习、跨文化培训、教学比赛和进修访学等活动则较少参加。很多专业发展活动地点都设在校内，会议、教学研讨会、进修访学和培训的地点以校本为主，而申报、参与科研项目和企业实习等活动地点集中在校内和省内。教师社交活动很少，幸福感低。调研结果表明，校本教师发展体系构建显得尤为迫切和重要，各校商务英语专业应思考探索如何建立健全教师发展体系。

**3. 来自复合型专业教学的挑战**

商务英语师资队伍不能充分适应复合型专业的教学要求。2015 年，第六届"外教社杯"全国高校外语教学大赛新增了商务英语专业组教学比赛，这是教育部批准设立商务英语专业以来的第一次全国性商务英语专业教学比赛，集中反映了我国高等外语教育事业蓬勃发展的新形势和改革创新的新成果，是我国高等外语教育在新的历史时期面向国家需求、多元化发展的切实举措。本次商务英语专业教学大赛对推动商务英语专业建设、促进商务英语学科发展、培养商务英语师资、建设商务英语精品课程都起到了引领和推动作用，主要体现出四个特点：

第一，选手素质高；

第二，教学理念新；

第三，课堂教学生动活泼；

第四，大赛组织管理好。

然而，大赛也反映出商务英语教师专业教学能力存在不足。

首先，教师对商务英语专业的定位和培养目标理解不深，对培养什么样的学生和怎样培养学生认识不清，对学生应具备什么样的知识、能力和素质心中无底。商务英语专业的鲜明特点是国际化、复合型和应用型，这三个特点确定了商务英语专业的人才培养目标。围绕商务英语专业培养目标和专业定位要求，教师对低年级的教学目标是教会学生国际商务中需要使用的英语（商务英语），教学重点以培养语言应用能力为主，即正确使用商务话语和体裁的能力。因此，在低年级阶段，各类商务英语听说读写技能基础课程的教学目标应该是学习商务话语，重点培养学生的商务沟通能力，掌握商务语域、商务体裁、商务认知和商务语用知识与技能。教师对高年级的教学目标是教会学生用英语从事国际商务工作（英语商务），教学重点以培养商务实践能力为主，在打牢商务英语基本功的同时系统学习商务专业知识，掌握从事国际商务所需的经济学、管理学、商务法律、金融、贸易等专业知识，不断提高商务谈判、商务写作与翻译、电子商务等职业、专业、行业沟通能力及商务实践能力。

其次，教师对商务英语课程的性质和定位理解不透。以"综合商务英语"课程为例，教师应通过商务体裁重点讲授语言学习技能和语言点，同时兼顾文化背景知识和商务知识学习。但是，不少商务英语教师在处理语言、文化、商务三部分内容时把握不准重点和时间分配比例，教学出现了偏差。有的教师可能因为自身商务知识和素养欠缺，把综合商务英语课上成了单纯的词汇和语法课，只讲基础词汇和基本语法，完全脱离了商务体裁和商务语境，失去了"商务味道"；有的教师则过分强调商务知识的输入，造成商务知识满堂灌，完全不关注和讲解课文中的重要语言点，不操练语言技能，把一堂课变成了用英语讲授的商务课程；"综合商务英语"课程应做到语言、商务、文化三者的平衡。

由于商务英语是一门交叉学科，集语言与商务专业知识于一体，这就对商务英语教师的要求更高。因此，对于商务英语教师来说，想要上好商务英语专业课程是一件非常具有挑战性的事情。

# 第2节 "互联网＋"时代高校商务英语教师的转型

近年来，改革开放向纵深发展，对外经济贸易活动不断扩大，特别是"一带一路"倡议的提出，促使外向型经济发展进入一个全新的阶段，对商务英语专业人才的需求数量大幅度提升，质量明显提高，高校商务英语教师专业技能亟需改进与提升；另一方面，进入"互联网＋"时代，无论是信息量，还是信息传递方式，都发生质的飞跃，原有的时间空间限制不复存在，传统的知识传授体系被打破，由互联网构筑的网络平台使知识共享成为现实，这给高校商务英语教师的发展带来新的机遇。在"互联网＋"时代，高校商务英语教师应该如何定位自己的角色，进行转型，成为亟待研究的问题。

# 一、"互联网＋"时代对高校商务英语教师的新要求

## （一）"互联网＋"背景下高校商务英语教师专业技能的方向与重点

《高等学校商务英语专业本科教学要求（试行）》中明确指出："高等学校商务英语专业旨在培养具有扎实的英语基本功、宽阔的国际化视野、合理的国际商务知识与技能，掌握经济、管理和法学等相关学科的基本知识理论，具备较高的人文素养和跨文化交际沟通能力，能在国际环境中用英语从事商务、经贸、管理、金融、外事等工作的复合型人才。"明确了新形势下高校商务英语专业教师提高自身专业技能的努力方向。而《高等学校商务英语专业本科教学质量国家标准》则对商务英语专业教师应具备的素质、知识、能力，作了具体的描述："商务英语教师应师德高尚具备合格的英语基本功、专业知识、教学能力、科研能力、实践能力，运用现代教育信息技术，开展课堂教学与教学改革"。根据以上要求，结合"互联网＋"时代的实际发展需要，商务英语教师应重点提高以下四个方面的能：

1.教学内容的选择和提炼的能力

商务英语既有英语专业传统的基础课教材，又有商务英语专业知识英语教材，还包括相关专业课程和选修课程，内容非常丰富广泛。这就要求教师对教学内容有所选择，有所侧重，既要突出实用性强的，与学生学习水平相符的，又要根据教学要求，兼顾内容的整体性、连贯性，满足商务活动全程需要。

2.计算机多媒体技术及网络的应用能力

"互联网＋"时代，计算机多媒体技术及网络的应用，已成为新形势下每一名教师的必修课，传统的教学方式和新兴的网络教学需要教师进行有机结合，学生的计算机操作和网络应用能力需要教师指导，在一定程度上，教师能不能具备、能不能提高计算机水平和网络应用管理能力，决定着课堂教学的人机交流能不能实现，网络强大的辅助功能能不能显现，课堂教学效率能不能提高。

3.教学模式的创新能力

"大众创业，万众创新"的时代召唤，要求教师进一步提高创新能力，借助"互联网＋"，培养更多具有创新意识的商务英语专业学生。这首先就体现在教学模式的创新上，而人机结合的教学方式，本身就是一种全新的教学模式，加上商务英语课程是一个新兴的交叉学科，靠一般的教学方法根本难以胜任。特别是在互联网时代，传统的以教师为主导的知识传授型教学，被人机结合的课堂新模式所代替，教师由单纯的知识传授者和拥有者，转为课堂学习的设计者、组织者，学生学习的引领者、指导者。需要教师运用创新思维，不断设计出满足教学要求，适应人机结合需要，内容丰富、形式新颖，能够充分激发学生主动性和创造性的教学模式。

4.践行商务业务的实践能力

商务英语是一门复合型课程，实践性较强，要求商务英语教师既要具备扎实的英语语言功底，掌握丰富的商务理论知识，又要具备相当高的商务业务操作水平。只有这样，才能有效借助"互联网＋"，模拟实训室场景，创造有效促进教学双向互动的英语互动情景和商务交往情景，组织实训教学，弥补目前大部分本科院校校内实训基地、校外实习基地普遍不足的缺陷，培养学生的商务实践能力，成为融英语语言知识、商务理论知识和商务业务技能于一体的复合型人才。

## （二）"互联网＋"时代高校商务英语教师的角色定位

"互联网＋"时代，高校商务英语教师要善于运用先进的教学手段，学习现代化的信息技术，加强团队的协作，在动态教学中重塑教师角色，不断改进和完善教学方法，使教学模式、教学方法实

现全方位、多方面的动态发展。

1. 由知识的讲解者变成课堂问题的创建者

教师的角色定位应该为课堂问题的创建者，通过提出问题并引导学生解决问题，帮助学生主动体验和建构知识，由被动地接受知识变成主动地探究知识，使学生成为英语学习的"主人"，并引导学生依托网络教学平台，通过独立思考或合作探究的方式，观察问题、分析问题和解决问题。例如，在学习"商务信函"的时候，教师以蓝墨云班课为载体，以"头脑风暴"的方式，进行了以下教学设计：一是在预习环节，利用蓝墨云班课的任务发布功能，给学生发布微课资源，要求学生通过观看微课资源，掌握"商务信函"的基础知识；二是在讲解环节，利用蓝墨云班课的一对一对话功能，逐一向学生发送任务，并要求学生即时作答。主要内容包括：第一"商务信函"的概念；第二"商务信函"的主要结构；第三"商务信函"的应用场合及注意事项；第四"商务信函"的常用语。通过线上一对一提问和作答的方式，防止学生的学习思路互相干扰和提示，"逼迫"学生必须自己动脑，完成任务；三是在探究环节，利用蓝墨云班课的分享功能，将每个学生的作答成果以匿名方式分享到班级群组，并选择具有代表性的若干成果进行集体讨论，大家集思广益，互相纠正和补充，建构完整的"商务信函"知识体系。

2. 由纪律的掌控者变成语言环境的营造者

在传统英语课堂上，由于受到时间和空间的限制，在有限的教学时间内，教师没有办法认真倾听每个学生的发言，在有限的教学场地内，教师也没有办法实时监督每个小组的进程。互联网＋背景下的英语教学，教师可以利用信息化教学手段，解决传统课堂时间少、场地小的问题，利用网络可以交叉和平行开展交流与互动的特性，在互联网的"广阔天地"为学生营造真实的语言环境和宽松的学习氛围，从而使自身的角色由课堂纪律的掌控者转化为语言环境的营造者。例如，在学习"working condition"的时候，教师需要为学生营造不同岗位的工作环境，并在这些环境中展开英语对话。教师可以利用蓝鸽语言学科平台的"语音实验室"功能，进行以下教学设计：一是给学生展示若干工作场景的典型对话，让学生通过观看对话掌握英美国家工作场合的社交礼仪和交际用语；二是利用"语音实验室"的"背景设置"功能，将"实验室"背景设置成商场、酒店、企业办公室等工作场所，并要求学生结合刚才观看视频的心得和英语学习的成果，进行线上会话练习；三是在学生练习过程中，教师应用蓝鸽语言学科平台的录制和分享功能，截取每组会话练习的精彩部分，上传到网络学习群组，供全体同学进行点评与欣赏。

3. 由教学的主宰者变为探究任务的参与者

在传统的英语课堂上，教师是一切教学活动的主宰者，教师以绝对的权威领导学生的一切行为。然而，互联网＋背景下的英语教学，网络为师生营造了开放而平等的交流空间，在这里，教师不再是教学活动的主宰者，而是探究活动的参与者，通过与学生展开平等交流与合作探究的方式，构建和谐平等的课堂氛围。

例如，在学习"Telephoning"的时候，教师利用 ismart 的群组会话功能，以"来电者"的身份，与各组成员同时展开"通话"。在"通话"过程中，教师将所要讲解的商务来电的礼仪、流程和注意事项在"真实"的对话中展示出来。在这一过程中，教师的身份不是知识的传授者，也不是课堂的主宰者，而是跟学生一样，成为"电话"两端的对话者。通过平等对话的方式，教师将自己在教学中想要表达的观点和传递的思想传递出来，并亲身参与到英语知识的学习和英语文化的体验当中。而学生在平等对话中也容易卸下心理压力，思维更活跃、热情更高涨。网络交流的开放性使教师能够以平等的身份与学生展开交流与沟通，而这种方式能够更好地激发学生参与英语课堂活动的热情，提升英语教学的亲和力与趣味性，从而提高英语教学的效率和质量。

4.由学习结果的评判者变为学习过程的见证者

在传统英语课堂上，教师评价学生的主要方式一是卷面测试，二是课堂观察。显然，这难以全面而客观地对学生做出综合评价。互联网+背景下的英语教学，可以利用信息技术的存储、分析、展示等功能，对学生进行过程性评价，由学生学习成果的评判者变为学生学习过程的见证者。例如，教师可以利用蓝墨云班课的线上测试功能，给学生发放测试题，并要求学生线上作答。提交答案以后，教师利用数据分析与处理技术，对学生的考试成绩进行分析，找出每个学生的学习"短板"，进行有针对性的线上指导，并将每次测试的成绩纳入学生的"电子成长档案"当中，以"电子档案"的方式，记录学生在英语学习中的成长过程和学习成果。

## 二、"互联网+"时代高校商务英语教师转型的路径

"互联网+"时代，高校商务英语教师可从重构知识与能力、加强人文修养、提升信息素养三方面进行智慧转型。

### （一）重构知识与能力

高校商务英语教师的知识与能力结构涵盖学科知识、跨学科知识、教学科研实践能力。教师可通过多种途径实现知识与能力的重构，具体如下：

1.转变教学理念，主动学习新知识。传统的教学理念是以教师为中心，经常出现"一言堂""满堂灌"的现象，学生能动性得不到发挥，极大地阻碍了学生思辨创新思维的发展。智慧教学强调学生的主体地位，以生为本，教师负责驱动学生的产出。因此教师要转变教学理念，注重学生主体，加强师生交互。另外，教师还要积极主动地学习学科前沿知识，广泛涉猎跨学科知识。互联网提供了海量的学习资源，教师可充分利用，完善自身的知识结构。

2.注重教学反思，提升教学科研能力。教学反思是教师自我审视和自我提高的一个良好途径。每堂课的教学后，教师可对预期教学目标、教学方法、教学效果、学生评价进行思考总结，从中发现问题与不足之处，并在后续课程教学中及时进行调整改进。教学反思不仅能提升教学效果，而且为教学科研奠定了基础。只有通过不断反思，才能发现教学中值得研究的点，并在教学实践中去论证这个观点的正确性和可行性。因此，教与研不可分割，二者相互促进，相互融合。教师应努力做到在教中研，在研中学。

3.加强团队合作，发挥集体智慧。单打独斗的教学往往是不完善的，集体的思想是智慧的。构建商务英语课程教学团队，实行集体备课、研课，依靠团队力量促进教学有效进行，同时也促进自身专业发展。因此，教师要以开放的心态和课程组、学科组同事进行交流，更应该与跨学科的教师保持密切合作与交流，提升自己的跨学科知识储备与相关能力。合作的形式有很多，课程研讨、讲座、进修，尤其是网络形式的协同研修，可以实现不同学校教师之间的讨论交流，互相汲取优秀的教学方法、教学经验、学术研究方法等。

### （二）加强人文修养

教师应具有独特于其他行业人士的品格、素质。社会对教师的品格印象一般是：品德高尚、学识渊博、安贫乐道、人之楷模。教师不仅要教学问，更重要的是要教学生做人。因此，教师要不断修身养性，提升自身的文化内涵和师德、商务素养，并以正确的价值观和个性魅力吸引学生、影响学生。

1.广泛阅读，充实人文知识。文化涵养是靠文学的熏陶形成的。商务英语教师不仅要学习商务

英语学科知识，而且要充实自己的书架，在文学作品的阅读中形成自己独特的人文底蕴、审美情趣，赢得学生的认同，让学生在潜移默化中接受人文教育。

2.坚定信念，提升人文精神。教师是教育之本，重任在肩，要不断提升自己的人文精神素养。教师要有强烈的教育使命感和高度的责任心，遵守教师职业规范，以良好的师德影响学生，成为有道德、有责任、有能力、有信念的人。

### （三）提升信息素养

为顺应"互联网＋"时代的要求，商务英语教师应具有灵敏的信息意识、先进的信息知识、熟练处理信息的能力和良好的信息伦理道德，以促进商务英语教学模式的改革，实现信息技术与英语教学的深度融合，并促进教师职业的可持续发展。可从以下几个方面培养教师的信息素养：

1.创设智慧教学环境，增强教师的信息意识

意识的培养是一个长期的、多维度的过程，智慧教学环境可以为信息意识的培养提供保障。从具体的教学活动而言，智慧教学环境可以是智慧教学平台的建设。商务英语教师可以采用线上、线下混合的教学模式，使用雨课堂、U 校园、学习通等功能已经颇为完善的教学平台，丰富线上平台学习资源，优化智慧评价体系，使学生能够开展自主式、思辨式学习。优秀的教学平台可以增强师生的使用感，使师生更容易接受信息技术对教学的辅助作用，提升师生的信息意识。

2.加强网络教学平台应用，丰富教师的信息知识，提升教师的信息处理能力

搭建网络教学平台的过程实际上显示了教师的信息知识储量，也是教师处理信息的过程。平台资料的充实完善涉及教学全过程。课前，教师要收集整理全网海量信息，制作预习课件，上传到平台以便学生自主预习，或者利用录屏软件和视频剪辑制作 Flash 动画、微课。课中，教师要熟练利用平台（如雨课堂）的师生交互功能（弹幕、投稿、抢答等），与学生进行实时信息互动交流。课后，教师要开展教学评价，提升自身的信息评价能力。教学平台会提供教学过程中的全景式学习数据，教师要通过分析工具对学生的学习行为、教师的教学行为进行数据分析。

3.优化教师信息素养，提升教师信息伦理观念

信息伦理道德与教师的师德修养尤其相关。道德的培养不能只在于口头表达，而要借助正确的价值观，在实践中进行不断培养、提升。学校可组织与教师信息伦理教育相关的讲座或研讨班，教师也可自主学习信息伦理知识，了解信息保护、知识产权的重要性，加强信息安全意识，遵守网络使用安全准则，摒弃不良信息，选取有用信息开展教学。

# 第 3 节　"互联网＋"时代高校商务英语师资的培养与发展

商务英语教师是承担商务英语教学的关键力量。商务英语教学的发展和未来走向在很大程度上取决于商务英语教师的素质。商务英语教师不仅是商务英语学科愿景的设计者，更是这一愿景的实践者。在一定意义上，商务英语教师团队的能力素质既可能成为商务英语学科发展的瓶颈，又可能成为学科发展和复合型人才培养的推动力。研究商务英语教师的培养和发展是商务英语教学不断向前的必需条件。

## 一、商务英语师资的培养

### （一）确定商务英语教师发展目标

跨学科的交叉培养是商务英语师资培养的关键与核心。这就需要教育机制能审时度势，以更开放的眼光来扶植和鼓励英语教师向跨学科、复合型发展，从教育部、社会、学校各个层面为商务英语教师提供政策支持和制度保障，加强职前培训和职后教育相互衔接的一体化程度，建立和完善职后教育体系，在借鉴其他国家和地区经验的基础上因地制宜、有步骤地进行。学校应建立尊重知识，尊重人才的机制与模式；构筑团队的共同愿望，形成持久的凝聚力；培养学习型组织，提倡质疑，鼓励创新，引导教师修炼自己的能力，使教师能在教学中得到乐趣和持续发展的动力；认真整合学院、系部和教研室等专业组织，统筹安排好可以利用的各种资源。在此基础上，专业部门还应和学校人事部门一起，根据工作需要和教师个人兴趣，帮助教师做好国际商务英语教师发展目标，并通过考核找出教师工作中的不足之处，明确发展目标和前进方向，制定出操作性强的具体措施。这样，国际商务英语的师资培养就有了基础和平台，就能培养出适应社会期望和挑战的国际商务英语专业教师。

### （二）到一线中扩充商务知识

国际商务英语是一门应用性学科，教师的实践经验与教师的教学能力和教学效果关系极大。国际商务英语专业课教师在校已获得较扎实或一定的商务基础及理论知识，但是他们缺乏对国际商务一线的感性认识。因此，学校应有计划地分批安排教师定期进入国际商务一线进行实地考察和学习，或利用假期安排教师进入企业实践，扩充相关行业的背景知识。国际商务英语教师根据不同需要选择到外贸企业或有对外业务的企业及合资企业等进行学习和实践，既可以亲自了解国际贸易流程、国际企业管理、国际市场营销等知识，积累从业经验，丰富商务知识，提高商务操作技能，也可以了解用人单位对毕业生素质能力的具体要求，从而有针对性地调整授课内容，进一步搞好课程建设和教学改革，开发具有一定前瞻性的课程，从而对英语在国际商务环境中的使用获得整体的、具体的把握。同时，也可从中搜集大量素材与案例供课堂教学所用，使教学内容更具真实性和实用性。

### （三）开展国际合作办学

在学校各方面条件允许的情况下，可以与国外大学联合创办国际商务英语专业，提前与国际接轨，因为商务英语专业培养的人才将来就是要参加到国际商务活动中，与外国人进行商务交易等活动。一方面，它有利于增进本专业国际接轨，加深学生与教师对国际商务英语的认知。另一方面，也可以优化人才培养计划，使其更具有针对性和适应国际商务的需求。

中外学校可以交流师资，互派教师。在国内授课期间，国际商务英语教师与外教共同备课、研究教学方案、教学方法，共同组织研讨会。同时，学校可以分批选派国际商务英语教师到合作国大学进修或讲学，与国际商务英语教学零距离接触，吸收国外先进的教学理念、教学方法，了解世界文化、贸易、经济的大背景和发展动态，这能够对国际商务英语师资队伍成熟与发展产生巨大的促进作用。

英、美、加、澳及欧洲其他地区的外语教师培训都有一个共同点，重视理论与实践的有机结合，集中关注课堂，以教师和学生为对象研究问题，把培训做成集教、学、研、辩、行为一体的"教育"和"发展"过程，真正达到教学相长、教研相益、授人以渔、终身学习的效果。国际商务英语教师培训和培养可以根据自身特点，借鉴和遵循该方法。

### （四）"校本培训"和"校外培训"相结合

1. "校本培训"

所谓"校本培训"，是指在教育专家指导下，由学校发起、组织、规划的，以提高教师教育教学和科研能力、促进学校发展为目标，通过教育教学和科研活动方式来培训学校教师的一种校内在职培训项目。校本培训的前提是教师没有脱离工作岗位，将培训工作与教学工作紧密联系，能及时地学以致用。校本培训具有明显的优势，如方式的灵活性，也就是说，学校可以根据目的及需要，适时安排。

（1）利用本校及本地资源对教师进行在职培训

学校可以利用本校及本地资源，对教师进行在职培训或利用本校教学资源，鼓励教师到校内相关学院、系、部学习相关商务方面的知识，并考取相关证书，如人事部和对外贸易经济合作部组织的国际商务专业人员职业资格认证等，并对取得相关证书的英语教师实行激励政策。

（2）鼓励教师跨系听课、进修

商务知识薄弱的教师可去国际贸易系、经济系、管理系等听课、进修，通过学习和进修，获取国际商务英语学科教学所需的跨学科知识。而英语比较薄弱的教师可去学校的外国语学院或英语系进一步提高英语语言能力，尤其是口语交际水平。也可采取"一帮一"结对的办法，组织新老教师结对，发挥老教师"传、帮、带"作用，促进青年教师教育教学能力的提高。

（3）邀请校内外专家对商务英语教师进行培训

学校可以邀请校内外专家对国际商务英语教师进行定期培训。一方面可依托本校师资资源，聘请校内有关学者、教师进行国际商务英语学科知识培训。另一方面可聘请社会上的国际商务英语专家、企业家担任客座教授，定期举办学术讲座，增强学术氛围，开阔教师的视野，使教师及时了解本学科、本专业发展的最新成果。邀请社会上水平较高的商务从业人员和商务理论知识扎实、商务操作技能良好、工作经验丰富的教师，对缺少商务知识的教师进行集中培训，使学校的语言教师能够掌握国际商务基础知识和基本操作技能。

（4）现代化教育技术培训

学校组织教师参加现代化教育技术培训，鼓励教师制作多媒体教学课件，充分利用多媒体、网络资源完成教学任务，从而提高教师利用现代教育技术和现代信息技术的能力。

（5）相关的配套政策

学校有关部门可以出台相关的配套政策，鼓励、支持教师进行有关国际商务英语的学术研究和教学研究，撰写论文，著书立说，以此促进教师教研、科研活动，以期提高教研、科研水平。

由于"校本培训"以教师任职的学校为接受培训场所，可进行比较持续而长久的培训，达到较好的培训效果。坚持"校本培训"为主的师资培养方法，既能充分利用资源，节约成本，又能稳定现有师资队伍，因此对国际商务英语这样新型的应用性较强的交叉型学科教师的培养尤为适用。

2. "校外培训"

"校外培训"包括学历进修及非学历培训。

（1）学历进修

学历进修是以一些优惠政策鼓励青年教师攻读在职或脱产的国际商务英语专业本科以上学位，为国际商务英语学科储备长期的人才。这种学历进修机会和渠道应该是长期的、正规的，包括本科层次，还包括硕士层次，甚至延伸到博士层次，从而适应国际商务英语学科不断发展的需要。

（2）非学历的培训

选派教师参加由国内权威院校举办的国际商务英语教师师资培训班，这将有利于国际商务英语教师接受先进的国际商务英语教育理念、教育方法和先进的知识，大大提高教学质量和人才培养质量。学校也可以选派部分教师去国外短期考察、学习、进修自己将要开设的课程与内容。选派教师以各种适合自己的方式外出进行短期培训与进修。从商务一线引进的人员，由于缺乏系统的教育教学理论基础，可分批输送到高等院校强化语言训练，提高他们的英语水平，加强他们的英语学科知识和英语学科教育知识的学习。

**（五）改进商务英语教师考核制度，建立科学、公正的师资考核制度，才能调动教师的积极性，为个人发展和团队建设提供发展空间和平台**

科学地评价教师，既是教育评价、学校人力资源管理等方面的实践课题，同样也是更好地提升教师素质的关键。首先，应该以尊重教师多样性、激发研究动力、营造良好的学术氛围为目标实施考核，避免单纯依靠学生评估和科研量化的考评制度。其次，要充分考虑到学校和学科发展的具体特点，创新教师考核方式，在量化基础上尝试双重或弹性的内在评价机制。

## 二、商务英语专业教学师资的发展

在对国内商务英语教师职业发展现状的调查中发现，商务英语教师存在明显的职业危机意识，职业发展需求十分强烈，但多数院校在教师培训的时间、投入及力度上明显不足，无法为其提供专业发展的体制保障，发展环境不够理想。探索切实可行的商务英语教师专业发展路径是当务之急。

所谓教师专业发展是以教师个人成长为导向，以专业化或成熟为目标，以教师知识、技能、信念、态度、情谊等专业素质提高为内容的教师个体专业内在动态持续的终身发展过程，教师个体在此过程中的主体性得以充分发挥，人生价值得以最大限度地实现。"互联网＋"时代，商务英语专业教师的发展路径如下：

### （一）商务英语教师群体合作

群体合作发展指教学中同行教师共同合作，开发、提供或选择专业发展的方法，达到教师专业不断进步的目的。群体发展十分契合当前商务英语专业教师现状。同行合作能够帮助教师找到应对各自商务英语教学中难题的有效方法，弥合各自专业知识结构的欠缺，加速教师教学技能和专业能力的提升。另外，群体发展能帮助商务英语教师正确、客观地看待商务英语教学工作和教学成就，促进教师专业信念的提高。

1. 合作教学

商务英语教学中，不同语言背景、商务背景和其他背景的教师共同合作，发挥各自特长，共同完成教学任务。教师共同分析学生需求，交流教学观点和思想，一起制定教学大纲，一起备课，共同设计教学活动和教学测试，互相提供阅读书目。在合作教学中，不同背景的商务英语教师充分发挥各自优势，相互引导，共同探索，研究和总结商务英语教学方法、教学手段。语言背景的教师扩展其商务知识与技能，商务背景的教师学习语言知识和技能，教学新手学习、借鉴资深教师的教学经验。在具体商务英语教学中，可根据课程、师资情况采取以下几种方式：全程合作式，即双方共同完成所有教学环节；协助合作式，即以一个教师为主，另一个通常是通晓商务的资深语言教师，扮演协助者角色；课程辅导式，即资深教师以专家身份出现在整个教学设计中，对整个课程的设计提出指导意见，解答学生、教师的教学难题等。

2.互助"观课"

"观课"与传统听课的不同之处：观课者带着明确的目的，凭借自我感官及"观课"工具（观课量表、录音及录像设备等），直接从课堂情景中收集资料并加以分析研究。同事互助"观课"最有益于促进教师的专业素质与能力的提高。在同事互助观课中，观课者与被观课者都带着互相学习、互相促进、共同解决教学难题的目标与愿望，这种听课方式一般不涉及褒贬评价和奖惩利益。授课教师注重学习与发展，能主动尝试具有挑战性的教学活动，课堂上能够真正表现自我，乐于认真反思、请教与切磋；观课者以学习、研究和指导者的多重身份观课，他们具有较强的针对性，更多地指向课堂教学与课堂行为的有效性。观课后，进行研讨分析活动，双方都会以诚相待，共同受益。为提高同事互助"观课"的质量，学校和专业组织要对教师进行观课目的、态度、重点、课后研讨技巧及反馈策略等方面的培训。学校应为同事互助"观课"创造有利条件，如请专家进行业务指导，消除"观课"双方的心理压力等。通过同事互助观课，可以比较全面地满足国际商务英语教师对专业发展的需求和改进教学方法、提高课堂教学质量的要求，还能够促进同事间的真诚合作，使教师从传统的"教师个体劳动状态"中解放出来，真正融入学习型团队中，对提升其教学能力、教学素质都有巨大的促进作用。

### （二）积极构建商务英语教师学习共同体

1.教师学习共同体简述

教师学习共同体是教师自发组织的，旨在提高教师专业能力和促进教师专业发展，积极尝试多种自主学习形式，注重成员之间的经验资源共享，实现互促共进的教师学习型组织。

根据不同的分类标准，教师学习共同体分为不同的类型。首先，根据教师学习共同体依托平台的不同，可以划分为实体的和虚拟的两种类型的教师学习共同体，即传统的线下教师学习共同体和线上学习共同体（基于网络的教师学习共同体）。其次，根据教师学习共同体组成成员即教师所教专业的不同，可以划分为同学科和跨学科教师学习共同体。另外，根据教师学习共同体所研究问题的不同，可以分为基础型、专业型、研究型的教师学习共同体。

实际上，大部分的教师学习共同体都不是孤立存在的，它们会同时归属于两个或者更多的类型，这也是客观上对教师学习共同体的发展提出的更高的要求。

教师学习共同体包含两个方面的内涵。第一，共同发展是他们追求的目标。学习共同体中的教师、管理者及其他参与者不断地进行学习和合作，提高自身的专业素质，进而推动整个学习共同体的发展，最终促进学生的学习和发展。第二，学习和合作是教师学习共同体良性运转的基本保证。所有成员都处于一种民主平等的氛围和基于一定支撑的环境中，分享学习资源、交流情感、体验和观念进行相互学习和反思，协作完成特定的学习任务。

2.构建学习共同体的要求

教师学习共同体能有效促进教师专业知识的积累、专业能力的发展、专业精神的深化。其中，教师的专业精神是指教师对教师行业的基本价值取向、认同感等带倾向性的信念，包括教师的"职业认同感"和"主体发展意识"等，是支撑教师不断追求专业发展的根本动力。具体来讲，教师专业发展对教师学习共同体提出了以下四点期望。

（1）以学生为本

构建教师学习共同体的目的是促进教师的专业发展，而这又是为了促进学生的全面发展，促进学生的全面发展是一切教育的核心。因此可以说，教师学习共同体是以促进学生的全面发展为最终目的的。教师学习共同体必须以学生为本，教师学习共同体的活动聚焦于学生的成长。

以学生的发展作为评价指标。在教师学习共同体中，一切活动基本上以结果为基础进行评估。因为如果对预设目标进行评价，教师学习共同体的一切活动，如共同愿景的确立、集体探讨、完善教师学习共同体的措施等都可能不知道何去何从，从而大大限制了教师的专业发展。因此，教师学习共同体仍旧是以学生的发展作为评价的指标。教师专业发展评价的重点是"教会学生什么"而不是"教了哪些"，就是从关注"教学的意图"转变为"教学的成果"。

"学生模块"指引着教师学习共同体的发展方向。为了以学生为本的理念能够融入教师学习共同体发展的方方面面，有必要在教师学习共同体中建立一个"学生模块"，它以学生自愿参与的形式或者学生选派代表的形式吸收成员。

从教师的角度来讲，教师通过调查这个模块，分析教师学习共同体是否在正确的发展轨道上、教师学习共同体应重点关注的内容及新的教育教学方法的适用性。

从学生的角度来说，学生可以主动向教师和专家提出问题，也可以单独和某位教师交流。我们可以采取各种各样的方式来加强教师和学生的管理，将教师专业发展指向学生的成长与进步。

（2）注重合作

以前，每个科目的课程只是关于本学科的知识，局限于用本学科的知识解决一定的问题，因此问题的答案也局限在这一学科范围内。但是，新课程改革要求教师教授综合课程。综合课程要求教师从多个学科的角度来探索一个问题的解决之道，这样可以提高学生的学科综合能力和整体分析能力。因此，新课程改革的深入发展，使教师之间的合作教学成为一种必要。

教师学习共同体作为一个学习型组织，其优势在于以团体学习、合作学习促进个体的发展。合作是教师学习共同体存在的基础。然而需要指出的是，教师学习共同体发展所基于的合作，包括教师成员之间的合作及教师与学生之间的合作。教师专业发展要求发挥教师合作学习的优势。

教师学习共同体这个平台包含合作和竞争，它体现了教师个体与共同体成员在一定文化背景下的交往与互动。一方面，教师们可以进行合作与交流，讨论教师个体无法独立解决的难题。因此，教师学习共同体发挥了教师集体的智慧，为教师个体的发展提供支撑，最终实现个人发展。另一方面，教师在教师学习共同体中就不同的教育教学观念进行争论，使各位教师在启发中找到个体专业发展的突破点。因此，教师学习共同体的发展是基于合作，但它又不是基于一般意义上的合作。

（3）形成组织学习能力

教师学习共同体是教师进行合作、交流、对话和学习的平台，该组织的每个成员教师都是学习者，目的是希望通过自身的学习来促进学生更好、更快地发展。需要强调的是，教师专业发展对教师提出了终身学习的要求，这样教师才能适应社会环境的巨变。

因此，培养教师形成终身学习的习惯和能力，就成为教师学习共同体发展的一个重要指标。教师只有具备终身学习的习惯和能力，才能具备自我教育的意识和能力，才能使教师有效地将外部教育效果更好地作用于自身的发展。

要培养教师终身学习的习惯和能力，重点是要增强教师自主发展的意识和能力，因此促使教师学习共同体形成组织学习能力就十分重要。只有教师学习共同体形成了组织学习能力，才能带动教师学习共同体中的所有教师共同发展，才能将教师的自主专业发展落到实处。只有将教师共同发展的愿景和组织学习的理念推广至整个教师学习共同体，构建教师学习共同体共同参与的机制，才能使教师的团队学习拓展为教师学习共同体的组织学习。

（4）学习共同体成员学习实践性知识

教师实践能力的发展与教师理论知识的发展是教师发展的两大内容。教师职业特征要求教师更加注重实践性知识，教师的理论知识服务于教师实践，教师实践性能力的培养是教师专业发展的核心。

①如何获得实践性知识。采取学习实践性知识和进行行动研究相结合的方式，可以促进教师实践能力的提高。教师学习共同体中教师分享的专业知识与经验，大部分是实践性知识，也是众多教师希望从教师学习共同体中获取到的主要知识。

②实践性知识的特点。实践性知识具有以下特点。

第一，它是以具体的实践问题为对象的，它从多学科的视角为教师提供解决教育教学问题的方法。

第二，实践性知识作为被教师个体所拥有的具有个性的知识，可以拓宽教师的视野，使教师获得更多的关于教学实践的知识，可以为教师提供研究课题，也可以作为教师应对教学新问题的保障。

第三，它具有经验性、生动性和灵活性，存在于情景中。

第四，它虽然可以作为经验进行交流，但是它更多的是直接内化到人们的行为中，成为隐性知识。

第五，它具有一定的适用性，用于解决特定的教育教学问题。

### （三）商务英语教师成为研究者

在教师专业化发展中，教师已由传统的"传道、授业、解惑"者转为教育活动的组织者、设计者、合作者。因此，教师必须树立正确的发展理念。教师要想获得持续发展，需要教师有能力对自己的教育行动加以反思、研究、改进，即树立"教师即研究者"的专业发展理念。商务英语教师除了要对商务英语语言、翻译进行研究，还要研究商务英语教学中的一些要素和内容。

1.教师成为研究者的必要性

首先，随着时代的发展和科学技术的进步，原来的某些教育内容已经不适应社会发展，因此"教师即研究者"是时代对教师的要求。其次，教师不再仅仅是课程的消费者和被动的实施者，而在某种程度上成为课程的主动设计者。另外，在现代社会的知识理论中，由于知识本身与人的关系越来越密切，知识的建构性特征越来越明显和突出。教学是通过作为思维系统的知识来发掘人的创造力，所以知识在教育过程中发挥作用的重要机制在于理解。根据这种新的知识观，教师的教学活动和学生的学习活动本身也是一个创造新知识的活动和过程。这就意味着对教师素质、能力方面的要求提高了，即教师必须是一个研究者，才有能力担负起建构新知识的教学任务。

2.教师成为研究者的方法

教师可以通过以下方法使自己更快地成为研究者。

（1）树立问题意识，善于发现问题。教师可以通过不断反思自己的教育教学活动和效果，以及整理自己的亲身感受和困惑来发现问题；可以从新的教学观念、思想与自己的教学实践对照中发现问题；可以通过自己的做法与别人的经验比较来发现问题；甚至可以在与学生、家长的讨论中发现问题。

（2）学习一定的教育科学理论和研究方法。有很多途径可以使教师获得教师教学研究知识和研究方法的学习，可以参加相关的培训，可以通过关注关于教育的理论期刊来了解教育理论的前沿和教育实践的焦点并掌握一定的研究知识，可以链接或收藏比较有影响的教育网站，可以加入一些研究团体等。这样，教师可以与同行交流自己的思想。

（3）采用行动研究的方法进行教学研究。就方法而言，行动研究的核心是自我反思的螺旋式行进过程，包括"计划—行动—观察—反思"几个步骤。教育的"行动研究"就是指学校的校长、教师等在实际的教育情景中担任研究工作，制订计划，系统地搜集资料、分析问题，提出改进方案，付诸实施，检验和反省成果，并以研究成果为依据，进行教育改革，提升学校及个人的教育质量。

行动研究具有两个显著特征。

第一，以提高行动质量、改进实际工作、解决现实问题为首要目标。行动研究最大的特性，就是针对实际工作中产生的问题，以可能解决问题的方法为手段，通过实践和研究来验证这些问题解决的效果。它的外在效度不一定要高，"行动研究"不追求理论发展，也不强调普遍适用，一切只为了着眼于解决实际问题。判断行动研究是否有价值，将完全以其对现状能改进多少为依据。

第二，主要研究人员就是实践者，强调研究过程与行动相结合。教师是教育教学活动的实际运作者，对于相关的问题、困难及成效最为清楚。在学校所进行的行动研究中，教师可以扮演研究者的角色，在教育教学过程中进行研究，以寻求解决之道。

总之，行动研究要求教师进行积极的反思，参与研究，要求研究者参与实际工作，并要求两者相互协作，共同研究。

### （四）注重反思性教学

反思性教学是现代教育改革中迅速兴起的一门教学理论，起源于杜威和肖恩等人对反思活动的研究。

实施反思性教学应当通过合理的教学反思来进行。合理的教学反思始于对教学中的实际问题的探询。教师应经常、系统地进行教学反思。实施反思性教学，成为一名成功的反思型教师，可采取的策略有实践反思、叙事反思、合作反思和资源反思。

（1）合作反思

合作反思是外语教师反思性教学的重要途径，包括参与式观察和合作教学等方法。参与式观察以教师相互听课为主要形式来观察和分析同事的教学活动。合作教学指两名以上的教师同时教一个班的学生。外语教学中的合作教学可以促进教师对教学进行反思，有利于教学合作和教师专业素质的培养，也有利于培养教师的团队精神。

（2）实践反思

实践反思的主要方法是行动研究。教师行动研究是教师对自身当下思维与行为的监控与调节、协调与互动。行动研究是一个循环往复的探询新问题、解决新问题的过程。行动研究能够帮助教师在调节自身思维活动与行为活动的同时发现教育教学实践过程中的问题，并通过教学实践使问题得到顺利解决，使教师由纯粹的教育教学实践者提升为教学理论的创造者与实践者。

（3）资源反思

资源反思主要包括观看教学录像带和利用教师档案袋等方法。观看自己的教学录像可以使教师站在客观的角度考察自己的教学实践，它不仅能反映自己教学的优点和不足，也能把很多自己并未注意到的教学细节呈现出来。教师档案袋是对所有关于学生学习和教师教学过程的记录，同时还有教师本人对这些事件的评论和解释。它为教师的反思提供了最直接的情景，可以帮助教师反思自己的教学过程，然后据此选择最合适的教学策略。

（4）叙事反思

叙事反思是教师通过内隐或外显的方式将所经历的教育事件与相关感受呈现出来，为他们今后的思考提供素材。教师可以采用想象叙事或内隐叙事，将自己头脑中的各种表象通过自己思维的加工而构成各种具有意义情节的事件，如对教学片断的回忆等；也可以采用口头叙事，通过口头言说的方式将自己内心的东西表达出来，如与同事交流反思心得等；还可以采用书面叙事，通过书面语言将自己所见、所闻、所经历的事件写出来，如教学日志、听课记录等。

## （五）自我学习

自我学习是指商务英语教师根据自己的知识结构、能力素质情况或兴趣确立学习目标，选择学习内容，制订满足需求的学习计划，进行自我学习活动，评价自己是否达到学习目的，并据此制订下一步的学习计划。在自我学习中，教师能够明确自己的学习需要是什么，进而自我引导、自我组织学习。自我完善是学习动力和学习要求的来源，所以自我学习有着较强的针对性，并且会获得较好的学习效果。

自我学习既是商务英语教师弥补知识结构缺失的有效途径之一，也是商务英语教师提高语言水平的重要途径。英语对我国的商务英语教师来讲是一门外语，教师上岗后还要通过自我学习提高对英语的熟练度。尤其是现在从小学三年级就开设英语课程，所以我国的商务英语专业学生已经具备了较高的英语语言水平，相应地对商务英语教师的语言水平提出了更高的要求。信息化时代为实现自我学习提供了有利的环境，商务英语教师应充分发挥其在网络时代中的主导作用，不但要掌握如何有效利用多媒体、网络资源进行教学，还要能教会学生如何利用现代信息资源。

## （六）青年教师导师制

导师制是一种教育制度，且由来已久。早在19世纪，牛津大学就开始实行导师制，其表现为密切的师生关系，因为导师不仅指导学生的学习，还指导生活。导师制也可以应用到青年教师的培养中，从而促进青年教师的专业成长。目前，国内高校的商务英语教师多属于35岁以下的青年教师，且在商务知识方面有所欠缺，实行导师制能促进青年教师的专业成长。具体而言，商务英语专业所属院系应该从全校教师资源中，为初任的青年教师配备有教学经验、学术专长的导师，尤其是综合类大学和财经类大学应选配英语好、商务知识全面、有一定商务实践能力的教师作为导师。

青年商务英语教师实行导师制，可以达到以下效果。

首先，青年教师由于初上工作岗位，对工作环境不熟悉，加之专业水平、个人能力及社会经验有限，往往存在种种困惑，而实行导师制则能够帮助青年教师合理构建知识体系和明确个人的研究方向。

其次，青年教师在导师制的带动下，不仅参与导师的课题研究，而且一起攻关难题，科研及创新能力在这一过程中均得到提高，并且明确了研究中应该遵循的思路、实施的路径和解决问题的方法，进而促进了专业发展。

最后，在导师制的引导下，青年教师在教学及科研中逐步培养了个人的领导能力，可以充分发挥自主能力来开展相关的教学及科研活动，实现了教师由初任弱势期向稳步成熟期的转变，促进青年教师的自主发展，这也是教师职业生涯中最重要的一个发展阶段。

鉴于此，青年教师导师制是促进商务英语教师专业发展的有效保障，高校的管理者及院系领导要把培养青年教师作为己任，选派专业功底扎实、学术道德良好及为人处世谦和的优秀教师作为导师，促进青年教师的专业发展。

# 第八章 "互联网+"时代高校商务英语的实践教学体系建设

## 第1节 高校商务英语实践教学体系概述

我国传统的英语教学体系，注重理论教学，对实践教学环节投入不足。因而，构建科学合理的商务英语实践教学体系正是弥补了这方面的不足，它把语言学习与真实的商务实践相结合，使学生不仅掌握语言知识和语言技能，还具备较强的在商务领域里运用外语进行交际沟通、解决问题的能力。可以说实践教学是融合和衔接相关知识、促进各项技能协调发展的关键，提升毕业生就业竞争力的关键。构建商务英语实践教学体系，先要了解实践教学体系及其理论基础，下面我们就对商务英语实践教学体系的相关概念进行说明。

### 一、实践教学的内涵

实践教学是整个教学体系中重要的组成部分，是职业教育中不可缺少的重要环节。商务英语最突出的特点就是它的职业性，高等院校对学生进行职业技能训练主要是通过实践教学环节来实现的。

实践教学，一般指有计划地组织学生通过观察、试验、操作（广义的），掌握与专业培养目标相关的理论知识和实践技能的教学活动，包括生产劳动、专业劳动、课程实验、课程设计、教学实习、科研实践、社会实践、生产实习与毕业论文（设计）等环节，旨在使学生获得感性知识，掌握职业技能，养成理论联系实际的作风和独立工作能力，并促进良好职业习惯、职业道德的养成。为了提高职业技能训练的质量，应改革实践训练制度，加大实践训练力度，实行实践训练达标制，制定实践教学的方案，建立实践训练教学体系。

### 二、实践教学体系的定义

所谓实践教学体系，就是由实践教学活动各个要素构成的有机联系整体，与其相对应的概念是理论教学体系。上位概念是教学体系，下位概念是实验教学体系、实习教学体系、社会实践训练体系等。

### 三、商务英语实践教学体系的理论基础

#### （一）马克思主义实践观

实践观是马克思主义哲学的基本观点。马克思认为通过实践创造对象世界，即改造无机界，证明了人是有意识的类存在物，也就是这样一种存在物，它把类看作自己的本质，或者说把自身看作类存在物。他把实践看成人的"感性活动"或"对象性活动"。实践是人与外部世界之间相互作用的感性活动。通过这种活动，人在改变外部世界的同时也改变着自己。人们只有在一定的社会联系和社会关系中才能对自然界产生影响，才能进行生产。实践是人类特有的对象性活动，是人们有意识、

有目的、能动地改造社会和改造人自身的感性物质活动，是人与对象、主体与客体通过相互作用而实现统一，并使人类获得生存和发展的社会历史进程。马克思主义的实践论的核心是实践是人类的根本存在方式，是人类社会的前提、本质和动力。人是实践的主体，实践是人的有意识、有目的、能动性的主体化与客体化的过程。

马克思主义的实践观对商务英语实践教学具有重大的指导意义。它主要体现在：

首先，根据马克思主义实践观，人和世界的关系首先就是实践的关系，通过操作、介入世界的方式人们获得了对世界的认识，实践同时也改变着世界被认识的方式。实践是人特有的存在方式，实践是一切活动和知识的前提，实践也是教育活动的重要方式。商务英语由国际商务实践的交际活动发展而来，是英语的社会功能变体。商务英语中的很多词汇、句法和篇章也都是由于长期的商务实践活动而形成的。商务英语教育是应时代、经济、社会发展的需求而产生和发展的，自出现之日起，就以服务社会、发展经济为目标，与社会实践紧密结合，商务英语的教育内容、教育方法和教学手段皆来自实践活动。商务英语教育培养国际商务领域跨文化交流与沟通的人才，并要求其人才具有行为能力，这就要求商务英语教育需要大量的实践活动。事实上，商务英语教育自出现以来，实践教学就是其教育的不可或缺的重要的教学方式。也可以说，商务英语教育与生俱来就带有实践性特征。在商务英语实践教育活动中，商务英语学习者通过大量的实践教学，实现客体与主体的相互作用，不断扩大认识，获得综合商务英语能力（商务英语沟通与交流能力）的不断提升与发展。

第二，实践是人的有意识、有目的的行为过程，人是实践的主体。商务英语教育实践活动中，学习者是活动的对象，是活动的主体。学生的认识主要是在实践和活动中发展起来的。认识这一规律的重要意义在于必须使学生在教学过程中活动起来，既动脑又动手、动口，积极参与教学过程而不是静听、静观。这是涉及教学观念变革的具有根本意义的变革。商务英语学习者作为实践活动的主体，在商务英语教育理论和教师的指导下，在丰富多样的实践教学活动中，发挥其积极性、主动性和独立性，通过运用所学原理和理论在实践中发现问题、分析问题和解决问题，再把这些现象和问题带到理论学习中讨论，然后再尝试解决问题，在实践过程中学到解决问题的方法。也就是说，商务英语教育过程就是学习者从理论到实践，再从实践回到理论，往复循环，不断获得提高的认识过程。

第三，实践教学促进商务英语学习者全面发展。马克思主义实践观认为，人在实践过程中完成了自身发展，人的劳动实践使生产者也改变着，练出新的品质，通过生产而发展和改造着自身，造成新的力量和新的观念，造成新的交往方式、新的需要和新的语言。商务英语人才不但需要有良好的商务英语沟通与交流能力，还需要具备在国际商务领域中做事与做人的能力，也就是需要完备的综合素质与能力。在商务英语实践教学活动中，商务英语学习者以主体内在体验的方式进行实践教学活动，可以验证、重演知识产生的过程，得到学科知识与技能的提高。同时，实践教学活动还能够使学习者生成和建构新的知识。实践教学可以使商务英语学习者充分领悟商务英语学科的知识的内在意蕴，掌握探究事物的方法，从而提高从事研究的能力。更为重要的是，实践教学能够使得商务英语学习者养成社会生活基本素养，进行世界观的形成或改造，有效地促进学习者个人能力、个性发展和个人价值的统一，实现学习者的全面发展。商务英语学习者在实践教学活动中，不断获得商务英语知识、能力与素质等各方面的提高，与此同时也不断获得社会经验，养成社会生活基本素质，从而全面提高综合素质，成为全面发展的人。

## （二）默会认识论

默会认识或默会知识，或称缄默知识，是 20 世纪 60 年代英国科学家波兰尼提出的概念，其默会认识论是对哲学的重要贡献。波兰尼通过大量、长期的思索和研究发现：人类的知识有两种。通常被描述为知识的，即以书面文字、图表和数学公式加以表述的，只是一种类型的知识。而未被表述的知识，像我们在做某事的行动中所拥有的知识是另一种知识。他把前者称为显性知识（明确知识），后者称为默会知识。与显性知识相比，默会知识不能通过文字符号进行逻辑说明，它是那些平时不为人们所意识到，却深刻影响人们行为的知识。也就是说，默会知识不能清晰表达，只可意会，不可言传。默会知识是人们通过身体感官或理性直觉而获得的。传递默会知识不同于通过明确的推理过程而获得的外显知识，因而也不能加以批判性反思；缄默知识具有明显的情景性和个体性。波兰尼强调默会知识的维度有限性，默会知识是自足的，而显性知识则是必须依赖于对默会知识的理解和运用。因此，所有的知识不是默会知识，就是根植于默会知识。一种完全明确的知识是不可思议的。

波兰尼的默会认识论重新审视人类知识的性质、生成、类型和传播方式，主张人类知识由默会知识和显性知识共同构成，所有的外显知识都根植于默会知识。默会知识是一种重要的知识类型，是人们获得外显知识的向导和背景，对人们的行为起定向作用，支配着人们的认识活动。默会知识的获得主要不是靠读书或听课的形式，而是要亲身参加相关的实践活动，在实践活动中传播的。波兰尼非常强调实践体验和学徒关系模式在获取某些领域默会知识中的重要作用，认为参加具体实践体验及与有识之士接触或联系，对获取缄默知识来说是一种明智的策略。目前，有些学者认为知识有形式性知识、描述性知识、说明性知识和实践性知识四种类型。形式性知识主要对应数学、逻辑学、语言学等工具性基础学科；描述性知识对应物理学、生物学和社会科学等确认关系与事实的学科；说明性知识对应以艺术和文学为代表的有关真善美的知识；而实践性知识则是与人的行为相关，尤其是与人的职业和专业实践活动相关的知识。对于实践性知识来说，人们只有通过不断地、长期投入到实践中，亲自与其接触，才能够获得。

默会认识论的发展，为商务英语实践教学提供了强有力的理论支撑。商务英语实践教学可以通过实践的途径，促进学习者对课堂所学的显性知识更深刻地理解，并且将课堂知识运用于实践。而更为重要的是，商务英语学习者在实践教学中，获得课堂上所不能学到的默会知识，从而更全面、更深入地掌握商务英语知识与技能，并真正创造性地解决国际商务活动中的实际问题。国际商务活动纷繁复杂、瞬息万变，仅靠书本所学的显性知识，无法使学习者应对商海的各种情况，需要学习者有足够的默会知识。而默会知识的获得必须通过大量的、充分的、安排合理的各种教学实践。也可以说，商务英语学科中许多实践知识，必须通过学习者实践教学才能够获得。从这个意义上来说，商务英语实践教学不仅是课堂的延伸和加深，更是获取商务英语知识和能力的必要途径。商务英语不仅培养学习者在国际商务领域中会"做事"的能力，而且更需要培养学习者会"做人"的能力，只有做好了人，才能做好成功的商务英语人，而做人的能力也需要商务英语学习者在具体商务实践中摸索、感悟、历练和提高。

## （三）商务英语教育理论

商务英语教育以综合商务英语能力（商务英语沟通与交流能力）的培养为核心，无论是语言技能还是商务能力与技能的获得，都离不开大量的实践活动。这些实践活动包括课堂内外、校内校外、国内国外。通过实践教学，学习者不仅能够掌握商务英语语言技能、商务操作技能、商务跨文化技能，而且还能够获得综合商务英语能力的全面提高。

商务英语知识的建构性的观点主张从重视客观的理性转向主体的主动建构。商务英语知识认识过程是主体对客观世界的积极的、能动的、主体性的、流动的建构过程，是学习者主体与客体之间的互动、合作与对话的过程。学习者不再是知识的被动接收器，教师成为学习者学习实践的"导引者""促成者"和"帮助者"，其作用是指导、策划、组织，学习者主动构建有意义的学习实践活动，商务英语建构观下的学习事实上就是学习者的商务英语实践活动。

商务英语学习的情境性从强调知识的个体学习转向强调知识的情境认知。商务英语教育观认为，知识是个人与情境之间联系和互动的结果，任何知识的获得都离不开特定情境。为此，商务英语教育教学中就应当更多关注在实践中向学习者传授以经验形态存在的知识，设计能力构建和形成的特定情境，提供技能应用的情境，学习者通过个体的亲身实践把握并寻求最佳解决途径，在这一过程中，促使学习者新知识的生成和迁移。

商务英语学习的社会观强调知识的获得从个体单向作用转向强调个体间交互作用。商务英语获取知识的过程不再是个体的单向作用，而是人与世界的相互作用、相互协作建构的过程。知识通过个人与社会之间的互动、中介、转化等形式构建一个完整的、发展的实体。商务英语教育的培养目标是商务英语学习者掌握在国际商务岗位进行跨文化沟通与交流的知识与能力，因此，在社会生活中与他人协作的能力本身也是其培养目的。商务英语教学实践，包括理论学习和技能培养，都提供了师生之间、生生之间的积极的、互动的合作关系。

商务英语学习的自主观强调知识的获得从教师的单向传授到学习者的自我实践式的学习。在教师的指导、设计、策划和帮助下，学习者通过个人探索，去主动发现问题，并找到解决问题的方法，这一活动就是学习者的理论与实践结合的过程。通过个体的或与人合作的实践探索，商务英语学习者进行有意义的学习，获得商务英语知识、能力和技能的提升与发展。

### （四）教育的创新目的观

我国高等教育的目标是培养具有创新精神和实践能力的有较高综合素质的人才，它反映了当代社会对人才规格的新要求。现代社会市场经济及经济全球化的发展，各行各业的结构性调整和重组，社会多样化特征带来的就业形势和就业市场格局的变化，对人才提出了更高的要求。未来从事国际商务领域工作的人才既要懂得商务英语专业知识，又要懂得经济、管理、商法等知识，还要具有组织和管理能力，尤其是要具有开拓精神和创新能力。教育研究结果表明，单一的知识教学不可能实现促进学习者全面发展的目标。不同的活动与不同的素质发展之间存在着明显的相关对应关系，知识的学习最有利于学习者认知发展和将学习者培养成为知识学习的主体，而实践活动则能够完成与操作活动、交往活动等相关联方面如动作技能发展的任务。因此，可以说，实践教学对培养商务英语学习者的综合素质起到重要的特殊作用，是培养应用型、创新型商务英语人才的重要途径。商务英语实践教学能够使学习者在实践中去发现问题、分析问题并解决问题，从而培养学习者发现能力、谋划能力、协作能力、评价能力及实施能力等诸多能力。实践能力始于实践，创新能力始于实践，实践教学在商务英语人才创新能力培养中具有不可替代的重要作用。

## 四、商务英语实践教学体系的特征分析

商务英语实践教学担负着传承商务英语实践知识、提升商务英语理性认知、优化实践策略、生成实践智慧、培养思辨能力和创新思维的任务。商务英语实践具有以下特征：

## （一）教育先导

商务英语的实践教学并不是为实践而实践，而是强调通过实践训练培养高素质的商务英语应用型人才。商务英语实践教学应依据商务英语教育性质、教育目标、教育特色，教育内容、教育规律，以目标任务为导向，合理设计实践教学安排、实践教学方式、实践教学环节、实践教学考试方式，构建科学的商务英语实践教学体系，体现实践活动的育人根本。

## （二）真实情景

商务英语的实践教学无论是课上、课下实践，还是校内和校外实践，无论是国外专业实践，还是国内的工作岗位实践，以及毕业设计和毕业实习，都需在真实或仿真环境下完成。根据实践教学内容的要求，创建和选取贴近真实商务职业情境，通常是"项目中心"或"任务中心"，学习者通过真实或虚拟的具有典型意义的问题或项目任务进行实践探索。同时，在真实情境中的实践体验和实践锻炼有助于培养学习者一些重要观念和良好行为习惯，以及某些不易言传的经验和应变方法，进而提高学习者的综合商务英语能力。

## （三）自身体验

主体的亲自体验是学习者能力素质形成和发展的必由之路。商务英语学习者专业知识的学习、职业技能的掌握和一些职业素养的养成必须以自己的亲身参与为前提条件。在实践教学中，每个学习者要动手独立完成一定相关商务英语专业任务，即使在分组的情况下，学习者也各有分工。通过学习者的亲自动手执行任务，学习者直接感知商务英语的客观现象，并将所感知的内容进行主观分析，并最终认识、习得和养成某些商务英语交流与沟通的能力，乃至形成某些情感、态度和观念。实践教学内容不仅是对理论教学内容进行验证，更是对技能、能力的操作与训练。

## （四）开放系统

商务英语实践教学具有开放性，表现在其开放的教学环境、开放的教学队伍、开放的教学形式、开放的教学目标、开放的教学内容、开放的教学时间、开放的教学过程和开放的考核评价方式等。商务英语学习者面对鲜活的、生动的、千变万化的国际商务各领域的现实生活，接受的是生动现实的实践教学，这种开放式教学具有身临其境、耳濡目染的能力习得功能。教学内容的开放性还意味着它必须关注行业和社会的需求，及时吸取行业、企业的最新技术成果并把它作为职业能力开发的依据。开放性还体现在对外交流，既充分发挥校内实训基地的对外辐射、服务功能，满足社会的需要，又要采取"走出去""请进来"的战略，满足学习者熟悉工作环境的需求。

## （五）贯穿全程

商务英语实践教学贯穿商务英语教育的全过程。学习者的实践技能和综合素质的培养不是一朝一夕、一蹴而就的，需要通过反复训练才能不断深化。但这种"反复"不是简单的重复，而是螺旋式上升，符合认识和实践规律的活动。根据商务英语教育目标，实践教学随着专业的进程不断深入，各种实践项目贯穿始终，从认知到体验，再到综合等。贯穿全程还意味着各项实践训练相互连贯、循序渐进、环环紧扣、层层递进，最终达到商务英语实践教学的终极目标。

## （六）培育创新

商务英语与时代、社会、经济发展紧密相关，应按照经济、社会发展趋势，创造新的岗位（群）。这就要求商务英语教育所培养的人才具备预测能力、开拓勇气和创新能力。商务英语实践教学为学习者提供了大量创造性的活动机会和创造力发展的条件。各种类型的实践教学，如课程设计

（论文）、学年论文、毕业设计（论文）、科技创新、自主创业、竞赛活动，社会实践等，都有助于商务英语学习者开阔视野、广开思路、集思广益、丰富知识、陶冶情操、振奋精神、激发智力、引发想象和触发灵感，进而有助他们利用所学的商务英语知识，创造性地解决具有一定挑战性的国际商务领域的实际问题，最终促使他们的创造性思维、创造性人格、创造性技能在解决实际问题的过程中得到锻炼与培养。

### （七）产学结合

商务英语的实践教学具有产学结合的特征，主要表现为校企合作。商务英语实践教学的开展不仅要以学校为主体，还注重行业、企业的参与，注重与相关企业在人才培养上的双向合作。学校成为企业的人才培养基地和智力资源库，企业则成为学校的实习基地和教研基地。企业不仅为商务英语实践教学提供实训、实习场所，还参与学校专业建设、实践教学计划制订等，有时还可以直接介入教学实施过程。同时，学校还能依靠自身力量在校内建立一套自成体系的实践与专业教学相结合的系统，让学习者灵活调度和使用实践与教学资源。

## 第2节　高校商务英语实践教学体系的构建原则与途径

实践教学是商务英语教学的一个重要教学环节，也是培养学生综合职业能力的重要教学方式。要实现以实践教学为中心，就须建立相对应的实践教学体系，只有这样，实践教学才不会成为理论教学的附属品，实践教学才会发挥出它应有的作用。高校商务英语作为一个应时代需要而快速发展的新兴学科，其实践教学体系的构建是一项复杂的系统工程。要完成这项系统工程，需要充分考虑市场需求、专业特色和人才培养目标，并运用科学的设计原理和方法，在与社会的不断和充分交往联系中进一步探索与完善。

### 一、高校商务英语实践教学体系的构建原则

高校商务英语实践教学体系的目标定位应当以工学结合的政策性要求、培养高技能人才的现实需要及对学生能力培养的客观需要为依据，坚持特色性原则、以"生"为本原则、层次性原则、社会化原则及理论与实践相结合原则，构建科学合理的实践教学体系。

### （一）特色性原则

高校商务英语在构建实践教学体系时必须充分考虑特色性原则，具体包括：高校特色和专业特色。高校特色就是从实际出发，以能力为本位，以培养学生的职业能力为主要目的。如果脱离了职业能力的培养，高校就失去了人才培养的特色。作为高校教育的重要内容，高校商务英语在遵循高校人才培养方向的同时，还要坚持自己专业的特色，表现为：商务英语作为专门用途英语的一个分支，体现了英语知识与技能和商务知识与技能的双重复合。因此，高校商务英语就是要培养在商务背景下熟练运用商务英语的高技能型人才。

为充分体现特色性原则，高校商务英语实践教学体系在构建过程中，必须做到：培养定位明确，目标明确，将语言、商贸、服务结合在一起；专业教学由学科体系向"职业能力本位"转化，由注重语言向语言、商贸并重转化；工学结合、产学合作更加紧密，顶岗实习趋于完善，学生实践技能的培养特色更加明显。同时，针对职业岗位要求，结合专业实际和特色，改进人才培养方案，创新人才培养模式，逐渐形成"工学结合"人才培养模式，在积极探索实践中形成订单培养、工学结合、

工学交替、校企互动、顶岗实习等教学模式，形成产学结合的长效机制，对同类专业起到示范、带动作用。

### （二）以"生"为本原则

人才培养是高等院校的根本任务。以"生"为本原则就是指要根据学生生理心理的特点，把价值引导和理论教育、实践教育等有机地结合起来，有针对性地根据青年学生需求设计实践内容、实践手段，充分体现对学生个体的尊重。高等院校在构建实践教学体系时应该做到以"生"为本，在确立高水平优质就业的目标基础上，要做到职业素养与职业技能培养并举，学历教育与岗前培训相结合，既要培养学生说的能力、做的能力、学的能力，更要推进以"品德优化、专业深化、能力强化、形象美化"为主要内容的学生职业素养提升工程。高校商务英语实践教学体系构建要以"生"为本，就要突出培养学生的能力，始终把培养学生熟练的英语沟通能力、扎实的商务知识与技能，以及与现代商务环境相适应的信息处理能力作为重点，对商务英语专业理论和实践教学体系的建设和实施、教学计划、实习实训等环节进行较为全面的改进，最大限度地培养学生的职业能力。

### （三）层次性原则

层次性原则是指实践教育工作要针对不同年级和不同类型的学生群体特征和个性特征，采取不同的途径、方法分别进行设计、规划和实施，要按照"系统规划、分类设置、分层安排、有效衔接、整体推进"的要求，构建学生实践教育的活动载体和工作体系。就高校商务英语教育而言，英语的工具作用显得尤为突出：英语及商务英语专业教学与学习的工具，也是开展国际商务活动的工具。然而，高校学生的学习基础相对薄弱，这就要求高等院校在构建实践教学体系时必须坚持"层次性"原则，在坚持循序渐进的基础上注意以培养学生的学习兴趣和动手能力为主，因材施教，充分发挥每个学生个体的潜力。

1. 有层次的校内商务英语实践教学模块设计

第一个层次：在一年级阶段，以基本技能训练为主，主要培养他们的商务英语听、说、读、写、译能力。无论在课程设置上，还是课堂教学上，都要进行大量密集的英语教学和训练，大量采用以商务为背景的语言材料，使学生在学习语言知识和技能的同时，获得一定的商务专业词汇和文化背景知识。

第二个层次：在二年级阶段，以商务专项为主，主要培养学生商务英语沟通的综合能力。学生经过一年的系统学习后，在掌握英语和各项基本商务技能后，通过综合实训将单项的技能练习起来，综合运用，融会贯通，同时加强整个商务活动流程的实训教学，提高学生的商务沟通能力（跨文化交际能力）、协调能力、团队协作能力等，为学生将来从事商务方面的工作打下坚实的基础。

第三个层次：在三年级阶段，以综合职业能力培养为主，包括创新创业教育能力培养。鼓励、指导在自主创业、科技创新等方面有特长的学生率先实践。

当然这三个阶段的实践教学内容并不是一成不变的。教师可以根据学生的实际特点进行灵活调整，给予针对性的辅导。

2. 有层次的校外实践教学模块设计

校外实践是高校商务英语实践教学的重要组成部分，同样应该坚持"层次性"原则。时代飞速发展，现代大学生通过一部手机、一台计算机就可以知晓天下。也正因如此，很多学生习惯于一放假就"宅"在家里，看电视上网，甚至连续好几个星期足不出户。这样的学生即使理论知识丰富，一旦进入社会，踏入职场，仍会手足无措，因为他们缺乏对社会的认识与历练。因此，高校商务英语专业在计划、部署校外实践教学时，要坚持"层次性"原则，即必须从学生的实际出发，制订计划、实施与总结，给予他们最直接、及时与有效的指导，而不是很直接地、很随意地就把学生"扔"进社会。这就跟跑马拉松一样。迈步之前的热身是一种适应性练习，对最后的成功也起着非常重要的作用。对于刚入学的一年级的高校生而言，他们对这个世界的了解可能更多的是停留在感性上，那么校方应该多组织他们赴企业参观、学习，从而对这个现实的社会，对当前的经济态势和企业发展有清晰的认知；二年级的高校生，实践重点可以放在鼓励他们深入社会、企业做调研，在深度了解企业文化的基础上开始规划自己的职业生涯；对三年级即将毕业的学生，校方应该把重点放在社会"实习"上，指导他们逐步适应职场，在实际工作中发展自己。

### （四）社会化原则

高校商务英语实践教学还应该坚持"社会化"原则。"闭门造车"，只会故步自封。身处社会，就脱不了与人接触的干系。作为教育工作者，我们要教会学生如何在激烈的市场竞争中生存与发展，秉承实践教学的"社会化"原则，想方设法地通过搭建行业、企业与专业的合作桥梁，让学生在社会这一大课堂里不断地学习、感受、体会、发展和拓宽，真正提升自身的职业素质和职业能力，放飞自己的梦想。

### （五）理论与实践相结合原则

高校商务英语实践教学对提高学生的综合素质、培养学生的创新精神和实践能力有着理论教学不可替代的特殊作用，但同时又与理论教学相辅相成、相互促进。商务英语是一门综合性学科，需要积累的知识很多，既有英语语言的，也有商务专业的。如果只是蜻蜓点水地"教"与"学"，必然不能起到加深印象的作用，势必因为知识的"模棱两可"而在实践中无法很好地表现，甚至会犯不必要的错误。因此，帮助学生学好英语，使其尽可能系统地掌握相关的商务知识与技能非常重要。与此同时，英语的使用与商务操作都涉及很多技巧与技能，需要在实践中发展、完善与更新，从而保持与时俱进。在构建高校商务英语实践教学体系时，必须从学生的实际出发，结合学院的特色和地方特色，合理地将理论与实践有效结合，为真正培养出一大批有知识、有文化、有内涵、有远见、有能力的商务人才这一专业目标服务。

## 二、构建高校商务英语实践教学体系的途径

### （一）建立实践教学体系的意义

#### 1.强化学生技能素质培训

高等院校培养的人才不但要有一定的专业理论知识，还要有专业层次较高的技能。技能的训练是向社会表现高等院校培养人才的能力。技能型的人才培养，不同于理论的教学方法，它需要在特定的环境中具有操作对象，按技能的要求从事训练，学以致用是更重要的。所以在技能教学方面应紧跟新技术发展的方向，进行研究探索，使这方面有突破和进展。

#### 2.实践教学中心地位的确立

要实现以实践教学为中心，就只有建立相对独立的实践教学体系，只有这样，实践教学才不会成为理论教学的附属品，实践教学才会发挥出它应有的作用。在我国，现在许多院校的教师和领导都缺乏职业技能和思维，所以在制定教学大纲及教学文件方面，都是重视理论课教学及提高。实践教学体系的确立过程中，教学的目标、教学的实施、教学的管理、教学的评价等一系列实践教学环节迫使教学、管理、评价打破原有的框框，改变教育者的理念，这样，实践教学的中心地位就可以

确立起来了。

3.整合资源，协调要素

实践教学使校内外资源共用，促进职业技能训练。只有建立良好的校企"双赢"合作机制，充分利用学校现有设施和依托企业，才能创造实践教学条件。通过双课程模式的建立、行业资格认证的接轨、开放性师资队伍的建设等方式，将学校的实践教学与管理纳入整个社会中。

### （二）商务英语实践教学体系的构建

1.实践教学体系的模块设计

语言不仅是人与人之间进行交流的最直接工具，更是文化聚落的载体，语言的应用能力不仅包括基本的语言和语用知识，亦包括目标语言的语境文化知识。因此，商务环境下利用英语进行对话交流的能力其实是一种复杂的文化交际能力。针对需求，教师在进行具体的实践体系模块设计时，可以从以下几个方面来开展和细化。

（1）语言技能模块

有专家学者曾指出："在商务环境中使用的英语就是商务英语。"商务英语的两种英译"English for business""English used in business contexts"是对此概念的最佳解释说明，也明确了其具体的使用对象。鉴于此，我们也可以将已经从事或者即将从事商务工作的专业人才所要学习和掌握的英语释义为商务英语。作为商务活动的交流工具，英语的使用归根到底还是要落实到听、说、读、写这四个环节上，要加重对其各自专业技能的培养和训练。具体来说，我们要在已经明确普通语言学习和商务语言学习不同点的情况下，从大一开始便要有针对性地加强对语言技能和语言知识的训练。也就是说，教师要对训练内容进行精心筛选，对训练方式做到精心设计，全面强化学生听、说、读、写各个方面的基本技能，为以后的商务学习和工作打下坚实的基础。

（2）商务技能模块

相对而言，商务技能是我国目前商务英语专业学生较为薄弱的一个环节。对此，我们要从学生的实际情况和需求出发，从大二学年开始，逐步开设国际贸易、工商管理、电子商务、商务谈判和国际金融等课程，并在这些课程展开的基础上，通过模拟一些"情境"，来进行具体的商务技能训练。让学生在此过程中熟知和掌握进出口商品的询盘、还盘、发盘，外贸信函的写作、收发及商务谈判的技巧和流程，并通过对外贸合同签订、国际支付与结算、海关报关、解决国际贸易争端等的学习，进一步了解和掌握国际贸易工作的各个环节与流程，从而为以后的实际工作夯实基础。

（3）人文素质模块

作为素质教育的重要组成部分之一，人文素质教育既能丰富学生内在的精神世界，也能培养其对人生、对社会，乃至对民族、对世界的理性思考与认识。同时，这对于巩固和增强民族凝聚力及向心力，提高新时期人才的科学文化素质和思想道德素质，加强社会成员的社会责任感都有着十分重要的作用。身为学生，除了掌握必要的专业技能，还需要有自强不息的奋斗精神、创新精神，有博大的胸怀、高尚的人格，有感恩之心，更要有仁爱之心。

（4）综合技能模块

这里所谓的综合技能主要是指学生的毕业商务方案设计和商务技能实践。所以，在完成之前所进行的各个单项技能训练后，教师可以安排学生在真实或者模拟的"商务情境"中，利用综合技能将之前所训练的各个单项技能进行融合运用。同时，真实或者模拟的"情境"需要校企通力合作才能创设完成，而这不仅为学生提供了认知、实习的场所及条件，也对其提高具体的动手动口能力起到了积极的推动作用。

2.实践教学体系的具体实施

商务英语专业要想培养出真正具有一技之长、能力较强的专业人才，必须坚持将理论课程与社会实践相结合。所以新时期如何实现商务英语实践教学的可持续发展，如何进一步实现创新改革，提高教学质量，将是未来一段时间内，全体高校亟需解决的关键性问题。

（1）制定合理的实践教学目标

实践教学目标的制定与人才培养目标有着互为依托的关系。商务英语专业旨在培养具备商务知识和操作技能并且掌握扎实的英语语言基础，进而能够利用英语从事相关外贸工作的应用型、复合型人才。在大型商场、超市，宾馆饭店，外资、合资企业，外贸企业等从事翻译、涉外文秘，外贸单证操作、外销等工作，是这类学生毕业后的普遍选择。所以结合该专业学习内容及未来就业方向，在培养模式的选择上，确立为"英语（基础）＋商务（辅助）＋实践能力"，商务知识和技能的培养、商务环境下的英语学习，自然而然就成为本专业的实践教学任务和目标。

（2）开展科学的商务实训课程

实训课程不仅要重视培养学生的实践应用能力，还要注意兼顾不同课程之间的知识衔接、传授和职业技能的整合。具体实践项目的开发可以根据英语课程的结构特点和专业特色来进行开展，比如英语语言综合应用、英语语言知识实践、英语语言艺术实践等。同时为了使学生掌握必要的商务知识，可酌情开设《外贸函电与单证》《商务谈判》《国际时尚营销》等实践类课程，并且最好在校外实训基地（如外贸公司、商务会展等）或者校内商务模拟实验室开展实践课程。通过案例模拟及情境教学的方式真实还原外贸环境，既能让学生切身感受到商务情境，也能从内在修为上提高自己的商务技能和英语实践能力。

（3）采取多元化实践教学方式

实践教学的质量，在很大程度上取决于教学方式与手段的创新，需要课内外教学的有机结合与互动。课上，教师要注重对学生自主学习能力的培养，尽可能地引导学生，为其提供适当的思维空间和思考时间，给予充分的自我展示和学习机会。同时，教师还要注重对多媒体教学元素及技术的融入和运用，必要时采用影音文件开展教学活动，调动学生自主学习的积极性，让学生在课下自发地将兴趣融入课外学习之中，利用课余时间增广见闻，深化知识。

（4）构建订单式人才培养模式

校外实习是目前针对定向人才培养最有效也最基本的方法与途径。为此，当前许多高校都特设了校外实训基地，或与企业展开合作，实施联合办学，根据企业单位的用人需要，实行订单式人才培养计划。从具体操作的角度来说，高校可以利用校企联合的优势，将企业管理者或者内训管理人员请到学校来为学生讲授具体的应用课程；也可以让学生在部分学习阶段或者假期到合作的企业及校外实训基地开展工作。这样有针对性的培养和训练不仅能够选拔和造就出真正符合企业要求的高素质人才，还能让学生在实践学习中获得更多、更好的就业机会。

## 三、构建商务英语实践教学体系的具体对策

### （一）科学界定实践教学体系的内涵，明确专业人才培养目标

实践教学体系就是围绕专业人才培养目标，在制订教学计划时，通过合理的课程设置和各个实践教学环节（实验、实习、实训、课程设计、毕业设计、社会实践）的合理配置，建立起来的与理论教学体系相辅相成的教学内容体系。随着社会的飞速发展，各单位对商务英语专业人才不断提出

了新的要求。商务英语专业教师应不断进行调研，深入了解商务实习项目的策划、运作和管理模式，进行专业剖析，明确专业人才培养目标，使理论教学与实践教学做到有机统一。课堂理论教学中教师应注重培养学生的语言基本技能和商务知识技能，提高学生的英语听说读写译和国际商务基本操作能力。实践教学课程的设置要注重课程之间的衔接、知识与技能的巩固和拓展，注重商务谈判、商务函电、进出口单证制作等应用型商务英语人才必备技能的训练，体现以培养学生商务英语沟通能力和商务技能为中心的专业实践课程特色。另外还可以利用课外时间和寒暑假安排学生参加商务英语实践和社会实践活动，以锻炼学生的专业应用能力和社会适应能力。

### （二）加强商务英语师资队伍建设，提高教学质量

商务英语是一个理论与实践紧密结合的专业。教师是实践教学的组织者和指导者，是实施技能训练的监控者。承担实践教学任务的教师不仅要有专业理论知识，还必须能有效地组织和指导学生进行实际操练，及时解答实践过程中学生提出的各种问题。因此高职院校应制定切实可行的教师培训和实践锻炼方案，为教师实践能力的培养和业务素质的提高提供有力的支持。可以针对教师商务知识和技能欠缺的现状，定期邀请社会上水平较高的商务从业人员和商务理论知识扎实、商务操作技能良好、工作经验丰富的企业资深人士对教师进行集中培训，提高教师的业务水平；可以有计划地分批安排商务英语专业教师到进出口公司、涉外企事业单位开展专业实践、顶岗实习等，积累从业经验，丰富商务知识，提高操作技能；可以从涉外企事业单位聘请实战经验丰富的专业技术人员担任专业带头人或兼职教师，不定期开展学术讲座或承担实践教学指导任务，提高教师队伍的实践教学指导能力。

### （三）加大各方面力量的合作，扩充校内实训室和校外实训基地的建设

校内的模拟实训和校外的顶岗实习在商务英语专业的实践教学中相辅相成，同等重要。首先，高职院校可以借鉴新加坡南洋理工大学的"教学工厂"理念，加大学院实训室和实践教学设备的投入，将校内实训室建成"实习工厂"。各个高校可以将实训基地打造成职业教育师资培训中心、商务职业技能考证中心、转岗培训与再就业培训中心等，还可建立功能完善的高职商务英语资源中心，打造高职商务英语资源型门户网站，为高职商务英语专业和一线的商务英语从业人员提供全面的电子参考图书资料，使实训基地集教学、培训、社会服务、职业技能、鉴定功能于一身，起到推动职业教育发展的作用。其次，高职院校应积极与地方企事业单位签订长期接纳实习、互惠互利的合同，逐步建立"协作型"与"合作型"的校外实训基地，建立校企合作的长效机制。只有校企鼎力协作，共同完成对学生的培养任务，促进人才培养与企业岗位"零距离"对接，形成以学校为主体，企业和学校共同教育、管理和训练学生的人才培养新模式，高职教育实践教学薄弱的状况才可能得到切实改善，学生的职业素养才可能得到真正的提升。

### （四）要形成对实践教学的正确认识，有完善的实践教学文件和管理，严格考核与评价

实习是学生在校学习中不可或缺的重要组成部分，实践教学环节是否成功有效，在于落实和执行。首先，各高职院校应形成对实践教学的正确认识，并对其高度重视，将实践教学体系的建设纳入学校的长远规划中来，从体制和机制上保证实践教学体系建设的严肃性与有效性。其次教师应制定好详细的实习指导书，让学生明确了解实习的步骤和结果，带着任务和目的开展实习。学生是实习的主角，吸引学生主动参与，发挥他们的聪明才智是实践教学成功的关键。再次，要规范学生的实习活动过程，让学生有纲可依，从而自觉遵守纪律，自我规范行为。在实习过程中，人多事杂，学生中容易出现混乱的局面，因此，实习指导书需要明确实训的组织安排，包括分组情况、教师指

导安排、学生实训进度要求、纪律要求、考核标准等。最后，明确实习评价标准，激励学生认真完成任务。教师应对学生的实习情况进行严格考核评定，从学生参加实习的态度、实习过程中的表现、实习报告内容及实习单位的评价意见等方面进行成绩的综合评定，严把实习质量关，最大限度地调动学生的积极性和主动性，从而提高实践教学的实际效果。与此同时，教学管理部门也应该对实习指导教师从进行实践教学的各个环节到实际完成实践教学工作的情况进行定量考核，包括准备工作、实习动员、实习教学大纲、计划及任务书、指导书、场地安排、组织协调、实习过程指导管理、实习总结报告会、教师提交实习成绩及归档成绩等，对指导成效显著的教师给予一定的奖励，对不负责任未按要求完成实习指导的教师进行严惩，以保障实践教学的正常有序进行。

# 第3节 "互联网＋"时代高校商务英语实践教学的创新

"互联网＋"时代，各种现代信息技术在教育教学中日益普及，传统课堂教学模式越来越不能适应新时期教学工作的需要，互联网的教学模式得到了全面发展和延伸。在商务英语教学中融入互联网技术，是教学变革的必然方向，对于摆脱教学空间和实践的限制，拓展教学资源，多层次、全方位为商务英语学习者创造在线模拟商务英语实践环境，高效实施学用间的巧妙转化是非常有益的。

## 一、"互联网＋"时代商务英语实践教学的意义

### （一）有效激发学生学习商务英语的积极性和主动性

"互联网＋"视域下的商务英语实践教学很好地契合了学生的发展需要和学习特点，能有效激发学生学习商务英语的积极性和主动性，打破课程设置对学生的限制。长期的教学实践证明，形象思维能力是以职业教育为特色的商务英语专业人才培养特色之一，学生在获取策略性和经验性知识上非常敏感。因此，商务英语实践教学在遵循科学性原则的同时，应该注重对教学实践情景的开发。而在这方面，互联网具有得天独厚的优势，融入互联网技术，能够为学生创造虚拟时空的体验，从而为他们打造虚拟办公场景、虚拟公司及虚拟商务活动等多样化的虚拟教学情景。这种形象直观的教学情景能够迅速激发学生的学习兴趣，刺激他们的形象性思维，吸引学生以饱满的热情参与到教学实践中。此外，互联网技术的运用能够有效打破传统课堂教学的时空限制，赋予学生更大的学习自主性，有效缓解学生的紧张和焦虑情绪，从而有效减弱他们对英语学习的抵触性。

### （二）有利于提升学生的专业实践技能

互联网技术的有效应用很好地契合了当前教育技术的变革方向，在提升学生商务英语实践能力方面能发挥建设性作用。培养具有实际应用技能的商务英语专业人才是商务英语教学的根本目标，即学生的商务实践操作能力处于核心地位。但是受制于我国的语言环境，在自然交往中进行商务英语实践交流的机会是非常少的，英语课堂是学生提升英语技能的主要渠道。互联网能够为学生创造更多的学习和使用商务英语的环境，帮助学生开展有实践意义的交际，培养他们完成任务和解决实际问题的能力。以多媒体技术为代表的互联网技术具有多样性的通信和聊天工具及丰富的影音资源，从而为学生创造逼真的学习环境，提供丰富的学习资源。凭借互联网，学生可以体验更多有实践意义的商务交际活动。并且由于互联网能够有效突破时空的限制，学生不仅能够享受传统课堂教学的优势，还能够体验课后商务英语实践活动的便利，从而进行大量针对性模拟实践练习，获得专业实践技能的提升。

## 二、"互联网+"时代商务英语实践教学改革创新的措施

### （一）把握商务英语实践教学特点，加强学生语言基本技能训练

商务英语是一种职业性英语，强调英语在商务活动中的有效应用。商务知识和技能占到了商务英语教学内容的60%以上，但是提高学生商务实践能力的前提是提升他们的英语能力。因此，商务英语人才除了要精通商务知识外，也必须具备相应的英语能力。在商务英语实践教学中，教师应借助网络资源为工具，努力推动英语语言和商务知识的融合，在教学中合理地融入法律、营销、文秘、管理和财务等商务知识，从而扩大学生的认知领域，训练学生在不同商务环境下使用英语的实际技能。商务英语具有自身的特点，如准确性和严谨性等，对交际用语和书面用语都有符合商务环境的精准要求，尤其是在商务谈判和合同订立等环节中，掌握必备的语言技巧和能力是实现商务交际目的的前提。

基于此，教师可以利用互联网技术开发一些自主学习软件，以互联网平台为基础，将无序和分散的进行融合，纳入对学生听说读写能力的全面教学与训练，同时融入相应的商务基础知识，从而方便学生进行高效的学习。同时，通过校园远程网络技术，学生可以自由访问和使用下载学习资源，不受传统课堂上空间和时间的约束，有利于在大范围内实现教学资源的共享。此外，教师还可以根据学生的语言水平和学习能力的特征，制订更加具有针对性的学习计划，开展阶段性测试，依据测试结果适时调整学习计划和进度，在不大量占用课堂教学时间的前提下有利于个性化学习的开展。这样，丰富的互联网资源不仅可以创造大量的语言基本技能学习和训练机会，还能体现出教学手段的多样性和趣味性，有效提升商务英语理论教学质量，为实践教学打下扎实的基础。

### （二）利用网络改革实践教学理念，突出特色，提升学生商务专业技能

高校商务英语教学应该以市场需求为导向，从而明确学生实际英语能力与市场需求间的矛盾和差距。在传统教学实践模式影响下，学生的考试成绩被片面强调，而以职业需求为导引的实践教学被忽视，教师在日常教学中片面重视学生英语理论知识的提升，不能有效融入商务实践和操作的元素，导致商务英语教学与普通英语教学差别不大，不能体现商务英语教学的"商务"特色。随着互联网技术的普及，商务活动与互联网的联系日益紧密，因此，高校商务英语教学应该积极引入互联网技术，变革教学理念，紧跟商务英语发展的脚步，推动教学实践的时代性发展。

商务英语的专项技能涵盖了国际贸易操作、办公文秘工作、商务英语运用、网络营销操作等内容，以这些专项技能为准加强训练，是运用互联网技术推动教学实践变革的主要方向。具体而言，可以运用网络虚拟现实的技术，创设相应的商务活动情景，加强对学生职业规划的引导，模拟文秘办公情境、旅游交际情境、金融领域情境等，甚至还可以模拟贸易实务流程等。在对不同商务应用环境进行模拟的情况下，让学生扮演和适应不同的角色，培养他们商务写作、商务谈判、网络销售、外贸业务、文件管理、中英文打字等专项技能，从而使学生掌握商务英语的专项应用能力，培养他们的各项商务英语技能的实践能力。

### （三）利用网络平台改革实践教学模式，加强校企合作，提升学生商务综合技能

在学生掌握了一定的英语技能和商务技能后，如何将学生的这些技能有效融合到一起，是提升商务英语实践教学层次的重要方向。帮助学生形成综合运用各项商务技能的能力，加强对他们商务综合技能的训练，是提升学生综合应用能力的重要途径。为此，教师可以利用网络平台创设各种类别的综合性商务实践环境，为学生创造提升综合商务技能的机会，从而促进学生商务实操能力的全

面提升。

学校可以联合企业推动校企合作项目的开发。随着互联网作用的不断增大，很多公司都开展了电子商务平台，为校企合作创造了前提，学校可以运用自身人才优势，结合企业的电子商务平台，开展相应的商务英语专业实践教学。电子商务平台实践教学自由性强，不会受到人数、场所和时间的约束，企业也没有为学生专门工作环境的必要，因此，这种校企联合不会为企业增加明显的负担，还能让企业共享提供学校的人才优势。例如，学校可以提供专门的电脑实训室，而由企业提供电子商务平台并派出技术人员进行现场指导，这样以电子商务平台为媒介，学生就能够与真正的客户进行交流和沟通，向客户推介产品，训练外贸业务能力。这种真实的商务应用环境能够为学生带来全新的体验，有利于培养他们网络营销、商务交际、语言运用、外贸操作及职业素养等的综合实践技能。这样的校企合作项目能有效利用双方的现有资源，创造一种互利共赢的效果，比较能够满足本科院校商务英语教学对学生综合实践能力培养的要求，是一种值得大力推广的商务英语实践教学变革模式。

"互联网＋"时代的高校商务英语教学表现出许多新的时代特征，互联网技术的有效运用在培养学生的商务实践能力和语言运用能力等方面有着重大优势，是推动商务英语教学实践变革的重要方向。随着互联网技术作用的日益显现，它在实践教学上优势更加明显，能进一步推动商务英语教学的变革和发展。在现有的条件下，高校应该利用好互联网平台，把握商务英语教学特点，在培养学生基本语言技能的同时，加强他们的职业规划，提升他们商务领域的专业知识和技能，最后，利用网络平台改革实践教学模式，积极开展校企合作，提升教学层次，全面提升学生综合商务实践技能。只有这样，才能实现商务英语实践教学与互联网发展的有机结合，实现高校商务英语实践教学的目标要求。

# 参考文献

[1] 陈建平.商务英语研究 [M].杭州：浙江大学出版社，2010.

[2] 翁凤翔.商务英语研究 [M].上海：上海交通大学出版社，2009.

[3] 夏璐.商务英语教学设计 [M].武汉：华中科技大学出版社，2016.

[4] 姜伟杰，商务英语教学理论研究 [M].长春：吉林大学出版社，2016.

[5] 王光林，彭青龙，主编.商务英语教学与研究 [M].上海：上海外语教育出版社，2008.

[6] 刘永厚，等.商务英语教学研究 [M].北京：中国人民大学出版社，2016.

[7] 田卉.任务型商务英语教学研究 [M].北京：国防工业出版社，2011.

[8] 李琳娜.商务英语教学理论与实践研究 [M].长春：吉林大学出版社，2016.

[9] 蒋景东.商务英语教学论 [M].杭州：浙江大学出版社，2011.

[10] 董金玉，赵坤，张琳，编著.商务英语教学论 [M].哈尔滨：黑龙江教育出版社，2013.

[11] 郝晶晶.商务英语教学理论与改革实践研究 [M].成都：电子科技大学出版社，2017.

[12] 乐国斌."互联网＋"时代商务英语教学模式研究 [M].长春：东北师范大学出版社，2018.

[13] 庄玉兰.商务英语人才培养与教学改革研究 [M].北京：北京理工大学出版社，2017.

[14] 蒋大山，张宗宁.教育转型发展与高校商务英语的创新教学研究 [M].长春：东北师范大学出版社，2018.

[15] 高嘉勇.商务英语专业教学改革与实践 [M].天津：南开大学出版社，2014.

[16] 陈海燕.高职商务英语专业实践教学体系研究 [M].北京：北京理工大学出版社，2016.

[17] 章兼中，主编.英语教学模式论 [M].福州：福建教育出版社，2016.

[18] 张静.商务英语教学模式的发展途径研究 [J].明日，2018（1）：230—231.

[19] 杨慧，薄佩钰."互联网＋"商务英语教学模式思考——以河北建筑工程学院为例 [J].学周刊，2017（11）：48—49.

[20] 包秋圆.高校商务英语教学模式研究 [J].文理导航，2016（4）：7.

[21] 郭惠仙.高职商务英语专业的发展前景探究 [J].中国校外教育（中旬刊），2018（2）：95—96.

[22] 钟耀平.商务英语专业发展瓶颈和出路 [J].无锡职业技术学院学报，2016（1）：33-36.

[23] 惠兆阳，赵莉莉.商务英语专业创新实践课程体系构建及实践 [J].海外英语（下），2019（2）：123—124.

[24] 鲍文著.商务英语教育论 [M].上海：上海交通大学出版社，2017.

[25] 张靖，赵博颖，孟杨.商务英语专业发展研究 [M].哈尔滨：哈尔滨工程大学出版社，2017.

[26] 杨智华."互联网＋"背景下商务英语教学策略探讨 [J].海外英语（下），2021（8）：168—169，185.

[27] 廖桂宇.互联网背景下商务英语教学模式建构分析 [J].教育观察，2020（18）：119—120.

[28] 闫瑾. 互联网背景下的商务英语教学改革理论与实践研究 [J].（山海经：教育前沿），2019（12）：87.

"互联网＋"时代高校商务英语教学体系的构建